KB161034

창의 · 인성교육을 위한

언어순화
프로그램

창의 · 인성교육을 위한

언어순화 프로그램

신재한 · 전현규 지음

머리말

오늘날 언어폭력으로 말미암은 사회문제의 심각성이 날로 높아져 각종 매스컴에서 충격적인 사건, 사고를 접하고 있는 것이 현실이다. 그 대표적인 예가 얼마 전 발생한 악성댓글에 의한 유명 연예인 및 TV 출연 일반인의 자살과 언어폭력에 의한 스트레스로 자식이 부모를 죽인 사건이다. 이러한 것은 언어폭력이 심각한 사회문제 중 하나라는 것을 시사한다.

특히, 모든 학교폭력의 시작이 되는 언어폭력은 신체적 접촉을 통한 폭력을 자극하게 하고 이에 따른 부정적 결과들-공격성, 위축, 좌절, 정서적 부작용, 반사회성 행동-은 학교폭력을 부추기는 원인이 되고 있다. 사회의 축소판인 학교에서 무분별한 언어 사용의 영향을 받은 대다수의 학생들이 내뱉는 말에서 우리는 어렵지 않게 타인 비하, 별명 부르기, 악소문 퍼트리기, 조롱, 욕설 등을 들을 수 있다. 더욱 심각한 것은 이러한 언어폭력을 사용하는 어린이들이 자신이 잘못을 하고 있다는 것을 인식하지 못하고 있어서 교우들 간에 유행처럼 번지고 있으며, 이러한 언어폭력은 드러나지 않고 은밀하게 이루어지는 특징 때문에 교사의 지도에도 한계가 있다는 것이다.

따라서 바른 말과 고운 말을 사용하는 건강하고 행복한 학교를 만들기 위해 본 저서는 제1부 이론적 기초에서 창의·인성교육, 창의적 체험활동, 언어폭력과 언어순화 등으로 구성하였고, 제2부 언어순화 프로그램 개발에서는 언어순화 프로그램 개발을 위한 교육 내용 분석, 언어순화 프로그램 운영 계획 등으로 구성하였으며, 제3부 언어순화 프로그램 적용에서는 창의·인성 언어순화 교육환경 조성, 창의·인성 언어순화 프로그램 구안·적용, 교육공동체가 함께하는 행복한 만들기 프로젝트 등으로 구성하였다.

본 저서는 교육의 주체인 학교, 가정, 지역사회가 함께 참여하여 학년성에 맞는 창의·인성 언어순화 프로그램을 구안·적용함으로써 언어적 공격성을 감소시키는 것은 물론, 더 나아가 친구 간에 배려하는 마음을 심어주고, 건강한 의사소통을 할 수 있는 행복한 학교를 조성하는 데 큰 기여를 할 것으로 기대한다. 아무쪼록 본 저서가 교육현장에서 언어순화 교육을 실천하는 데 현직 교원 및 예비 교원들에게 기초가 되는 기본 지침서가 되기를 바라는 마음이다. 끝으로 본서 출판에 도움을 주신 한국학술정보(주) 가족 여러분께 감사를 드린다.

2013년 3월
신재한

목차

제3부 **언어순화 프로그램 적용 / 209**

이론적 기초

제**1**부

Ⅰ. 창의·인성교육

1. 창의·인성교육의 특징

21세기 글로벌 인재를 양성하기 위해서는 기존에 해왔던 사회 전반의 학벌주의 풍토에 따른 입시 위주·점수 위주 학교교육, 창의·인성교육을 할 수 있는 학교 사회의 여건과 환경 부족, 창의·인성교육을 위한 체계적 프로그램 및 체험기회 부족 등을 해결해야 한다. 따라서 미래의 창의인재를 기르기 위해 소질과 적성을 찾아주는 교육은 해야 하는 것은 물론, 도덕적 품성을 갖춘 창의성을 함양할 수 있는 교육을 실천해야 한다.

특히, 창의·인성교육은 창의성교육과 인성교육의 독자적인 기능과 역할을 강조하면서 동시에 두 가지 교육의 유기적인 결합을 통해 올바른 인성과 도덕적인 판단력을 구비한 창의적 인재를 육성하기 위한 교육 방법이라 할 수 있다. 이러한 창의·인성교육의 방향은 다음과 같다.

첫째, 학습자 개인의 잠재 능력과 바람직한 가치관을 찾고 키워줄 수 있어야 한다.

둘째, 학교교육, 가정교육, 사회교육 등 모든 상황에서부터 종합적이고 통합적으로 함양할 수 있어야 한다.

셋째, 문제 중심, 활동 중심, 탐구 중심 등 자기주도적인 교육 방법을 활용할 수 있어야 한다.

넷째, 창의성의 발휘와 표현을 조장할 수 있는 문화와 사회 풍토를 조성해야 한다.

2. 창의·인성교육의 요소

특히, 창의·인성교육의 요소는 창의성교육 요소, 인성교육 요소, 문화 및 풍토 요소 등으로 다음의 표와 같다(이화선, 2010).

창의 · 인성교육의 창의성교육 요소

구분			개념
인지적 요소	사고의 확장	확산적 사고	· 다양한 관점에서 새로운 가능성이나 아이디어를 다양하게 생성하는 사고 능력
		상상력/ 시각화 능력	· 이미지나 생각을 정신적으로 조작하고 마음의 눈으로 사물을 그리는 사고 능력
		유추/은유적 사고	· 사물이나 현상, 복잡한 현상들 사이에서 기능적으로 유사하거나 일치하는 내적 관련성을 파악하는 사고 능력
	사고의 수렴	논리/분석적 사고	· 부적합한 것에서 적합한 것을 찾아내고 합리적으로 결론을 유도하는 사고 능력
		비판적 사고	· 편견, 불일치, 견해, 관점 등을 인식할 수 있는 능력 · 객관적이고 타당한 근거에 입각하여 판단하는 사고 능력
	문제 해결력	문제 발견	· 새로운 문제를 탐색, 형성, 창조하는 활동
		문제 해결	· 문제 인식 및 현재 상태에서 목표를 달성하기 위해 진행하는 복잡한 사고 활동
성향적 요소	독립성	용기	· 모험심, 위험 감수, 개척자 정신, 도전 정신
		자율성	· 타인의 말에 쉽게 좌우되지 않고 스스로 선택하고 행동하는 성향
		독창성	· 자기만의 방식으로 현상을 판단하고 유행을 따르지 않는 성향
	개방성	다양성	· 다양한 아이디어나 입장을 수용하는 열린 마음
		복합적 성격	· 서로 모순되는 정반대의 성격을 동시에 가지고 있는 성향
		애매모호함에 대한 참을성	· 불확실함과 모호함을 잘 인내하여 새로운 방향으로 문제 해결을 유도하는 성향
		감수성	· 미세하고 미묘한 뉘앙스를 잘 느끼고 감지하는 성향 · 정서와 자극에 대한 민감성
동기적 요소		호기심/흥미	· 주변의 사물이나 현상에 끊임없는 의문과 관심을 갖는 성향
		몰입	· 어떤 일에 시간이 가는 줄 모르고 몰두하게 되는 완벽한 주의집중 상태

구분		개념
인간관계 덕목	정직	·객관적인 기준에 따라 있는 그대로의 결과를 인정하고 받아들이는 것
	약속	·자신에게 주어진 역할을 정확하게 이행하는 것
	용서	·자신의 견해에 반대하거나 비판한다고 하더라도 타인의 입장과 견해를 이해하고 받아들일 수 있는 열린 마음을 갖는 것
	배려	·다문화, 다학문 등의 다양성을 받아들이고 상충되는 의견과 합의에 이르는 것
	책임	·자신의 능력을 조절하여 하고자 하는 임무를 완성하고 나아가 자신의 역할을 다해 세상에 기여하고자 하는 것
	소유	·타인의 지적/물적 능력, 성과 등을 인정하고 자신의 역량에 적합한 결과를 받아들이는 것
인성판단력	도덕적 예민성	·사태를 도덕적 관점에서 받아들이고 인식할 수 있는 능력
	도덕적 판단력	·정의롭고 공공의 관점에서 상황을 판단하여 행동 선택에 있어서 보다 바람직한 이유와 정당성을 추구하고 판단할 수 있는 능력
	의사결정 능력	·보다 바람직한 가치를 판단하고 이해할 수 있는 능력을 바탕으로 가치와 일치하는 행동을 선택할 수 있는 능력
	행동실천력	·바람직한 행동을 선택한 후 그것을 직접적인 행동을 보일 수 있고 실천할 수 있는 능력

창의·인성교육의 문화 및 풍토 요소

구분	개념
학급 요소	·교육 방법 ·교육 철학
학교 요소	·학교 문화 및 분위기 ·학교 운영 방식

3. 창의·인성교육의 교육과정

한편, 창의·인성교육 초등학교 교육과정을 소개하면 다음 표와 같다(이화선, 2010).

창의·인성교육의 초등학교 교육과정(창의성교육 요소)

구분		초등학교 저학년	초등학교 고학년
인지적 요소	사고의 확장	·사물의 다양한 용도 생각해보기 ·관련성이 없는 것(사물)들의 연결점 찾기 ·이야기 상상하기 ·상상적 질문하기(what if……?) ·기초적 확산적 사고기법 연습하기 (브레인스토밍, what if 등)	·사물의 다양하고 독특한 용도 생각해보기 ·관련성이 없는 것(사물, 현상) 유사성 만들어보기 ·자연이나 생물의 특성을 모방한 새로운 물건 생각해보기 ·상상적 질문하기(what if……?) ·확산적 사고기법 연습하기 (유추적 사고기법, 속성 열거법 등)

인지적 요소	사고의 수렴	・문제 해결을 위한 자료 및 내용 정리하기 ・공통점과 유사점 찾기(겉으로 드러난 특성) ・수렴적 사고기법 연습하기(PMI 기법)	・실천 가능한 문제 해결 방법 찾기 ・요약하기(글, 자료 등) ・문제의 적절성 평가하기 ・공통점과 유사점 찾기(내용 및 기능) ・사실과 의견 구분하기 ・수렴적 사고기법 연습하기 (역브레인스토밍, PMI 기법)
	문제 해결력	・(문제 발견을 위한)사물 관찰하기 ・사물 변별/분류하기 ・문제를 제기하는 태도 기르기 ・일상생활(기초)에서의 문제 인식과 문제 해결하기	・(문제 발견을 위한)사물/현상 관찰하기 ・정보/자료의 유형화하기 ・기존 문제 변형하기 ・정보/자료 수집 방법 익히기 ・문제 해결의 절차 익히기(CPS) ・창의적 문제 발견 및 문제 해결에 대한 (역사적) 사례 보기
성향적 요소	개방성	・자신의 감정 표현하기(구두로 표현하기) ・가족 및 친구들 간에 다른 것 찾아보기 ・다양한 사물 관찰하기 ・신체를 활용하여 탐색하기 ・오감으로 경험하기 ・다양한 성향 체험해보기(육색모자) ・다문화 체험하기(구체적인 물건들)	・자신의 감정 표현하기(짧은 글로 표현하기) ・다른 사람의 감정 이해하기 ・이웃 및 학교 간에 다른 것 찾아보기 ・관련된 특성으로 분류하기 ・오감, 공감각 경험하기 ・다양한 성향 체험해보기(육색모자) ・다문화 체험하기
	독립성	・남다르게 보기(다양한 용도 생각해보기) ・자신만의 개성 찾기(옷 입기 등) ・주도적 계획 짜기(시간)	・남다르게 보기(다양한 용도 생각해보기) ・자신만의 개성 찾기(습관, 취미) ・독창적 산물 사례 찾기 ・남과 다른 의견 제시하기
동기적 요소	몰입	・자신의 학습과정을 스스로 계획, 점검, 조절하기 -학습 과정 계획하기(명확한 목표): 학습 시작 전 학습 목표 설정하기, 시작 전 목차 살펴보기 -학습 과정 점검하기(즉각적 피드백): 학습 내용에 집중하기, 이해 정도를 스스로 평가하기 -학습 과정 조절하기(과제 난이도 조절하기): 이해하기 어려운 부분이 있으면 전 단계로 돌아가거나 속도를 낮추어 학습하기, 점차 어려운 과제에 도전하기 ・학습 목표를 학습의 결과보다는 과정(배움의 과정, 자신의 능력 계발)에 두기(숙달 목표 설정하기) ・학습과 자신의 장래 목표 관련짓기 ・새로운 문제에 도전하여 스스로 해결하기	
동기적 요소	호기심/흥미	・다양한 경험을 통해 사물, 사건에 대한 궁금증 가지기 -질문 이어가기(질문에 질문으로 답하기를 반복하여 궁금증을 가지는 습관 기르기) -또래들과 질문하고 답하기를 통해 서로의 경험 나누기 -사물이나 사건에 대해 의문 갖기 ・자신의 흥미 영역이나 흥미 교과 주제에 대해 탐색하기 -흥미가 있는 것과 없는 것을 분류해보고 그 이유에 대해 생각해보기 -흥미가 있는 영역이나 주제를 직접 체험해보기 -흥미를 느끼는 것들의 난이도 수준을 높여 좀 더 잘하기 위해 노력해보기 -또래들과 서로의 흥미 영역에 대해 알아보고 자신의 흥미 영역 확장시켜 보기 -학습 내용들을 자신의 흥미 영역이나 주제와 결합시켜 보기 ・학습 내용을 실생활에 응용하기 -생활 영역 내에서 학습 내용과 연관된 점들 찾아보기 -학습 내용을 생활 영역에 적용시켜 보고 궁금한 점에 대해 질문하고 답하기	

창의·인성교육의 초등학교 교육과정(인성교육 요소)

구분	초등학교 저학년	초등학교 고학년
정직	・내가 잘하는 것, 못하는 것을 찾아내기 ・수업 활동에 열심히 참여하기 ・정보를 누락하지 않고 보고하기 ・아는 것과 모르는 것을 정직하게 말하기	・남다르게 보기(다양한 용도 생각해보기) ・안내하는 수업 활동을 성실하게 따르기 ・내가 얻은 결과물을 조작하지 않고 그대로 인정하고 정확하게 보고하기 ・나의 문제를 인정하고 객관적으로 평가하기
약속	・반드시 지킬 수 있는 것만 약속하기 ・친구 생각에 귀 기울이기 ・내가 맡은 역할 다하기 ・차례차례 질서 지키기 ・부모님, 선생님 말씀 잘 듣기	・모둠에서 맡은 역할을 다하기 ・약속을 번복하지 않기 ・사소한 약속이라도 중요하게 생각하기
배려	・자신이 다른 사람들로부터 존중(사랑)받고 있음을 느끼기 ・주변 사람에게 관심과 애정 갖기 ・다른 사람(가족, 친구, 타인)에게 관심 갖기 ・사람들은 모두 다름을 알기(다문화, 다국적)	・다른 사람의 마음에 공감하기 ・모든 사람은 존중받을 권리가 있음을 이해하기
용서	・친구의 잘못에 대하여 입장 바꾸어 생각하기 ・친구가 나에게 행동한 것을 똑같이 되갚아주었을 때 나의 기분이나 결과에 대해서 생각하기	・친구 때문에 결과를 인정받지 못했을 경우에 대해서 생각해보기 ・나에게 잘못을 저지른 친구에 대해서 생각해보기 ・역지사지, 공감 능력 키우기
책임감	・자신의 능력을 파악하기 ・나의 역할에 대하여 이해하기 ・내가 해야 할 일 이해하고 행동으로 옮기기 ・내가 해야 할 일을 수행하지 못했을 때 결과 수용하기	・적극적으로 참여하기 ・자신의 능력에 적합한 역할 이해하기 ・자신의 역할을 이행하지 못했을 때 주변에 미치는 결과 예측하기 ・자신의 역할을 수행하지 못하는 사람이 미치는 영향 이해하기
소유	・모든 물건에는 주인이 있음을 이해하기 ・다른 사람의 물건 탐하지 않기 ・소유에 대한 법과 규칙이 있음을 알기 ・욕심 부리지 않기	・지적 재산에 대해 이해하기 ・타인의 재산에 대해 존중하는 마음 갖기

Ⅱ. 창의적 체험활동

1. 성격

    창의적 체험활동은 교과 이외의 활동으로서 교과와 상호보완적 관계에 있으며, 앎을 적극적으로 실천하고 나눔과 배려를 할 줄 아는 창의성과 인성을 겸비한 미래지향적 인재 양성을 목적으로 한다. 창의적 체험활동은 기본적으로 자율성에 바탕을 둔 집단 활동의 성격을 지니고 있으며, 집단에 소속된 개인의 개성과 창의성도 아울러 고양하려는 교육적 노력을 포함한다.

    창의적 체험활동 교육과정은 자율활동, 동아리활동, 봉사활동, 진로활동의 4개 영역으로 구성된다. 영역별 구체적인 활동 내용은 학생, 학급, 학년, 학교 및 지역사회의 특성에 맞게 학교에서 선택하여 융통성 있게 운영할 수 있다. 여기에 제시되는 영역과 활동 내용은 권고적인 성격을 띠고 있으며, 학교에서는 이보다 더 창의적이고 풍성한 교육과정을 선택과 집중하여 운영할 수 있다.

    초등학교의 창의적 체험활동에서는 학생의 기초생활습관의 형성, 공동체 의식의 함양, 개성과 소질의 발현에 중점을 둔다. 중학교의 창의적 체험활동에서는 남과 더불어 살아가는 태도의 확립, 자신의 진로에 대한 탐구, 자아의 발견과 확립에 중점을 둔다. 고등학교의 창의적 체험활동에서는 학습자의 다양한 욕구를 건전한 방향으로 유도하고, 원만한 인간관계를 형성하며 진로를 선택하여 자아실현에 힘쓰도록 하는 데 중점을 둔다.

    창의적 체험활동에서는 학생의 자주적인 실천 활동을 중시하여 학생과 교사가 공동으로 협의하거나 학생들의 힘으로 활동 계획을 수립하고 역할을 분담하여 실천하게 한다. 아울러, 지역과 학교의 독특한 문화 풍토를 고려하여 특색 있고, 인적·물적 자원과 시간을 폭넓게 활용하여 융통성 있게 운영하는 것이 중요하다.

2. 목표

학생들은 창의적 체험활동에 자발적으로 참여하여 개개인의 소질과 잠재력을 계발·신장하고, 자율적인 생활 자세를 기르며, 타인에 대한 이해를 바탕으로 나눔과 배려를 실천함으로써 공동체 의식과 세계 시민으로서 갖추어야 할 다양하고 수준 높은 자질 함양을 지향한다.

가. 각종 행사, 창의적 특색 활동에 자발적으로 참여하여, 변화하는 환경에 적극적으로 대처하는 능력을 기르고, 공동체 구성원으로서의 역할을 수행한다.

나. 동아리활동에 자율적이고 지속적으로 참여하여 각자의 취미와 특기를 창의적으로 계발하고, 협동적 학습능력과 창의적 태도를 기른다.

다. 이웃과 지역사회를 위한 나눔과 배려의 활동을 실천하고, 자연환경을 보존하는 생활습관을 형성하여 더불어 사는 삶의 가치를 깨닫는다.

라. 흥미와 소질, 적성을 파악하여 자기 정체성을 확립하고, 학업과 직업에 대한 다양한 정보를 탐색하여 자신의 진로를 설계하고 준비한다.

3. 내용 및 교수·학습 방법

가. 내용 체계

영역	성격	활동
자율활동	학교는 학생 중심의 자율적 활동을 추진하고, 학생은 다양한 교육 활동에 능동적으로 참여한다.	· 적응 활동 · 자치 활동 · 행사 활동 · 창의적 특색 활동 등
동아리활동	학생은 자발적으로 집단 활동에 참여하여 협동하는 태도를 기르고 각자의 취미와 특기를 신장한다.	· 학술 활동 · 문화 예술 활동 · 스포츠 활동 · 실습 노작 활동 · 청소년 단체 활동 등
봉사활동	학생은 이웃과 지역사회를 위한 나눔과 배려의 활동을 실천하고, 자연환경을 보존한다.	· 교내 봉사활동 · 지역사회 봉사활동 · 자연환경 보호 활동 · 캠페인 활동 등
진로활동	학생은 자신의 흥미, 특기, 적성에 적합한 자기 계발 활동을 통하여 진로를 탐색하고 설계한다.	· 자기 이해 활동 · 진로 정보 탐색 활동 · 진로 계획 활동 · 진로 체험활동 등

나. 영역별 내용 및 교수·학습 방법

이 교육과정에서 제시한 영역별 활동 내용은 예시적 기준이므로, 학생의 발달단계, 학교 실정 및 지역 특성 등을 고려하여 목표 달성에 적합한 내용을 선정, 운영할 수 있다.

1) 자율활동

가) 목표
(1) 전입학과 진급 등에 따른 생활변화에 적응하고 이를 주도하는 능력을 길러 원만하고 즐거운 학교생활을 한다.
(2) 다양한 협의 및 실천 경험을 통해 문제를 합리적으로 해결할 수 있으며, 민주적인 의사 결정의 기본 원리를 익힌다.
(3) 학급과 학교에서 일어나는 제 문제에 대해 적극적으로 참여하여 협의하고 실천함으로써 협동심과 유대감을 기른다.
(4) 교내외에서 실시되는 여러 행사의 의의와 중요성을 이해하고, 행사에 자발적으로 참여하여 학교와 지역사회의 발전을 위해 노력하는 태도를 가진다.
(5) 학급, 학년, 학교의 특성 및 학습자의 발달단계에 맞는 다양한 특색 활동을 계획하고, 이에 참여함으로써 자신감과 창의성을 기른다.
(6) 학교의 전통을 계승하고 이를 창의적으로 발전시키려는 노력을 통해 소속감과 애교심을 기른다.

나) 활동별 내용
(1) 적응 활동
· 입학, 진급, 전학 등에 따른 적응 활동 등
· 예절, 질서 등의 기본생활습관형성 활동, 축하, 친목, 사제동행 등
· 학습, 건강, 성격, 교우 등의 상담 활동 등

(2) 자치 활동
· 1인 1역, 학급회 및 학급 부서 활동 등
· 학생회 협의활동, 운영위원 활동, 모의 의회, 토론회 등

(3) 행사 활동
· 시업식, 입학식, 졸업식, 종업식, 기념식, 경축일 등
· 전시회, 발표회, 학예회, 경연대회, 실기대회 등
· 학생건강체력평가, 체격 및 체질 검사, 체육대회, 친선경기대회, 안전생활 훈련 등

- 수련활동, 현장학습, 수학여행, 학술조사, 문화재 답사, 국토순례, 해외문화체험 등

(4) 창의적 특색 활동
- 학생 특색 활동, 학급 특색 활동, 학년 특색 활동, 학교 특색 활동, 지역 특색 활동 등
- 학교 전통 수립 활동, 학교 전통 계승 활동 등

다) 교수·학습 방법
(1) 학생들의 자발적이고 자율적인 활동이 되도록 해야 하며, 그 활동이 바람직하고 창의적인 방향으로 이루어지도록 지도한다.
(2) 모든 구성원이 골고루 참여할 수 있는 기회를 제공하고, 다양한 의견을 존중하여 참여 의식을 높이며 소속감을 가지게 한다.
(3) 학생 전원이 학급 생활에 필요한 한 가지 이상의 일을 분담하여 자율적으로 실천하게 하되, 필요할 경우 역할을 교체하여 다양한 경험을 가지도록 한다.
(4) 행사 활동의 계획 수립, 준비, 시행, 반성 등에 있어서 학생들이 적극적으로 참여하도록 지도하고, 적절한 역할 분담을 통하여 자치적인 운영이 되도록 한다.
(5) 행사 계획을 수립할 때에는 행사명, 목적, 시기, 장소, 대상, 행사 과정, 역할 분담, 유의점, 배치도, 상황 변동 시의 대책 등을 충분히 고려하고, 필요에 따라 사전 답사 및 사전 교육을 실시한다.
(6) 학교 행사의 실시에서 필요한 경우 지역사회와의 연계성을 고려하되, 지역 사회의 요청에 의한 학교 행사는 그 교육적 가치를 충분히 검토하여 선택적으로 운영할 수 있다.
(7) 학생들이 교실과 교내를 벗어나 다양한 실생활과 자연을 접하여 호연지기를 기를 수 있는 기회를 적극 마련한다.

2) 동아리활동

가) 목표
(1) 흥미, 취미, 소질, 적성, 특기가 비슷한 학생들로 구성된 활동 부서에 자발적으로 참여하여, 창의성과 협동심을 기르고, 원만한 인간관계를 형성한다.
(2) 다양한 활동에 참여하여 자신의 잠재 능력을 창의적으로 계발·신장하고, 자아실현의 기초를 닦는다.
(3) 여가를 선용하는 생활 습관을 형성한다.
(4) 지역 내 학교 간 각종 동아리 경연대회를 통해 우의를 다지는 협력과 공정한 경쟁을 익히도록 한다.

나) 활동별 내용

(1) 학술 활동
- 외국어 회화, 과학 탐구, 사회 조사, 탐사, 다문화 탐구 등
- 컴퓨터, 인터넷, 신문 활용, 발명 등

(2) 문화 예술 활동
- 문예, 창작, 회화, 조각, 서예, 전통예술, 현대예술 등
- 성악, 기악, 뮤지컬, 오페라 등
- 연극, 영화, 방송, 사진 등

(3) 스포츠 활동
- 구기운동, 육상, 수영, 체조, 배드민턴, 인라인스케이트, 하이킹, 야영 등
- 민속놀이, 씨름, 태권도, 택견, 무술 등

(4) 실습 노작 활동
- 요리, 수예, 재봉, 꽃꽂이 등
- 사육, 재배, 조경 등
- 설계, 목공, 로봇제작 등

(5) 청소년 단체 활동
- 스카우트연맹, 걸스카우트연맹, 청소년연맹, 청소년적십자, 우주소년단, 해양소년단 등

다) 교수·학습 방법

(1) 학생의 취미, 흥미, 적성, 요구, 학교 실정 및 지역 특성 등에 알맞은 활동 부서를 조직하고, 모든 학생에게 자세히 안내한다.
(2) 학교는 학생의 희망을 존중하여 활동 부서를 조직한다.
(3) 교사가 주도적인 역할을 하지 않도록 유의하여 학생 중심의 흥미롭고 창의적인 운영을 도모한다.
(4) 학생의 개성과 소질을 최대한 신장시키기 위하여 방과 후 및 휴업일, 방학 중에도 활동을 지속적·집중적으로 운영할 수 있다.
(5) 동아리활동의 각종 프로그램을 활성화시키기 위하여 교내외의 인적 자원, 물적 자원을 적극 활용한다. 특히 지역사회 인사와 학부모의 자발적 봉사 협력을 통해 동아리활동이 이루어질 수 있도록 이를 장려한다.
(6) 동아리활동을 활성화시키기 위해 교내 및 학교 간 경연대회, 전시회, 발표회, 봉사활동과 연계 등을 적극 추진한다.

3) 봉사활동

가) 목표
(1) 타인을 배려하는 너그러운 마음과 더불어 사는 공동체 의식을 가진다.
(2) 나눔과 배려의 봉사활동 실천으로 이웃과 서로 협력하는 마음을 기르고, 호혜 정신을 기른다.
(3) 지역사회의 일들에 관심을 가지고 참여함으로써 사회적 역할과 책임을 분담하고, 지역사회 발전에 이바지하는 태도를 가진다.

나) 활동별 내용
(1) 교내 봉사활동
- 학습부진 친구, 장애인, 병약자, 다문화가정 학생 돕기 등

(2) 지역사회 봉사활동
- 복지시설, 공공시설, 병원, 농어촌 등에서의 일손 돕기 등
- 불우이웃돕기, 고아원, 양로원, 병원, 군부대에서의 위문 활동 등
- 재해 구호, 국제 협력과 난민 구호 등

(3) 자연환경 보호 활동
- 깨끗한 환경 만들기, 자연보호, 식목 활동, 저탄소 생활 습관화 등
- 공공시설물, 문화재 보호 등

(4) 캠페인 활동
- 공공질서, 교통안전, 학교 주변 정화, 환경 보전, 헌혈, 각종 편견극복 등에 대한 캠페인 활동 등

다) 교수ㆍ학습 방법
(1) 봉사활동의 참된 의미와 가치를 인식시키고 미래 생활과도 연계되도록 지도한다. 효율적이며 진정한 봉사활동이 될 수 있도록 사전 교육을 실시하며, 관련 정보를 충분히 수집하고 면밀한 계획을 세워 추진한다.
(2) 봉사활동의 내용은 학교나 지역사회의 여건을 고려, 학교 재량으로 선정하여 융통성 있게 운영할 수 있다.
(3) 학생들의 처지와 능력 수준에서도 봉사가 가능하며, 보람을 느낄 수 있도록 하기 위해서, 서로 협력하는 기회를 만들고, 특히 동아리활동의 성과를 봉사활동에 적극 활용한다.
(4) 활동의 전 과정이 교육적 의미를 가질 수 있도록 활동의 계획과 과정 및 결과에 대한 사후 평가를 실시하고, 이를 향후의 활동 계획 수립에 반영한다.
(5) 지역사회 유관 기관 및 봉사 단체와 협조 체제를 유지하여 효율적인 봉사활동이 이루어지도록 한다.

4) 진로활동

가) 목표
(1) 자신의 특성, 소질과 적성, 능력 등을 이해하고, 이를 바탕으로 자신의 정체성을 확립하고 자신만의 독특한 진로를 탐색한다.
(2) 각종 검사, 상담을 통해 진로 정보를 탐색하고 자신의 진로를 계획한다.
(3) 진로와 직업 선택의 중요성을 인식하고, 자신의 적성과 소질에 맞는 진로를 탐색·설계한다.
(4) 학업과 직업 세계를 이해하는 직업체험활동 기회를 통해 진로를 결정하고 준비한다.

나) 활동별 내용
(1) 자기 이해 활동
· 자기 이해 및 심성 계발, 자기 정체성 탐구, 가치관 확립 활동, 각종 진로 검사 등

(2) 진로 정보 탐색 활동
· 학업 정보 탐색, 입시 정보 탐색, 학교 정보 탐색, 학교 방문 등
· 직업 정보 탐색, 자격 및 면허제도 탐색, 직장 방문, 직업훈련, 취업 등

(3) 진로 계획 활동
· 학업 및 직업에 대한 진로 설계, 진로 지도 및 상담 활동 등

(4) 진로 체험 활동
· 학업 및 직업 세계의 이해, 직업 체험 활동 등

다) 교수·학습 방법
(1) 학생이 자신에 대한 충분한 이해를 바탕으로 자신의 진로를 개척하려는 태도를 갖게 한다.
(2) 학생의 인성, 적성, 진로 성숙도 등 다양한 측면을 파악할 수 있는 각종 검사를 실시하고 그 결과에 대해 필요한 상담을 실시한다.
(3) 진로 관련 상담 활동은 담임교사가 하는 것을 원칙으로 하되, 특히 중등학교에서는 학생의 진로와 가장 밀접한 교과교사를 진로지도교사로 하여 학생 개인별 혹은 집단별 진로 상담에 도움을 주도록 한다. 진로활동 내용에 따라서는 상담교사나 전문적 소양을 가진 학부모 또는 지역사회 인사의 협조를 받는다.
(4) 학생의 학업 진로, 직업 진로에 대한 진로 계획서를 작성하고 꾸준히 수정하는 활동을 실시한다.
(5) 진로 선택에 중요한 시기를 맞고 있는 중등학생의 경우 '직업과 진로' 과목과 연계하여 지도한다. 특히 중학교 3학년에서 고교 진학과 고교 1학년에서 진로에 따른 교과목 이수 및

고교 3학년에서 학업 혹은 직업 선택을 지도하는 데 중점을 둔다.

(6) 학교 및 지역사회 인사, 지역사회 시설 등을 활용하여 장래에 학생들이 선택하게 될 학업과 직업에 대해 탐구하고, 직접 체험할 수 있는 기회를 제공한다.

4. 운영 및 지원

가. 창의적 체험활동에 배당된 시간(단위) 수는 영역별로 학생의 요구, 학교 및 지역의 특성을 고려하여 학교의 재량으로 배정하되, 학생의 발달단계를 고려하여 학교 급별, 학년별로 활동 영역 및 내용을 선택하여 집중적으로 운영할 수 있다.

나. 창의적 체험활동의 운영의 효율성을 높이기 위해 관련 교과 및 창의적 체험활동의 하위 영역 간에 통합하여 편성·운영할 수 있다.

다. 창의적 체험활동 운영 계획은 학생들의 흥미와 소질, 학교와 지역사회의 실정을 고려하여 작성하되, 계획을 수립하고 운영하는 과정에서 학생들의 의사를 적극적으로 표현되어 반영되도록 한다.

라. 창의적 체험활동은 학교의 필요에 따라 기준 시간(단위)보다 더 많은 시간을 확보하여 운영할 수 있으며, 시간 운영은 통합, 집중 등 다양한 방식으로 융통성 있게 할 수 있다.

마. 활동의 내용, 조직 단위, 장소, 시설 등 규모와 여건을 고려하여 정일제, 격주제, 전일제, 집중제 등과 같이 융통성 있게 운영할 수 있다.

바. 자율활동의 국토 순례 활동, 봉사활동, 진로 체험 활동 등은 활동의 특성에 따라 방학 기간을 이용하여 집중 운영할 수 있다.

사. 입학 초기 적응활동은 창의적 체험활동의 자율활동 중 '적응활동'의 일부로 편성하여 지도한다. 특히 초등학교 1학년과 사춘기 학생들의 적응활동을 위한 적절한 교육 프로그램을 개발하여 적용한다.

아. 학교와 교사, 학생의 요구와 필요에 따른 범교과 학습과 자기 주도적 학습을 창의적 체험활동의 영역과 연계하여 운영할 수 있다.

자. 지역사회의 인적·물적 자원을 최대한 활용하기 위하여 창의적 체험활동 영역별로 활용 가능한 인사, 시설, 기관, 자료 등의 자원 실태를 파악하고, 다양한 활동 프로그램을 개발하여 창의적으로 운영한다.

차. 시도 교육청 및 지역 교육청은 창의적 체험활동을 운영하는 데 필요한 지도자, 보조자 등의 인적 자원과 제반 시설, 설비, 자료 등의 물적 자원 및 프로그램을 지원한다.

카. 시도 교육청 및 지역 교육청은 창의적 체험활동 지도 자료 및 프로그램의 개발 및 보급, 연수 과정의 개설, 연구학교의 운영 등을 통하여 각급 학교의 창의적 체험활동 운영과 개선을 지원한다.

5. 평가

가. 학교와 지역사회의 실정 및 교육 목표에 비추어 적합하게 이루어지도록 평가한다.

나. 교육 목표의 설정, 평가 장면의 선정, 평가 도구의 제작, 평가의 실시 및 결과 처리, 평가 결과의 해석 및 활용의 절차를 고려하여 평가한다.

다. 영역별로 평가 관점을 마련하고 참여도, 협력도, 열성도 및 그 이외의 활동 실적 등이 골고루 반영되도록 평정 척도를 작성, 활용한다.

라. 학생의 자기평가, 상호평가, 활동 및 관찰 기록, 질문지, 작품 분석, 포트폴리오 등 다양한 방법으로 평가한다.

마. 평가 결과는 평소의 활동 상황을 누가 기록한 자료를 토대로 학생의 활동 실적, 진보의 정도, 행동의 변화, 특기 사항 등을 담임 또는 담당 교사가 수시로 평가한다.

바. 학생이 창의적 체험활동에 참여한 정도와 성과를 지속적으로 기록하고, 학교가 제공한 창의적 체험활동 프로그램의 특성을 상세히 기록하여 상급학교 진학 자료로 활용되도록 한다.

사. 학생 개개인의 성장, 발달, 변화를 평가하여 그 결과를 학생의 계속적 진보와 계발을 돕는 자료로 활용함은 물론, 학급 또는 학교 차원에서 전체 집단의 성장, 발달, 변화 등을 평가하여 지도 방법 개선 자료로 활용한다.

아. 프로그램 평가에는 운영 계획, 운영 과정, 운영 결과 등이 포함되도록 하며, 평가 결과는 차후 창의적 체험활동 계획 수립 및 운영의 개선 자료로 활용한다.

Ⅲ. 언어폭력과 언어순화

1. 언어폭력의 개념

학교폭력이 심각한 사회문제가 되고 있다. 최근의 학교폭력은 단순한 탈선의 차원을 넘어 범죄화 되면서 그 유형도 점차 집단화·조직화되고 있다. 폭력행위가 일부 비행학생 외에 일반 학생들 간에도 많이 발생하고 있으며, 폭력행위에 대한 죄의식도 약화되고 있다(장재식, 1998). 연구의 목적에 따라 언어폭력의 개념, 언어폭력의 영향, 언어폭력의 발생 원인, 폭력언어 사용 실태, 선행연구 분석 순으로 이론적 근거를 제시한다.

가. 언어폭력의 개념

언어폭력의 개념을 여러 학자의 다양한 정의에 따르면 아래와 같다.

언어폭력의 정의

연구자	언어폭력의 정의
Infante 등(1992)	저주, 희롱, 조롱, 협박, 욕설
Olweus(1984)	어떤 한 아동이나 또는 아동들이 집단적으로 한 아동에게 음란한 (또는 심술궂은) 얘기를 하거나 불쾌한 것을 말하거나 메모를 보내는 것
Morita(1996)	상대방이 매우 민감한 반응을 보이는 신체상의 특징이나 약점, 출신성분 나아가서는 행동 또는 성격상의 약점을 이용하여 별명을 지어 부르거나, 놀리거나 조롱함으로써 피해학생의 자존심에 상처를 입혀 정신적 피해를 주는 행위
최은숙(2000)	놀림, 조롱 또는 욕을 하거나 협박
박민정(2006)	첫째, 자기 자신의 부정적 감정을 전달하는 말, 둘째, 상대의 의견·외모·능력 등을 향해 표현하는 상대방을 무시하는 말, 셋째, 강한 공격적 어조의 상대방을 위협하는 말, 마지막으로 일상적으로 통용되고 있는 비속어

나. 언어폭력의 발생원인

청소년들이 주로 욕을 사용하는 이유는 상대방을 저주하고 응징하기 위해서라기보다는 대부분 친근감이나 재미 또는 습관으로 욕을 사용한다고 하였고, 욕이 섞인 말을 들을 때 기분이 나쁘다고 대답한 학생이 60~70%에 달했다(조향, 2003).

초등학교 저학년을 대상으로 폭력적 언어와 유행어 사용 실태를 분석한 결과, 상대방을 무시하는 말을 가장 많이 사용하고 있으며 원인은 자신의 위치를 확인하고자 혹은 자신을 또래 집단에서 돋보이게 보이려는 의도에서 폭력적인 말들을 사용하는 것으로 나타났다(박민정, 2006). 비속어 사용의 원인에 대해서는 습관적으로 사용한다는 응답이 54.7%로 가장 높게 나타났으며 스스로 폭력적 언어에 대해 잘 인식하지 못하는 것으로 나타났다(이순례, 2007).

상대방을 고의적으로 모욕, 멸시, 비난, 비하, 냉소, 조롱, 저주, 질책, 협박, 억압, 공격 등을 할 의도에서 상대방의 기세를 꺾음으로써 자아개념을 손상시키고 자신의 우월감을 확인하려고 하는 경우도 이에 해당하다고 볼 수 있다(박경현, 2001).

이상을 요약해볼 때, 언어폭력의 원인은 다섯 가지로 나눌 수 있는데 첫째, 죄책감 없이 집단 속에서 재미를 추구하기 위해서 사용하는 경우 둘째, 고의로 다른 사람의 자아개념을 손상시킴으로써 자신의 우월감을 확인하고자 할 때 셋째, 상대방이 자신의 자아개념을 의도적으로 손상시킬 때 그에 도전이나 저항을 하기 위해 일어난다고 할 수 있다. 넷째, 집단 내에서 동료들과 연대감을 확인하고자 하는 경우로 집단의 분위기에 휩쓸려 별다른 의식 없이 함께 언어폭력을 가하는 것이며, 마지막으로 자신이 사용하는 말을 크게 의식하지 않고 습관적으로 사용하기 때문으로 스스로 하는 말이 언어폭력인지조차도 모르는 경우이다.

다. 언어폭력의 영향

폭력적인 언어로 형성된 사고는 폭력적일 가능성이 높으며, 이러한 사고는 또다시 폭력적인 언어로 표현되는 악순환이 되풀이될 수 있다. 언어의 폭력성은 사고에만 영향을 미치는 것이 아니라 인간의 실제 행동에서는 사고와 정서라는 두 범주가 서로 밀접한 연관을 가지고 있어, 특정한 인지적 상태는 특정한 감정을 불러일으키기도 하고, 이러한 감정이 행동을 동기화시키기도 한다(Fischer, Shaver & Carnochan, 1990). 그러므로 사고와 정서, 행동의 밀접한 연관성을 고려할 때 폭력적인 언어는 폭력적인 사고를 형성하여 긍정적이고 밝은 정서를 표현하는 것을 억제하고 이것은 행동으로까지 이어져 부정적이고 폭력적인 행동으로 나타나게 된다(구자숙, 1999). 그러므로 아동에게 협박을 가하고, 언어적 공격을 일삼고, 경멸이나 모욕감, 수치심을 주는 등의 행위는 아동을 정서적·지적 불구로 만들고 심리적 자아에 상처를 입히며, 정서뿐만 아니라 자아존중감에 손상을 입힌다. 또한 언어적 폭력은 신체적 폭력과 동시에 나타날 뿐 아니라 폭력에 의한 부정적 결과들은 심리적인 것을 바탕으로 하여 공격성, 위축, 좌절, 정서적 부작용, 반사회적 행동 등을 나타낸다(Rohner, 1986).

언어폭력은 당하는 사람에게 정신적·심리적 피해를 주는 것은 물론 또래 간의 사소한 장난으로 여겨질 수 있는 별명 부르기, 놀림, 조롱, 욕설과 같은 시빗거리가 심각한 수준의 폭력으로 발전할 수도 있다는 연구 결과가 있다(장지영, 2004). 언어폭력을 예방하는 것은 언어폭력 자체뿐 아니라 더 큰 학교폭력을 방지하기 위해서도 필요하다.

라. 폭력언어 사용 실태

한국교육개발원(2006)의 실태조사 결과 전국 초·중·고등학생 17,325명 중 31.7%가 협박과 욕설을 학교폭력 중에서 두 번째로 심각하다고 답하였고, 초등학생 6,195명 중 40.1%가 언어폭력을 심각하다고 느끼고 있었으며, 초·중등교사 6,157명 중 36.4%가 협박과 욕설을 가장 심각한 학교폭력 유형이라고 하였다.

이 조사를 통해 시사해주는 중요한 점은 언어폭력을 당해본 학생(75.5%)과 실제로 언어폭력을 행사해본 학생(48.5%)의 비율을 비교해보았을 때 언어폭력의 피해자이면서 가해자인 경우가 많다는 것이다.

아이들의 욕의 사용 실태와 원인을 살펴본 <KBS 스페셜> '10대 욕에 중독되다(2009.3.8.)'에서는 주 소비자인 초등학생 200명을 대상으로 설문조사를 한 결과 욕을 하는 학생이 97%나 되었고, 그중 뜻도 모르고 욕을 한다는 학생은 72.2%였다. 온라인상 언어폭력의 심각성을 취재한 <추적 60분>(2008.11.5.)에서는 초·중·고등학생 900명을 대상으로 설문조사를 한 결과 온라인상에서 욕설이나 험담을 해본 경험이 있다고 답한 학생이 약 50%였고, 초등학생의 경우에도 34.6%나 되었다. 욕을 사용하는 이유는 보복이 47.9%로 가장 많았고, 아무 이유가 없거나 재미를 위해, 스트레스 해소가 그 뒤를 이었다. 욕설을 한 후 죄책감을 느끼지 않는다는 대답도 70%나 되었다.

마. 언어순화

컴퓨터나 전화 등 첨단 정보통신기술을 바탕으로 한 새로운 매체의 등장으로 인하여 시공을 초월한 상호작용 및 의사소통이 이루어지고 있는 시대에 살고 있으며 전자메일이나 전화 메시지 같은 문자를 이용한 의사소통, 대화방을 이용한 실시간 의사소통, 컴퓨터 동영상을 이용한 의사소통 등 전달방식이 다양해졌다. 따라서 통신 언어가 매우 복잡하고 새로운 양상으로 확산되어 가면서 급속하게 일상어로 자리 잡아가게 되었고 기존의 언어규범을 심하게 파괴하고 나아가 세대 간 언어 단절까지 나타나고 있는 것이 현실이다(이순례, 2007).

따라서 언어순화(국어순화)의 역할은 첫째, 옳지 않은 말의 사용을 막을 수 있다. 둘째, 말은 민족적 세계사의 반영으로서 한 나라 모든 사람의 공동의식이 모이면 민족의식을 이루어 그것을 표현하는 것이 언어인데 언어순화를 통해 바른 우리말 사용을 할 수 있는 것이다. 셋째, 언어순화는

걸러지는 기능을 하는 것으로 폭력적 언어 사용을 살펴보게 하고, 바르지 않은 말이 어느 것인지를 확인할 수 있으며 이를 바로 고치는 작업이 계속적으로 이루어지는 과정이라고 할 수 있다.

언어가 우리의 생각을 교환하는 도구로서 이미 인간의 정신활동의 표현 수단이 되는 만큼 언어순화는 건강한 정신활동 문화를 가져올 수 있는 것이다(김한용, 1992). 특히, 언어발달 측면에서 볼 때 초등학교는 언어 형성기로서 매우 중요한 시기이므로 언어순화는 아동의 바른 언어활동의 효과적인 수행에 필요한 것이다. 정부도 청소년들의 폭언과 욕설사용이 도를 넘어 심각한 수준이라고 판단했기 때문에 언어순화를 위해 범정부차원의 대책을 추진하고 있는 실정에서 본교의 창의·인성 중심 언어순화 프로그램의 연구 및 적용은 매우 시기적절하다고 할 수 있다.

2. 언어폭력과 유사한 개념

가. 학교폭력

학교폭력 예방 및 대책에 관한 법률 제2조 정의에 따르면 '학교폭력'이란 학교 내외에서 학생 간에 발생한 상해, 폭행, 감금, 협박, 약취·유인, 명예훼손·모욕, 공갈, 강요 및 성폭력, 따돌림, 정보통신망을 이용한 음란·폭력 정보 등에 의하여 신체·정신 또는 재산상의 피해를 수반하는 행위를 말한다.

나. 언어폭력

통신 언어를 포함하여 어떤 나쁜 일이 일어나기를 바라는 말을 하거나, 화가 나도록 약 올리거나, 단점이나 약점을 농담 삼아 비아냥거리면서 이야기하거나, 남에게 어떤 일을 하도록 협박하거나, 욕설을 함으로써 상대방의 자아개념을 손상시키는 행위이다.

다. 창의·인성 언어순화 프로그램

창의성과 인성교육에 중심을 두고 나선형으로 확대 운영되는 교과 중심 언어순화 프로그램과 체험학습 중심 언어순화 프로그램을 말한다.

라. 행복 학교

본 연구에서는 개인, 또래, 가족, 지역사회, 기타 타인과의 관계 등 다양한 요인으로 생기는 학교 부적응 가능성을 최대한 줄여 학생들이 자아를 실현하는 데 심리적으로 부담이 없는 행복한 생활을 할 수 있는 학교를 말한다.

3. 언어순화 프로그램의 중요성

오늘날 언어폭력으로 인한 사회문제의 심각성이 날로 높아져 각종 매스컴에서 충격적인 사건, 사고를 접하고 있는 것이 현실이다. 그 대표적인 예가 얼마 전 발생한 악성댓글에 의한 유명 연예인 및 TV 출연 일반인의 자살과 언어폭력에 의한 스트레스로 자식이 부모를 죽인 사건이다. 이러한 것은 언어폭력이 심각한 사회문제 중 하나라는 것을 시사한다. 국립국어원의 청소년 언어 사용 실태를 조사한 보고서에 따르면 친구와 대화 시 76.4%의 학생은 욕설을 사용하고 있으며, '욕설을 사용하는 이유로는 왕따나 무시를 당하지 않기' 위해서라고 했다. <KBS 스페셜>(2009년 3월 8일)에서 초등학교 5, 6학년을 대상으로 조사한 결과 욕을 하는 학생이 96.6%이며, 잘 모르고 사용하는 학생이 72.2%로 나왔고 과거에 비해 여학생들과 초등학생들이 욕을 더 많이 사용하고 있다는 보고가 있다.

모든 폭력의 시작이 되는 언어폭력은 신체적 접촉을 통한 폭력을 자극하게 하고 이에 따른 부정적 결과들－공격성, 위축, 좌절, 정서적 부작용, 반사회성 행동－은 학교폭력을 부추기는 원인이 되고 있다. 사회의 축소판인 학교에서 무분별한 언어 사용의 영향을 받은 대다수의 학생 입에서 우리는 어렵지 않게 타인 비하, 별명 부르기, 악소문 퍼트리기, 조롱, 욕설 등을 들을 수 있다. 더욱 심각한 것은 이러한 언어폭력을 사용하는 어린이들이 자신이 잘못을 하고 있다는 것을 인식하지 못하고 있어서 교우들 간에 유행처럼 번지고 있으며, 이러한 언어폭력은 드러나지 않고 은밀하게 이루어지는 특징 때문에 교사의 지도에도 한계가 있다.

표집조사 학교의 경우는 약 58%가 언어폭력이 가장 심하고, 심리적 폭력이 약 20% 순으로 나타났으며, 학교폭력 예방을 위해 언어순화 프로그램의 필요성에 약 84%의 어린이가 공감하고 있었다. 지리적으로는 외각에 위치한 도시 빈민층 지역으로 결손가정이 많아 원만한 가정교육이 잘 이루어지지 않고 있다는 것이 특징이었다. 게다가 방과 후에 다양한 심리·정서 교육이 이루어질 수 있는 프로그램과 시설이 부족하여 학생들 대부분은 정서조절이 어렵고 거친 언어를 사용하고 있으며 이것은 학교폭력으로 발전하는 문제를 야기하는 원인이 되고 있었다.

따라서 교육의 주체인 학교, 가정, 지역사회가 함께 참여하여 학년성에 맞는 창의·인성 언어순화 프로그램을 구안·적용하여 무의식적으로 언어폭력을 행하고 있는 학생들에 대한 심리 상태를 분석하고 평가하여, 이것을 기본으로 한 폭력적 언어들을 순화하는 훈련 프로그램을 통해 언어적 공격성을 감소시키는 것은 물론, 더 나아가 친구 간에 배려하는 마음을 심어주고, 바른 말 고운 말을 통한 건강한 의사소통을 할 수 있도록 하여 행복한 학교를 만들고자 하는 데 필요하다.

가. 학교폭력의 원인은 개인적·심리적·가족적 그리고 사회적 원인 등이 있다. 지금까지의 학교폭력에 대처함에 있어 폭력 가해자·피해자의 책임만을 지나치게 강조하여 적절한 학교 폭력 예방이 실현되지 않았다. 그러므로 학교, 가정, 지역사회의 역할에 대한 제 인식이 필요하다.

나. 학교폭력의 기저에는 언어폭력에서부터 시작되어 신체적 폭력으로 발전한다. 언어는 사람의 감정과 인지의 표현이다. 언어를 통해서 자신의 감정을 표현하고 또한 다른 사람의 감정을

받아들인다. 효과적인 감정 조절을 통한 올바른 의사소통 능력을 향상시키는 프로그램의 구안·적용이 필요하다.

다. 현대 가정이 대가족에서 점차 핵가족화되고 맞벌이 가정이 늘어나면서 가정의 교육적 기능이 점차 약화되고 있다. 가족 구성원 간의 대화 부족이 사회문제로 발전되기도 한다. 따라서 다양한 학부모 연수를 통해서 학교, 가정의 공동체 구성을 통한 협력이 필요하다.

라. 의사소통 및 대인관계 기술 훈련을 통해서 언어적 공격성을 감소하고 교우관계를 증진시키며 다양한 체험 프로그램을 운영하여 학교생활 적응과 올바른 친구 관계 개선을 위해 노력할 필요가 있다.

마. Wee Class 상담실 활용을 통해 학교폭력과 언어폭력에 대한 소극적 대처가 아닌 적극적인 대처가 필요하다. 즉, 위기 학생뿐만 아니라 학교폭력과 언어폭력에 잠재적인 모든 피해자, 가해자에 대한 예방 차원의 개인 상담, 집단 상담 프로그램 운영이 필요하다.

바. 올바른 언어 사용과 친구 사랑을 위해 다양한 문화체험 프로그램 및 이벤트 활동의 활성화로 학생들의 학교생활 적응력을 향상시키는 방안의 모색이 필요하다.

제2부

언어순화 프로그램 개발

Ⅰ. 언어순화 프로그램 개발을 위한 교육 내용 분석

1. 언어순화 관련 교육과정 분석

가. 교과 내용 분석

1) 목적

생활지도의 내용을 교과를 이용하여 지도함으로써 수준을 학년성에 맞추고 교과에서 관련성 있게 지도하여 반복을 통한 습관화로 내면화를 기하고자 하였다.

2) 방법

가) 학년별로 지도요소 추출을 위한 위원회를 구성하고 관련 주제 지도요소를 추출하였다.

나) 모든 교과에서 생활지도와 친구관계 지도요소로 구성하였다.

다) 지도 영역은 일상생활 속에서 바른 언어 사용을 위한 생활언어와, 인터넷과 핸드폰을 대표로 하는 사이버 공간에서의 바른 언어 사용을 위한 통신언어를 선정하여 교과 지도요소를 분석하였다.

3) 운영 결과 학년별 지도요소 추출 결과

1학년 언어순화 관련 교과 지도요소 추출

○○초등학교

교과	월	주	관련 단원	관련 제재	관련 내용	지도 영역
우리들은 1학년	3	2	즐거운 학교생활	친구가 생겼어요	친구와 사이좋게 지내는 방법 알기	생활언어
우리들은 1학년	3	3	즐거운 학교생활	친구를 칭찬해요	친구의 좋은 점과 잘하는 것을 찾아 말하기	생활언어

즐생	4	2	1. 즐거운 학교생활	남생이 등딱지 메고 놀이하기	남생이 등딱지를 만들어 메고 놀이하기	생활언어
듣말	4	3	2. 이렇게 생각해요	감정을 나타내는 말	기분이 잘 드러나게 말하는 방법 알아보기	생활언어
즐생	4	3	2. 봄이 왔어요	친구들과 놀이하기	친구들과 함께 밖에서 놀이하기	생활언어
듣말	5	1	3. 마음을 나누며	여러 가지 인사말	상황에 어울리는 인사말 하기	생활언어
슬생	5	2	3. 가족은 소중해요	다양한 가족의 모습 알아보기	다양한 가족의 모습을 이해하고 다른 가족 존중하기	생활언어
슬생	5	4	4. 건강하게 생활해요	화내지 않고 즐겁게 생활하기	화가 났을 때 해결 방법 말하기	생활언어
슬생	5	4	4. 건강하게 생활해요	화내지 않고 즐겁게 생활하기	즐겁게 생활하면 좋은 점 말하기	생활언어
바생	6	5	5. 사이좋은 친구	화해하는 말	친구와 화해하려면 어떻게 말해야 하는지 알아보기	생활언어
슬생	9	1	1. 나의 몸	몸 살펴보기	나와 친구의 모습을 살펴보고 같은 점과 다른 점 알아보기	생활언어
듣말	10	1	3. 생각을 전해요	다른 사람의 기분 알기	기분 좋게 하는 말을 알아보기	생활언어
듣말	10	1	3. 생각을 전해요	다른 사람의 기분 알기	기분 좋게 말하는 방법 알아보기	생활언어
바생	10	1	3. 함께하는 한가위	상황에 맞는 인사	상대와 상황에 맞게 인사하기	생활언어
듣말	10	2	3. 생각을 전해요	듣는 사람의 기분 알고 말하기	듣는 사람의 기분을 좋게 하는 말하는 방법 알고 말하기	생활언어
즐생	10	2	3. 함께하는 한가위	여러 가지 민속놀이 하기	강강술래, 줄다리기, 제기차기, 딱지치기, 투호, 윷놀이하기	생활언어
듣말	10	3	4. 다정하게 지내요	상황에 어울리는 인사말 하기	때와 장소에 알맞은 인사말을 알아보기	생활언어
듣말	10	4	4. 다정하게 지내요	상황에 어울리는 인사말 하기	알맞은 인사말 사용하여 역할놀이 하기	생활언어
듣말	11	3	6. 이렇게 해보아요	듣는 사람의 기분 알기	듣는 사람의 기분을 생각하며 내 기분을 말해야 하는 까닭 알기	생활언어
듣말	11	5	6. 이렇게 해보아요	기분이 드러나게 말하기	듣는 사람의 기분을 생각하며 내 기분이 잘 드러나게 말하기	생활언어

* 슬생: 슬기로운생활
* 즐생: 즐거운생활
* 바생: 바른생활
* 듣말: 듣기·말하기

2학년 언어순화 관련 교과 지도요소 추출

교과	월	주	관련 단원	관련 제재	관련 내용	지도 영역
국어 (듣말쓰)	4	3	3. 이 생각 저 생각	자신의 의견과 비교하여 다른 사람의 말 듣기	서로 다른 의견을 비교하며 토의에 참여하기	생활언어
국어 (듣말쓰)	5	1	4. 이 말이 어울려요	웃어른께 편지 쓰기	웃어른께 편지 쓸 때 알맞은 표현방법 알아보기	생활언어
국어 (읽기)	5	1	4. 이 말이 어울려요	사랑하는 시현이와 우현이에게	예사말과 높임말의 차이 알아보기	생활언어
국어 (읽기)	5	2	4. 이 말이 어울려요	새 친구 제니	높임말 바르게 사용하는 방법 알아보기	생활언어
국어 (읽기)	5	2	4. 이 말이 어울려요	박바우와 박 서방	알맞은 높임말 생각하며 글 읽기	생활언어
국어 (읽기)	5	2	4. 이 말이 어울려요	나도 저작권을 가지고 있대요	높임말 바르게 사용되었는지 생각하며 글 읽기	생활언어
국어 (읽기)	6	3	6. 의견을 나누어요	아름다운 우리말을 사용하여 주세요	글쓴이의 의견이 적절한지 생각하며 글 읽기	생활언어
국어 (듣말쓰)	7	1	8. 같은 말이라도	부탁, 거절, 위로의 말	듣는 이의 처지를 생각하며 부탁·거절·위로의 말하기	생활언어
컴생	3	2	1. 정보사회의 생활	올바른 통신 예절	사이버 공간에서 올바른 통신언어를 사용해야 하는 까닭 알아보기	통신언어
컴생	10	4	4. 정보 가공과 공유	전자게시판 이용	학교 홈페이지 게시판에 글 남기기	통신언어
음악	3	4	2. 나물 노래	가사 말 바꾸어 부르기	친구와 묻고 대답하며 재미있는 말놀이 하여 보기	생활언어
음악	5	1	7. 어머님 은혜	생활 속에서 음악 활용하기	부모님이나 선생님을 사랑하는 마음이 담긴 노래를 친구와 함께 부르기	생활언어
바른생활	4	2	4. 사이좋은 이웃	이웃 간에 지켜야 할 예절	이웃 간에 지켜야 할 인사말을 배우고 실천하기	생활언어
바른생활	5	3	5. 함께 사는 우리	배려하는 생활	다른 사람을 배려하는 말 찾고 실천하기	생활언어
바른생활	5	4	5. 함께 사는 우리	존중하는 생활	다른 사람을 존중하는 말 찾고 실천하기	생활언어
바른생활	7	1	7. 컴퓨터를 바르게 사용해요	인터넷상의 바른 대화	인터넷을 이용할 때 바른 말을 써야 하는 까닭 알기	통신언어
바른생활	7	2	7. 컴퓨터를 바르게 사용해요	인터넷상의 바르고 고운 말	인터넷 언어를 바르고 고운 말로 고쳐보기	통신언어
바른생활	9	2	2. 바르고 고운 말	바르고 고운 말의 필요성	바르고 고운 말을 사용해야 하는 이유와 필요성 알기	생활언어
바른생활	9	3	2. 바르고 고운 말	상황에 맞는 바르고 고운 말	웃어른과 친구와의 대화를 통해 상황에 알맞은 바르고 고운 말 알기	생활언어

바른생활	9	4	2. 바르고 고운 말	바르고 고운 말의 사용 방법	말하기 놀이를 통해 바르고 고운 말 익히기	생활언어
바른생활	10	1	2. 바르고 고운 말	바르고 고운 말의 실천	자신의 경험을 떠올려보고 바른 태도로 바르고 고운 말 사용하기	생활언어
바른생활	11	3	5. 화목한 가정	형제자매끼리의 바른 말	형제자매끼리 사이좋게 지내는 바른 말 찾아 실천하기	생활언어
국어	3	1	(듣말)1. 느낌을 말해요	실감나게 표현하기	이야기를 듣고, 인물의 말을 실감나게 표현하기	생활언어
국어	3	3	(쓰기)1. 느낌을 말해요	일기 쓰기	내용이 잘 드러나게 일기 쓰기	생활언어
국어	4	1	(듣말)3. 이런 생각이 들어요	하고 싶은 말하기	이야기에 나오는 인물에게 하고 싶은 말을 조리 있게 하기	생활언어
국어	4	4	(듣말)4. 마음을 담아서	칭찬하기	친구와 칭찬하는 말을 주고받기	생활언어
국어	6	5	(쓰기)7. 따뜻한 눈길로	편지 쓰기	고마운 분께 마음을 전하는 편지 쓰기	생활언어
국어	10	1	(듣말)3. 생각을 나타내요	충고하기	충고하는 말과 대답하는 말 주고받기	생활언어
즐생	3	3	1. 소리축제	고무줄놀이	규칙과 질서를 잘 지키고 고운 말을 주고받으며 고무줄놀이에 참여하기	생활언어
즐생	4	2	3. 토끼와 거북	여러 가지 방법으로 걷고 달리기	친구와 함께 협동하여 바른 언어를 사용하여 다양한 방법으로 걷기	생활언어
즐생	5	3	5. 함께 사는 세상	모둠별 놀이하기	질서를 잘 지키고 고운 말을 주고받으며 모둠별 대항놀이 하기	생활언어
즐생	9	1	1. 노래하는 아이들	시의 느낌을 살려 여러 가지 방법으로 걷고 뛰기	놀이를 하면서 잘한 친구 칭찬해주기	생활언어
즐생	9	2	1. 노래하는 아이들	여러 가지 방법으로 뛰고 걷는 놀이하기	콩콩콩 놀이를 하며 서로 존중하는 말을 사용하기	생활언어
즐생	11	4	5. 낙엽 소리	리듬과 가락에 맞게 신체 표현하기	모둠 신체 표현 작품을 감상하고 서로 칭찬해주고 격려하기	생활언어
즐생	11	5	6. 팥죽 할머니와 호랑이	연극놀이 계획하기	서로의 의견을 존중하며 역할 분담하기	생활언어
즐생	12	3	7. 신나는 겨울세상	비사치기	비사치기 놀이를 할 때 주의점 알기	생활언어
슬생	4	1	2. 이제는 할 수 있어요	고마운 분들	내가 자라는 데 도움을 주신 고마운 분들께 감사하는 마음을 담아 편지 쓰기	생활언어
슬생	5	3	4. 사이좋은 이웃	이웃 놀이	이웃의 소중함을 알아볼 수 있도록 이웃놀이 하기	생활언어
슬생	10	5	4. 물건도 여행을 해요	물건이 우리에게오기까지 애쓰신 분들	물건이 우리에게 오기까지 애쓰신 분들에게 감사의 마음 표현하기	생활언어
슬생	11	5	5. 가게에 가요	가게 놀이	가게 놀이를 하여봅시다	생활언어

* 컴생: 컴퓨터와 생활
* 듣말쓰: 듣기·말하기·쓰기
* 슬생: 슬기로운생활
* 즐생: 즐거운생활

3학년 언어순화 관련 교과 지도요소 추출

교과	월	주	관련 단원	관련 제재	관련 내용	지도 영역
국어	3	2	1. 감동의 물결	우리가 사는 세계에서 있을 수 있는 일	우리가 사는 세계와 이야기의 세계 비교하기	생활언어
국어	4	2	3. 여러 가지 생각	사실에 대한 의견을 글로 쓰기	기사를 읽고 사실에 대한 내 의견 글로 쓰기	통신언어
국어	4	4	4. 마음을 전해요	전화로 나누는 대화의 특징	바르게 전화로 대화하기	통신언어
국어	5	3	6. 좋은 생각이 있어요	사실과 의견이 드러나게 글쓰기	문제점에 대하여 사실과 의견으로 나누어 글쓰기	통신언어
국어	6	1	7. 이야기의 세계	말하는 방법 알기	말의 빠르기, 높낮이, 강약에 주의하여 말하기	생활언어
국어	9	1	3. 함께 사는 세상	바른 낱말을 사용하여 글쓰기	글을 쓸 때에 알맞은 낱말을 사용하여야 하는 까닭 알기	통신언어
국어	10	1	5. 주고받는 마음	전화로 대화할 때 지켜야 할 예절	전화로 대화할 때 지켜야 할 예절 알아보기	통신언어
국어	10	2	5. 주고받는 마음	뜻을 달리하여 표현하기	같은 뜻을 문장의 종류를 달리하여 표현하는 경우 알아보기	생활언어
국어	11	2	6. 서로의 생각을 나누어요	내 의견 말하는 방법 알기	인물의 행동에 대하여 내 의견을 말하는 방법 알기	생활언어
도덕	4	5	3. 사랑이 가득한 우리 집	세상에서 가장 아름다운 보석	여러 가지 가정의 모습과 가족 간의 예절	생활언어
도덕	5	1	3. 사랑이 가득한 우리 집	세상에서 가장 아름다운 보석	가족과 화목하게 지내기 위한 방법	생활언어
도덕	5	3	3. 사랑이 가득한 우리 집	행복한 우리 집	화목한 가족이 되기 위한 역할놀이	생활언어
도덕	6	3	4. 너희가 있어 행복해	너와 내가 만드는 행복한 세상	좋은 친구가 되기 위해 말과 행동을 바르게 하는 일	생활언어
도덕	6	4	4. 너희가 있어 행복해	함께 있어 행복한 우리	친구를 칭찬해보고 좋은 친구가 되기 위해 노력	생활언어
도덕	10	2	2. 감사하는 생활	감사의 가치를 아는 사람	감사의 의미와 중요성을 알고 감사하는 마음 표현	생활언어
도덕	11	2	3. 함께 어울려 살아요	같은 것과 다른 것이 함께해요	생김새나 생활방식 등이 다른 친구들을 이해하고 배려하기	생활언어
도덕	11	4	3. 함께 어울려 살아요	어울려 살면 모두가 행복해요	생김새나 생활방식 등이 다른 친구들의 장점 알기	생활언어
사회	10	5	2. 이동과 의사소통	생활 속의 이동과 의사소통	고장 사람들이 의사소통하는 모습 찾아보기	통신언어
사회	11	2	2. 이동과 의사소통	오늘날의 이동과 의사소통	오늘날 의사소통 수단이 생활에 미치는 영향	통신언어
ICT	3	3	1. 정보사회의 생활	올바른 통신 예절	사이버 공간에서 지켜야 할 예절	통신언어

* ICT: 정보통신기술

4학년 언어순화 관련 교과 지도요소 추출

교과	월	주	관련 단원	관련 제재	관련 내용	지도 영역
국어 (듣말쓰)	4	3	3. 이 생각 저 생각	자신의 의견과 비교하여 다른 사람의 말 듣기	서로 다른 의견을 비교하며 토의에 참 여하기	생활언어
국어 (듣말쓰)	5	1	4. 이 말이 어울려요	웃어른께 편지 쓰기	웃어른께 편지 쓸 때 알맞은 표현방법 알아보기	생활언어
국어 (읽기)	5	1	4. 이 말이 어울려요	사랑하는 시현이와 우현이에게	예사말과 높임말의 차이 알아보기	생활언어
국어 (읽기)	5	2	4. 이 말이 어울려요	새 친구 제니	높임말 바르게 사용하는 방법 알아보기	생활언어
국어 (읽기)	5	2	4. 이 말이 어울려요	박바우와 박 서방	알맞은 높임말 생각하며 글 읽기	생활언어
국어 (읽기)	5	2	4. 이 말이 어울려요	나도 저작권을 가지고 있대요	높임말 바르게 사용되었는지 생각하 며 글 읽기	생활언어
국어 (읽기)	6	3	6. 의견을 나누어요	아름다운 우리말을 사용하여 주세요.	글쓴이의 의견이 적절한지 생각하며 글 읽기	생활언어
국어 (듣말쓰)	7	1	8. 같은 말이라도	부탁, 거절, 위로의 말	듣는 이의 처지를 생각하며 부탁·거 절·위로의 말하기	생활언어
컴생	3	2	1. 정보사회의 생활	올바른 통신 예절	사이버 공간에서 올바른 통신언어를 사용해야 하는 까닭 알아보기	통신언어
컴생	10	4	4. 정보 가공과공유	전자게시판 이용	학교 홈페이지 게시판에 글 남기기	통신언어
음악	3	4	2. 나물 노래	가사 말 바꾸어 부르기	친구와 묻고 대답하며 재미있는 말놀 이 하여보기	생활언어
음악	5	1	7. 어머님 은혜	생활 속에서 음악 활용하기	부모님이나 선생님을 사랑하는 마음이 담긴 노래 친구와 함께 부르기	생활언어

* 듣말쓰: 듣기·말하기·쓰기
* 컴생: 컴퓨터와 생활

5학년 언어순화 관련 교과 지도요소 추출

교과	월	주	관련 단원	관련 제재	관련 내용	지도 영역
도덕	4	6	2. 감정, 내 안에 있는 친구	일상생활에서 적절한 감정표현의 예	감정을 적절하게 표현하는 방법을 알고 실천함으로써 바람직한 도덕적 감정 함양	생활언어
도덕	4	8	3. 갈등을 대화로 풀어가는 삶	갈등 해결의 대화법의 예	갈등 해결의 대화법을 익히고, 갈등을 원만하게 해결하기 위해 바르게 판단하는 능력 함양	생활언어
도덕	5	13	4. 밝고 건전한 인터넷 세상	선플 달기 운동 사이버 지킴이	건전한 사이버 공간을 만들기 위한 바람직한 사이버 언어습관 함양	통신언어
도덕	9	3	6. 돌아보고 거듭나고	우리 반 반성일기	바람직하나 공동체 생활을 위해 여럿이 함께하는 반성을 실천하는 능력 함양	생활언어
도덕	11	14	10. 우리는 자랑스러운 한인	'재외동포' 4행시	재외동포들의 삶에 대해 알아보고 그들과 어떻게 관계를 맺으며 살아가야 하는지 바르게 판단하는 능력 함양	생활언어
도덕	5	3	3. 너그러운 마음	일상생활에서 너그러운 태도의 예	너그러운 태도를 알고 실천함으로써 다른 사람을 용서하고 이해하는 마음 함양	통신언어
국어	3	2	1. 문학의 즐거움	비언어적 표현을 활용한 개인적 경험담	알맞은 표정이나 말투를 사용하여 경험담 말하기	생활언어
국어	4	9	3. 생각과 판단	일상생활에서 제기되는 문제를 다루는 토론	·토론할 때에 지켜야 할 점 알아보고 토론의 절차와 규칙을 지키며 토론에 참여하기 ·예의 바른 언행과 이성적인 태도를 지니고 상대편의 말을 주의 깊게 듣기	생활언어

6학년 언어순화 관련 교과 지도요소 추출

○○초등학교

교과	월	주	관련 단원	관련 제재	관련 내용
읽기	3	1	1. 상상의 세계	시의 특성	'아름다운 말'을 주제로 비유적 표현 만들기
컴(재)	3	2	1. 정보사회의 생활	사이버 폭력	사이버 언어폭력 사례 조사 및 예방과 대처 방법에 대해 토의
읽기	3	4	2. 정보와 이해	글쓴이의 관점	'때문에'와 '덕분에'의 말에 따른 관점 차이 이해하기
듣말쓰	3	4	2. 정보의 이해	조사하여 글쓰기	우리 주변의 언어폭력의 예 조사하기
					언어폭력의 예 조사한 내용 분류하기
도덕	4	1	2. 책임을 다하는 삶	책임 있는 행동	자신의 행동에 책임감 있는 말하기('네 탓이야'가 아니라 '내 탓이야')
듣말쓰	4	2	3. 다양한 주장	토의하기	토의의 규칙(바른 언어) 알기
					바른 언어 사용하며 토의하기
듣말쓰	4	4	4. 나누는 즐거움	인사말	바른 인사말의 특성 알기
					비공식적 상황의 바른 인사말 알기
					공식적 상황의 바른 인사말 알기
					공식적 상황에서 바른 말로 인사말 하기
도덕	4	4	3. 우리 함께 지켜요	법과 규칙	바른 언어 사용 규칙의 중요성과 의미 이해하기
					언어 사용과 관련하여 학급 규칙 만들기
도덕	5	1	4. 서로 배려하고 봉사하며	배려	평소의 언어생활에서 배려의 실천 방법 알고 실천하기
듣말쓰	5	2	5. 사실과 관점	뉴스 제작 계획	언어폭력 실태에 대한 뉴스 만들기 계획하기
					언어폭력 실태에 대한 뉴스 만들기
듣말쓰	5	4	6. 타당한 근거	연설문 쓰기	바른 언어생활을 주제로 연설문 쓰기
사회	6	5	3. 환경을 생각하는 국토 가꾸기	합리적 의사 결정	바른 언어를 사용하며 토의를 통해 지역사회 문제 해결 방법 찾기
듣말쓰	7	1	8. 함께하는 마음	배려	배려하는 말하기가 필요한 까닭 알기
					배려하는 말하기 방법 알기
					배려하는 말하기
도덕	9	2	7. 다양한 문화 행복한 세상	문화와 관용	다른 문화를 존중하는 관용의 말하기
사회	9	2	1. 우리나라의 민주정치	대화와 타협	대화와 타협을 통한 문제 해결 사례 찾기
컴(재)	9	3	4. 정보의 가공과 공유	카페 만들기	카페 만들고 바른 언어로 글쓰기
컴(재)	11	1 ~ 4	5. 종합 활동	프로젝트 학습	사이버 언어폭력에 대한 주제로 역할 분담하기
					정보검색으로 사이버 언어폭력에 대한 자료 찾기
					인터넷에서 사이버 언어폭력에 대해 토론하고 보고서 만들기
					사이버 언어폭력에 대한 발표 자료 만들기
					사이버 언어폭력에 대한 프레젠테이션 발표하기
도덕	11	3	9. 평화로운 삶을 위해	평화	갈등을 평화롭게 대화로 해결하기
도덕	12	2	10. 참되고 숭고한 사랑	사랑	사랑하는 마음으로 말하는 법 배우기

* 컴(재): 재량 컴퓨터
* 듣말쓰: 듣기말하기쓰기

2. 언어순화 프로그램을 위한 교수·학습 과정안

가. 목적

○○초등학교 교수·학습 과정안 체제를 완성하고 프로그램 운영에 맞게 과정안을 작성하여 수업 피드백에 활용하고자 하였다.

나. 방법

1) 수업 공개에는 교수·학습 과정안을 작성하고 활용하였다.
2) 교수·학습 과정안에 연구학교 주제와 관련 있는 지도요소(🛸)를 포함하도록 하였다.

다. 운영 결과 지도안 예시

즐거운 생활과 교수·학습 과정안

교과		즐거운생활	일시	20○○. ○. ○.(○)	지도교사	○○○
단원		3. 가족은 소중해요	교시	4교시	장소	○교실
차시		8/12	교과서	즐거운생활 44~45	소요시간	40분
학습목표		♣ 친구들과 함께 실내놀이를 할 수 있다.			지도영역	🛸 생활언어
수업전략	최적학습모형	◦ 활동 중심의 교수·학습				
	학습집단조직	◦ 전체 – 개인 – 짝 – 전체				
	중심학습활동	◦ 칠교놀이 하기 ◦ 말판놀이 하기				
교수·학습 자료	일반 자료	교사	대형칠교놀이 세트			
		학생	칠교놀이 세트, 말놀이 세트			
	멀티미디어 자료	동영상 자료, 프레젠테이션 자료				

단계	학습과정	교수·학습활동	집단구성	시간(분)	언어순화(🛸) 자료 및 유의점(☞)
준비	동기유발	■ 학습동기 유발하기 ◦ 공통점 찾기 • 교사가 말하는 놀이의 같은 점을 찾게 한다. - 블루마블, 젠가, 바둑, 칠교놀이의 같은 점은 무엇인가? ◦ 실내놀이에 관한 경험 나누기	전체	3	1 프레젠테이션 ☞여러 가지 실내놀이 사진을 보며 같은 점을 찾는다.
	학습문제 파악	■ 학습문제 확인하기 ♣ 친구와 함께 실내놀이를 하여 봅시다.		1	

	학습활동 안내	■ 학습활동 안내하기 [활동 1] 실내놀이 살펴보기 [활동 2] 칠교놀이 하기 [활동 3] 말판놀이 하기		2	☞ 학습활동을 명확하게 인지시킨다.
탐색	살펴보기	■ 실내놀이 살펴보기 ◦ 실내놀이의 종류 살펴보기 • 실내놀이에 어떤 것들이 있는지 살펴본다. • 친구들과 어떤 놀이를 하고 싶은지 발표한다. ◦ 다양한 실내놀이의 방법과 규칙 알아보기	전체	7	② 동영상 자료 실내놀이 활동 장면을 보며 해보고 싶은 욕구를 자극한다.
활동	칠교놀이	■ 칠교놀이 하기 ◦ 칠교놀이에 관해 알아보기 • 칠교놀이의 이름, 유래, 방법을 알아본다. ◦ 칠교놀이 하기 • <보기>와 같은 칠교 모양을 만들어본다. • 조각 옮기기, 돌리기, 뒤집기를 이용하여 새로운 모양을 만들어본다. • 여러 가지 동물, 식물, 사람 모습 등을 만들어본다. • 자신이 만든 새로운 모양에 이름을 짓고 발표한다.	개인	12	③ 프레젠테이션 자료 ☞칠교놀이의 유래를 알려 우리나라 고유의 전통놀이임을 인지시키고 자긍심을 갖게 한다. ④ 칠교놀이 세트
일반화하기	말판놀이	■ 말판놀이 하기 ◦ 말판놀이의 방법 알아보기 • 주사위를 던져서 나온 수만큼 말을 이동하고, 말이 먼저 보물에 도착한 친구가 이긴다. ◦ 말판놀이 하기 • 짝과 함께 놀이하기	짝	10	⑤ 말판놀이 세트 ☞ 놀이를 할 때 짝에게 바르고 고운 말을 쓰며 규칙을 지킬 수 있도록 강조하여 지도한다.
정리하기	학습 내용 정리	■ 학습 내용 정리하기 ◦ 학습한 내용 발표하며 정리하기 • 실내놀이를 하면서 느낀 점 발표하기	전체	2	
	평가 및 과제제시	■ 평가 및 과제 제시 ◦ ○, × 퀴즈로 학습 내용 평가하기 • 실내놀이에 관한 퀴즈를 ○, 아니면 ×로 표시하게 한다.		2	⑥ 프레젠테이션 자료
	차시예고	■ 차시 예고 가족의 모습을 생각하여 봅시다.		1	⑦ 프레젠테이션 자료

<본시 평가 계획>

평가 영역	평가 내용	평가 척도	평가 기준	평가 시기	평가 방법
정의적	놀이방법을 알고 규칙을 잘 지키며 참여하는가?	상	놀이방법과 규칙을 지키며 놀이 활동에 적극적으로 참여한다.	활동 2 · 활동 3	관찰법
		중	놀이방법과 규칙을 알고 있으나 적극적으로 참여하지 않는다.		
		하	놀이방법과 규칙을 잘 모르며, 놀이 활동에 소극적이다.		

<자료 활용 계획>

활용 대상	순	자료명	활용 내용	투입 시기
교사	1	①, ③, ⑥, ⑦ 프레젠테이션 자료	동기 유발, 활동안내, 평가	동기 유발, 활동 2, 평가
	2	② 동영상 자료	실내놀이 소개	활동 1
학생	3	④ 칠교놀이 세트	칠교놀이	활동 2
	4	⑤ 말판놀이 세트	말판놀이	활동 3

Ⅱ. 언어순화 프로그램 운영 계획

1. 친구의 날 운영 계획

가. 목적

친구라는 글자에서 의미를 딴 7월 9일을 친구의 날로 제정·운영함으로써,
1) 친구를 사랑하는 마음과 친구의 소중함을 깨달아 친구와의 우정을 돈독하게 할 수 있는 방법을 알게 한다.
2) 친구들과 서로 배려하고 아끼는 마음을 실천하여 학교생활이 즐겁고 추억이 얽힌 장소가 될 수 있도록 한다.
3) 친구와의 우정을 생각하게 하는 기회를 마련하여 모두가 함께 더불어 살아가는 세상임을 알고 긍정적인 인성과 태도를 기른다.

나. 방침

1) 학생이 중심이 되는 다양한 프로그램을 운영함
2) 아름다운 추억을 만들 수 있는 여건을 제공함

다. 세부 추진 내용

1) 일시: 20○○.07.09.(금) 8:50~12:00, 7.9.(금) 9:00~18:20
2) 대상: 1~6학년

3) 활동 내용

가) 7월 9일

시간	활동 내용	준비물	담당	대상	비고
8:40~8:50	교장선생님 훈화 말씀	–	방송부	1~6학년	
1~2교시 (90분)	- <폭풍우 치는 밤에> 영화 보기 - 느낀 점을 그림 또는 글로 표현하기	A4용지	담임	1~5학년	
3교시 (45분)	- 친구 이름으로 삼행시 짓기	활동지	담임	1~6학년	
	- 우정의 엽서 꾸미기 · 주제: 친구와의 우정에 관한 내용	엽서 크기 종이			
4교시 (45분)	1학년: 친구와 함께 재미있는 놀이하기	학년별 준비	담임	1~5학년	
	2학년: 2인 3각, 친구와 함께 탱탱볼 나르기				
	3학년: 공동체 게임 (손님 모시기, 꼬리 잡기, 롤링페이퍼 등)				
	4학년: 친구 사랑 게임 (수건 돌리기, 신문을 접어라, 빼빼로 짧게 먹기)				
	5학년: 삶은 달걀에 친구 얼굴 그리기, 친구에게 편지 쓰기, 달걀 나누어 먹기				

나) 7월 16일

(1) 장소

경북 김천시 농소면 봉곡리 1214 샙띠마을

(2) 대상

6학년과 참가 희망 6학년 학부모

(3) 주요 활동

시간	활동 내용	장소
09:00~10:30	학교 출발 및 마을 도착	안전교육
10:30~11:10	마을 소개 및 인사말	커뮤니티센터
11:10~12:30	학 서식지 탐방 및 자두 따기 체험(A팀), 천연 염색(B팀)	자두 따기 체험장(A팀), 커뮤니티센터(B팀)
12:30~13:30	점심 식사 및 휴식	닭죽
13:30~15:00	학 서식지 탐방 및 자두 따기 체험(B팀), 천연 염색(A팀)	자두 따기 체험장(B팀), 커뮤니티센터(A팀)
15:30~16:00	전래놀이 또는 계곡 물놀이	커뮤니티센터/마을 계곡
16:00~16:30	마을 가꾸기(국화꽃 심기)	
16:30~18:00	학교로 출발 및 도착	안전교육

4) 학생시상 및 결과처리

가) 시상 종목: 그림 또는 글, 삼행시 짓기, 엽서 쓰기
나) 종목별 금 1, 은 2, 동 3, 총 6명 시상

5) 상장 양식 <별첨 1>

6) 심사기준 및 채점표 <별첨 2>

라. 기대효과

1) 다양한 행사를 실시하여 친구를 생각하고 배려하는 마음을 다지고 올바른 인성의 함양 및 바람직한 인격형성의 발판을 마련함
2) 친구를 생각하고 사랑하는 마음을 통해 더불어 살아가는 지혜를 갖게 함

<별첨 1>
제20○○-000호

상 장

금상(친구 사랑 3행시)

○학년 ○반
○ ○ ○

위 학생은 20○○학년도 친구의 날 행사에서 위와 같이 입상하였으므로 상장을 주고 칭찬합니다.

20○○년 7월 9일

○○초등학교장 ○ ○ ○

20○○ 친구의 날 행사 심사표

친구 사랑 감상문 (인)

상장	학년 /반	성명	심사기준				합계 (100)
			내용 (25점)	구성 (25점)	창의 (25점)	표현 (25점)	
금상							
은상							
은상							
동상							
동상							
동상							

친구 사랑 삼행시 (인)

상장	학년 /반	성명	심사기준				합계 (100)
			내용 (25점)	독창 (25점)	창의 (25점)	표현 (25점)	
금상							
은상							
은상							
동상							
동상							
동상							

친구 사랑 엽서 쓰기 (인)

상장	학년 /반	성명	심사기준				합계 (100)
			내용 (25점)	구성 (25점)	창의 (25점)	표현 (25점)	
금상							
은상							
은상							
동상							
동상							
동상							

2. 사과데이 운영 계획

가. 목적 및 필요성

1) '나 때문에 마음 아팠을 친구'와 그 징표로 사과 쪽지를 써서 사과나무를 완성하고 사과를 나눠 먹으며 화해와 용서의 마음을 나눈다.
2) 전교생을 대상으로 서로의 잘못을 용서하고, 화해하는 시간을 가질 수 있다.
3) 학교 전체가 화해와 용서하는 분위기로 가득하고 더불어 학교폭력이 예방되는 기회가 될 수 있다.

나. 운영 개요

1) 대상자: 전 학년
2) 시간: 2010년 10월 8일(금) 학년 실정에 맞는 시간
3) 장소: 각 학년 각 반
4) 활동 내용
   사과나무에 나 때문에 마음 아팠을 친구를 대상으로 쪽지를 써서 열매를 달아 사과나무 완성하고 친구와 사과를 나눠 먹으며 화해의 마음을 나눈다.

다. 운영 방침

1) 나 때문에 마음 아팠을 친구에게 사과 내용을 담은 내용으로 사과 열매 종이에 간단한 쪽지를 쓴다.
2) 각 반의 개성에 맞게 사과나무를 꾸민다.
3) 사과 모양의 쪽지에 사과 열매를 달아 사과나무를 완성한다.
4) 친구와 사과를 맛있게 나눠 먹으며 화해의 마음을 나눈다.

라. 사과데이 운영 계획

담당자가 사과나무 준비물 갖추기		각 반 사과나무 꾸미기		각 반에서 사과 열매 달기		사과 나눠 먹기
·4절 우드락 사이즈, 갈색 종이	⇨	·각 반의 개성에 맞게 사과나무 꾸미기	⇨	·나 때문에 마음 아팠을 친구에게 사과 열매에 미안한 마음을 담은 쪽지 쓰기	⇨	·사과 나눠 먹으며 화해의 마음 나누기

마. 사과나무 제작

사과 나누어 먹기

사과나무 만들기

사과나무 만들기

3. 그린마일리지 운영 계획

가. 목적

1) 학생 인권과 교사의 교권이 상호 존중되는 학생 중심 생활지도 실현
2) 상·벌점카드의 처리·통계·조회기능 지원을 통해 인성지도의 효율성 제고
3) 기본생활 습관 지도를 통해 규칙과 약속이 살아 움직이는 학교문화 정착
4) 학교에서 법과 원칙을 준수하여 학교교육에 대한 신뢰도 제고

나. 운영 방침

1) 공개된 학교생활규정이 제대로 작동할 수 있도록 학교 내 생활평점제 운영
2) 칭찬 점수와 벌점 점수가 함께 운영되는 디지털시스템을 도입하고, 벌점을 극복할 수 있는 다양한 기회 부여
3) 상·벌점의 체계적인 기록 관리로 생활지도의 합리성과 연속성 확보

다. 추진근거

1) 교육기본법(제12조) 학습자의 인격과 개성을 존중하여 최대한 능력 신장 조력
2) 초중등교육법(제18조 제1항) 교육상 필요 시 징계·기타 방법으로 지도
3) 초중등교육법(제31조 제7항) 교육상 불가피한 경우 외에 신체적 고통 지양

라. 세부 추진 계획

1) 학생회가 함께 참여하는 민주적 절차에 의해 상·벌점 기준안 제정

    가) 교사, 학생, 학부모의 의견 수립

    나) 상·벌점 적용 중점지도 항목 선정

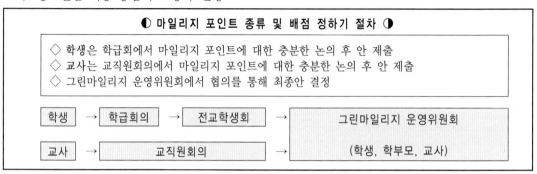

◐ 마일리지 포인트 종류 및 배점 정하기 절차 ◐

◇ 학생은 학급회에서 마일리지 포인트에 대한 충분한 논의 후 안 제출
◇ 교사는 교직원회의에서 마일리지 포인트에 대한 충분한 논의 후 안 제출
◇ 그린마일리지 운영위원회에서 협의를 통해 최종안 결정

학생 → 학급회의 → 전교학생회 → 그린마일리지 운영위원회
교사 → 교직원회의 → (학생, 학부모, 교사)

    다) 상점 우수 학급(학생)에 대한 우대책 마련
    · 교내외 모범학생 표창 대상자 우선 추천
    · 홈페이지 등을 통한 우수 학생 홍보

    라) 벌점 과다 학생에 대한 지도방안 마련
    · 봉사활동 등을 통한 패자 부활의 기회 부여

2) 제정된 상·벌점 기준안을 학생, 학부모, 교직원에게 공지 및 홍보

    가) 학부모 대상으로 그린마일리지에 대한 이해와 목적을 알리고 회원가입 권장
        (동의서 회수율이 60% 이상이면 전체 찬성으로 간주한다.)
    나) 온라인 시스템 입력 방법 등 사용법에 대한 교직원 연수 실시

3) 그린마일리지(생활평점제) 운영의 실제

    가) 상·벌점 누계점수는 벌점 − 상점 − 차감점수로 계산하여 1개월마다 산출
    나) 과벌점 학생의 경우 누계점수에 해당하는 단계별 지도를 받은 후에는 누계점수를 0(영)점 만큼 차감한다.
    다) 상·벌점의 부여와 입력은 카드(상점카드, 벌점카드) 및 인터넷 서버에 접속하여 담임교사가 상·벌점을 누가 기록한다.
    라) 학생이 동일 일자에 동일 항목에 대하여 잘못을 한 경우 1일 3회로 상한선을 두어 벌점카드를 중복해서 발급할 수 있다.
    마) 상·벌점 카드는 교무실 및 각 학년 연구실에 비치하여 활용한다.

바) 상·벌점 카드 발급자는 전 교직원으로 하며 발부 시에는 해당 학생 및 지도교사의 서명이 있어야 한다.

사) 발급된 상·벌점 카드는 담임선생님에게 전달되고 담임교사는 상·벌점 카드별로 온라인 시스템에 입력한다.

아) 온라인 시스템에 입력 후 월말에 수합된 상·벌점 카드를 생활부장 선생님에게 인계한다.

자) 개인별 상황은 교사, 학생, 학부모가 접속하여 본인과 자녀의 상·벌점 누가 기록과 상·벌점에 대한 지도 이력 확인 가능하게 한다.

차) 상·벌점에 대한 이의가 있는 경우 지도교사 및 담임교사에게 이의를 제기할 수 있다. 단 3일이 경과된 후에는 이의가 없는 것으로 간주한다.

카) 상점 카드를 받은 학생은 각 학급 담임교사가 학급에서 선행상 및 모범 어린이 표창 시 기준 참고 자료로 삼고 개인 벌점을 감하는 데 이용할 수 있다.

타) 디지털 시스템에 입력된 상점, 벌점, 과벌점 학생에 대해 지도한 이력 데이터는 1년간 시스템에 보유한 후 학생이 진급할 때 모두 삭제한다.

4) 모범 학생 및 모범 학급에 대한 시상

가) 1개월마다 일정 점수에 해당하는 학생에게는 쿠폰을 발급하고 1, 2학기 말에 쿠폰을 많이 모은 학생에게 상장, 상품을 수여한다.

나) 일정 수준의 상점자는 표창추천, 학교장상, 학교 홈페이지 '칭찬합시다' 등에 등록된다.

다) 1개월마다 상점 및 벌점카드 발급 현황에 대한 학급별 집계를 내어 학년별 우수 학급을 선정, 학급 표창 및 포상을 한다.

5) 과벌점 학생 지도 내용

가) 벌점이 일정한 수준 이상이 되면 자구노력을 위한 봉사활동을 신청하고 지도를 받아 성실히 수행할 경우에는 30분당 벌점 1점을 상쇄할 수 있다.

나) 월말 누계 벌점에 따른 단계별 지도 내용은 다음과 같다.

단계	누계점수	지도교사	지도 내용	
1	10	담임교사	1. 학생 상담 및 서약서 작성 2. 봉사활동 30분(1일×30분)	개정이 필요한 경우 그린마일리지 운영위원회 협의에 따라 조정될 수 있다.
2	15	담임교사 학년부장	1. 학생 상담 및 서약서 작성 2. 봉사활동 60분(2일×30분) 3. 학부모 전화 상담	
3	20	담임교사 생활지도교사	1. 학생 상담 및 서약서 작성 2. 봉사활동 90분(3일×30분) 3. 학부모 전화 상담	
4	30	담임교사 생활지도교사 교감선생님	1. 학생 상담 및 서약서 작성 2. 교내 봉사 120분(4일×30분) 3. 학부모 전화 상담	

6) 상·벌점 기준표

가) 상점 기준

영역	번호	상점 내용	점수
수상	1	각종 교내외 상을 수상한 어린이	1
	2	학교 행사 추진에 적극적으로 참여한 어린이	1
수업 태도	3	수업 시간에 바른 태도로 참여하는 어린이(1주일 이상 관찰 후)	1
	4	도서실 이용 실적이 우수한 어린이(1주일 이상 관찰 후)	1
	5	과제 및 수업 준비를 잘해오는 어린이(1주일 이상 관찰 후)	1
선행 및 봉사	6	몸이 불편하거나 아픈 친구, 부족한 친구를 잘 도와주는 어린이(1주일 이상 관찰 후)	1
	7	애교봉사활동(2일)에 열심히 참여하고 1인 1역을 책임감 있게 하는 어린이(1주일 이상 관찰 후)	1
	8	교외에서 금품을 주워 신고하거나 주변 어른께 칭찬(추천)이 들어온 어린이	1
규칙 준수	9	복도나 계단에서 우측통행으로 사뿐사뿐 걸어다니는 어린이	1
예절 및 용의단정	10	인사를 잘하는 어린이	1
	11	바르고 고운 말을 쓰는 어린이	1
	12	복장, 이름표, 머리 등 용의가 단정한 어린이	1
기타	13	잔반 ZERO 활동에 열심히 참여한 어린이(5일 이상 관찰 후)	1
	14	기타 모범적인 행동이라고 판단할 수 있는 어린이	1
패자 부활	15	일주일 동안 생각 키움 글쓰기(1,000자) 예시: 6학년 제공	2
	16	학급을 위한 봉사활동하기	2

나) 벌점 기준

영역	번호	벌점 내용	점수
예절 및 용의 단정	1	나쁜 말과 욕설을 사용하는 어린이	1
	2	선생님에게 불손한 행동을 하는 어린이	1
규칙 준수	3	실외에서 실내화 착용, 실내에서 실외화 착용한 어린이	1
	4	등교시간, 수업시간 지각, 등교 후 허락 없이 교문을 출입하는 어린이	1
	5	실내에서 공놀이, 뛰기, 위험한 장난 등 소란행위를 한 어린이	1
	6	군것질을 하거나 껌을 씹는 어린이	1
	7	침, 껌, 휴지를 함부로 뱉거나 버리는 어린이	1
	8	수업 중 휴대폰이나 mp3 등의 휴대기기를 허락 없이 사용하는 어린이	1
정직 및 봉사	9	타인의 물건을 가져가거나 훔치는 어린이	2
	10	청소 및 당번활동을 안 하거나 자주 빠지는 어린이	1
	11	교내외 물건을 파손하거나 더럽히는 어린이	1
수업태도	12	학습태도나 과제해결이 불성실한 어린이	1
교우관계	13	친구와 싸우고 친구를 괴롭히거나 방해하는 어린이	2
	14	남을 때리거나 상처를 입힌 어린이	2
	15	학교폭력, 습관성 도벽, 흡연, 음주 등의 상담을 요하는 문제행동을 한 어린이	3
기타	16	그 밖에 지도가 필요하다고 판단되는 어린이	1

7) 상점카드, 벌점카드 예시안

상점카드		상점 번호 및 내용별 점수(앞면)
지도 월일	( )월 ( )일	1. 각종 교내외 대회에서 수상하고 학교 명예를 드높임: 1점 2. 수업시간에 바른 태도로 참여함: 1점
상점자 · 확인	·( )학년 ( )반 ( )번 ·성명: (서명)	3. 도서실 이용실적이 우수함: 1점 4. 과제 및 수업 준비를 잘해옴: 1점 5. 어려운 친구를 잘 도와주고 교내 봉사활동을 열심히 함: 1점 6. 청소나 정리 정돈을 열심히 함: 1점
상점 번호 · 점수	·상점 번호: ( )번 ·상점 점수: ( )점 ※참고: 상점 번호/내용별 점수	7. 분실물을 습득 후 신고함: 1점 8. 복도나 계단에서 우측통행으로 걸어 다님: 1점 9. 인사를 잘하고 바르고 고운 말을 씀: 1점 10. 복장, 이름표, 머리 등 용의가 단정함: 1점
지도교사 성명: (서명)		11. 잔반 zero활동에 열심히 참여함: 1점 12. 기타 모범적인 행동을 함: 1점

벌점카드		벌점 번호 및 내용별 점수(앞면)
지도 월일	( )월 ( )일	1. 나쁜 말과 욕설을 하고 예의 없는 행동을 함: 1점 2. 실외에서 실내화, 실내에서 실외화 착용함: 1점 3. 등교, 수업시간 지각, 등교 후 교문 출입함: 1점
벌점자 · 확인	·( )학년 ( )반 ( )번 ·성명: (서명)	4. 실내에서 공놀이, 뛰기, 위험한 장난함: 1점 5. 군것질을 하거나 껌을 씹고 쓰레기를 버림: 1점 6. 수업 중 휴대폰, mp3 등 휴대기기 사용함: 1점 7. 타인의 물건을 가져가거나 훔침: 2점
벌점 번호 · 점수	·벌점 번호: ( )번 ·벌점 점수: ( )점 ※참고: 벌점 번호/내용별 점수	8. 청소 및 당번활동에 불성실함: 1점 9. 교내외 물건을 파손하거나 더럽힘: 1점 10. 학습태도나 과제해결이 불성실함: 1점 11. 친구를 괴롭히거나 폭행하고 자주 싸움: 2점
지도교사 성명: (서명)		12. 학교폭력, 도벽, 흡연, 음주 등의 상담을 요하는 문제 행동을 함: 3점 13. 그 밖에 지도를 요하는 행동을 함: 1점

마. 부칙

1) 본 규정은 교사, 학생, 학부모의 개정 요구 등 개정할 필요가 있을 때 그린마일리지 운영위원회를 개최하여 위원 2/3 이상의 출석에 출석위원 과반수의 찬성으로 개정할 수 있다.

2) 그린마일리지 운영위원회는 학부모위원(학교운영위원회 학부모위원 및 지역위원 등), 교사위원(교감, 담당부장, 학년부장 등), 학생위원(전교학생회장, 부회장, 학년대표 등) 등 5~10인으로 구성한다.

3) 본 규정은 2010년 5월부터 전교생에게 적용한다(1, 2학년은 각 담임교사와 아동들의 충분한 교육시간을 가진 후 가능한 날부터 학년 부장의 판단에 따라 실시한다).

4. 학교폭력 예방 척도검사 운영 계획

가. 목적

1) 초등학생의 경우 발달 특성상 폭력 행위 자체보다는 개인적인 심리적 성향을 발달적으로 향상시켜 이후의 폭력 행동을 미리 예방하는 것이 필요하다.
2) 초등학생의 발달, 심리적 특성과 학교폭력에 대한 태도를 분석하여 학교폭력에 영향을 미치는 개인특성과 환경특성을 파악하여 담임교사 및 학교차원의 생활지도의 기초자료로 활용하고자 한다.
3) 담임교사가 학생을 조기에 파악하여 즐거운 학교생활을 영위할 수 있도록 돕고 학생이해를 통해 학교생활 부적응 학생을 최소화하여 학교폭력을 미연에 방지한다.
4) 학교폭력 발생을 억제하는 개인 및 환경적 보호요인을 강화함으로써 학교폭력을 예방하고 근절하는 데 목적이 있다.

나. 세부추진 계획

1) 학생들이 학교폭력에 대한 태도, 폭력행동에 대한 책임감을 인식시켜 학생 스스로 학교폭력 책임의식을 강화시킨다.
2) 각 척도를 월별로 계획에 의해 실시한 후 개인별 점수를 결과표에 입력한다.
3) 점수를 확인하여 개인적 심리성향 및 태도를 파악하여 생활지도자료에 활용한다.
4) 학급 아동의 자존감, 사회적 기술의 부족, 부적절한 분노 표현, 따돌림, 학교폭력의 허용성, 학교폭력의 행위가능성을 파악한다.

척도 내용	대상	시기	담당/협조	비고
자아존중감	1~6학년	5월, 7월, 10월	담임교사/보건	
학교 따돌림	1~6학년	5월, 7월, 10월	담임교사/보건	
사회적 능력	3~6학년	5월, 7월, 10월	담임교사/보건	
학교폭력에 대한 허용도	3~6학년	6월, 9월, 11월	담임교사/보건	
학교폭력 행위가능성	3~6학년	6월, 9월, 11월	담임교사/보건	

다. 척도검사지

1) 학교 따돌림 척도

척도 내용	학교 따돌림을 개략적으로 평가해보기 위한 도구로써 총 12문항으로 구성되어 있음
실시방법	1) 부모 보고 혹은 자기 보고형 2) 각 문항에 대해 네 가지 정도로 평정
채점방법	1) 표시된 각 정도의 합계를 기록 2) '상당히', '아주 심함'에 표시된 수를 합하여 총합계를 구함
해석지침	1) '상당히' 또는 '아주 심함'에 표시된 총합계를 기준으로 다음과 같이 평가함 ☞ 2개 이하: 일시적 따돌림일 가능성 많음 ☞ 3~7개: 학교에서 따돌림 받을 가능성 있음 ☞ 8개 이상: 따돌림 받을 가능성 매우 높음(전문가 상담 필요)

다음의 각 문항을 읽고, 자신에게 해당되는 것에 ○표시 하시오.

문항	전혀 없음	약간 있음	상당히 있음	아주 심함
1. 나는 학교에서 다른 아이들로부터 위협이나 협박을 당한 적이 있다.	1	2	3	4
2. 나는 다른 아이들로부터 이유 없이 신체적으로 구타를 당한 적이 있다.	1	2	3	4
3. 나는 학교에서 친한 친구가 없다.	1	2	3	4
4. 나는 학교에서 다른 아이들과 잘 어울리지 못한다.	1	2	3	4
5. 나는 학교에서 다른 아이들로부터 강제로 돈을 빼앗긴 적이 있다.	1	2	3	4
6. 나는 학교에 가기가 두렵다.	1	2	3	4
7. 나를 도와주는 친구가 없다.	1	2	3	4
8. 나를 이유 없이 괴롭히는 친구가 있다.	1	2	3	4
9. 친구들이 나를 일부러 따돌리고 소외시키며, 완전히 무시한 적이 있다.	1	2	3	4
10. 나에 대해 나쁜 말을 하고 다녀서 다른 친구들이 나를 싫어하게 만든 친구가 있다.	1	2	3	4
11. 친구들이 내가 싫어하는 별명으로 나를 부르며 비웃은 적이 있다.	1	2	3	4
12. 내가 하기 싫어하는 일을 강제로 시키는 친구가 있다.	1	2	3	4

2) 자아존중감 척도(Self Esteem Scale: SES)

척도 내용	1) 개인의 자아존중감, 즉 자기존중 정도와 자아 승인 양상을 측정하는 검사 2) Rosenberg(1965)가 개발한 검사를 전병제(1974)가 번안함 3) 긍정적 자아존중감 5문항과 부정적 자아존중감 5문항 등 모두 10문항으로 구성
실시방법	자기 보고식. 해당 사항을 4점 척도상에 표시
채점방법	1) 긍정적 문항(1, 2, 4, 6, 7)에 대한 응답은 4점 척도 2) 부정적 문항(3, 5, 8, 9, 10)에 대한 응답은 역채점 실시
해석지침	1) 총점의 범위: 10~40점 2) 점수가 높을수록 자아존중감이 높은 것을 의미함

여러분의 생각을 가장 잘 나타내는 곳에 ○표시 하시오.

문항	대체로 그렇지 않다	보통 이다	대체로 그렇다	항상 그렇다
1. 나는 내가 다른 사람들처럼 가치 있는 사람이라고 생각한다.	1	2	3	4
2. 나는 좋은 성품을 가졌다고 생각한다.	1	2	3	4
3. 나는 대체적으로 실패한 사람이라는 느낌이 든다.	4	3	2	1
4. 나는 대부분의 다른 사람과 같이 일을 잘할 수가 있다.	1	2	3	4
5. 나는 자랑할 것이 별로 없다.	4	3	2	1
6. 나는 나 자신에 대하여 긍정적인 태도를 가지고 있다.	1	2	3	4
7. 나는 나 자신에 대하여 대체로 만족한다.	1	2	3	4
8. 나는 나 자신을 좀 더 존경할 수 있으면 좋겠다.	4	3	2	1
9. 나는 가끔 나 자신이 쓸모없는 사람이라는 느낌이 든다.	4	3	2	1
10. 나는 때때로 내가 좋지 않은 사람이라고 생각한다.	4	3	2	1

3) 사회적 능력 검사지

평소 자신의 느낌이나 생각을 솔직하게 해당란에 ○표시 하시오.

문항	전혀 아니다	거의 아니다	보통 이다	약간 그렇다	매우 그렇다
1. 다른 사람이 무엇인가를 잘했을 경우, 그 사람에게 '훌륭해! 멋있어!' 등 칭찬해준다.	1	2	3	4	5
2. 친구가 화가 나 있거나, 혼란 상태에 있거나, 혹은 슬퍼하고 있을 경우, 그 친구의 마음을 공감하고 이해하려고 노력한다.	1	2	3	4	5
3. 어른이 말씀하시면 귀담아 듣는다.	1	2	3	4	5
4. 다른 아이들이 나를 놀려대거나 욕을 하더라도, 신경 쓰지 않고 그냥 무시해버린다.	1	2	3	4	5
5. 나에게 골칫거리가 있을 경우 그것에 관해 친구의 도움을 구한다.	1	2	3	4	5
6. 다른 사람의 물건을 사용하게 될 때에는 미리 물어보고 사용한다.	1	2	3	4	5
7. 나의 의견이 어른들의 생각과 다른 경우, 싸우거나 논쟁을 벌이지 않으면서도 이를 표현한다.	1	2	3	4	5
8. 나중에 어른들에게 꾸지람을 듣게 될 만한 일에는 같이 어울리지 않으려고 한다.	1	2	3	4	5
9. 다른 사람에게 좋지 않은 일이 생겼을 경우, 그 사람들에 대해서 안쓰러운 마음이 든다.	1	2	3	4	5
10. 숙제를 제 시간에 한다.	1	2	3	4	5
11. 책상을 깨끗하고 단정하게 유지한다.	1	2	3	4	5
12. 부모님께서 먼저 시키지 않으셔도, 부모님을 위해 집안의 여러 일을 돕는 등 일을 잘한다.	1	2	3	4	5
13. 운동이나 특별활동과 같은 학교 내의 활동에 열심히 참여한다.	1	2	3	4	5
14. 수업시간 내에 해야 하는 과제나 기타 활동을 정해진 시간에 마친다.	1	2	3	4	5
15. 나의 의견이 부모님이나 선생님의 의견과 같지 않을 경우 대화를 통해서 타협한다.	1	2	3	4	5
16. 수업 중에 장난을 치는 아이들과 같이 까불거나 하지 않고 그냥 모르는 척해버린다.	1	2	3	4	5
17. 친구들이 자신의 문제에 관해서 이야기를 할 때는 잘 들어준다.	1	2	3	4	5
18. 부모님과 의견이 다를 때 소란을 피우지 않고 조용하게 마친다.	1	2	3	4	5
19. 다른 사람이 뭔가를 잘했을 경우, 그 사람에게 말로 표현해준다.	1	2	3	4	5
20. 다른 사람과 마주쳤을 때 미소를 짓거나 손을 흔들거나 고개를 끄덕이는 등 인사를 한다.	1	2	3	4	5
21. 어른들이 나를 벌할 때는 화내지 않고 받아들인다.	1	2	3	4	5
22. 친구가 부당한 비난을 받고 있을 경우 그 친구의 편이 되어준다.	1	2	3	4	5
23. 여가 시간을 적절하게 사용한다.	1	2	3	4	5
24. 사람들이 나에게 화를 내더라도 나는 내 감정을 잘 조절한다.	1	2	3	4	5
25. 선생님의 지시에 잘 따른다.	1	2	3	4	5
26. 교실에서 벌이는 토론에서는 지나치게 과격하거나 무례하지 않은, 차분하고 교양 있는 말투를 사용한다.	1	2	3	4	5
27. 내가 먼저 말을 꺼내서 반 친구들과 대화를 시작한다.	1	2	3	4	5
28. 남학생(또는 여학생)이 나를 주의 깊게 쳐다보아도 나는 내 감정을 잘 조절한다.	1	2	3	4	5

4) 학교폭력에 대한 허용도 척도

각 문항을 잘 읽고 평소에 자신의 생각이나 느낌과 가장 비슷하다고 생각되는 칸에 ○표시 하시오

문항	전혀 그렇지 않다	별로 그렇지 않다	대체로 그렇다	매우 그렇다
1. 괴롭힘을 당하면서도 자기를 방어하지 못하는 약한 아이하고는 친구를 하고 싶지 않다.	1	2	3	4
2. 다른 아이의 별명을 부르거나 놀리는 것쯤은 괜찮다.	1	2	3	4
3. 괴롭힘 당하는 아이는 그것을 남들에게 이야기하지 말고 참아야 한다.	1	2	3	4
4. 자기보다 약한 친구를 괴롭히는 아이는 벌을 받아야 한다.	4	3	2	1
5. 아무런 이유 없이 괴롭힘을 당하는 친구를 보면 화가 난다.	4	3	2	1
6. 스스로를 방어할 수 없는 아이를 도와주는 것은 올바른 일이다.	4	3	2	1
7. 그 누구도 괴롭힘 당하는 아이는 좋아하지 않는다.	1	2	3	4
8. 놀림당한 아이가 곤란해 하는 것을 보면 재미가 있다.	1	2	3	4
9. 괴롭힘을 당하는 것은 그 자신이 당할 만한 이유를 가지고 있기 때문이다.	1	2	3	4
10. 친구들을 괴롭힌다고 해서 어른들로부터 야단을 맞지는 않을 것이다.	1	2	3	4
11. 내가 먼저 다른 아이를 괴롭히면 다른 아이들이 나에게 함부로 하지 못할 것이다.	1	2	3	4
12. 괴롭힘 행위 후에는 돈, 물건이 생기거나 속이 시원해질 것이다.	1	2	3	4
13. 다른 아이들을 괴롭힘으로써 친구들로부터 인정받게 된다.	1	2	3	4
14. 괴롭힘을 당하는 아이는 그로 인해 자신의 잘못된 점을 고칠 수 있을 것이다.	1	2	3	4

5) 학교폭력 행위 가능성 척도

척도 내용	학교폭력 행위가능성을 측정하는 검사(서미경, 2007)
채점방법	자기 보고식. 해당 사항을 4점 척도상에 표시
해석지침	4점 척도로 점수가 높을수록 폭력의 행위가능성이 높은 것을 의미함

각 문항을 잘 읽고 평소에 자신의 생각이나 느낌과 가장 비슷하다고 생각되는 칸에 ○표시 하시오.

문항	매우 어려운	어려운	쉬운	매우 쉬운
1. 기분이 좋지 않은 날이다. 친구와 집에 가는 길에 반 아이 중 평소부터 마음에 들지 않는 길동이가 혼자 가고 있는 것을 보았다. 길동이에게 시비를 걸어 욕하거나 때리는 일이 나에게 있어서는 _____ 일이다.	1	2	3	4
2. 학급장기자랑 때 발표할 조별 장기자랑을 준비해야 한다. 반 아이들로부터 평소 따돌림을 당하는 동길이가 같은 조가 되었을 때 싫은 티를 내면서 노골적으로 무시하는 것이 나에게 있어서는 _____ 일이다.	1	2	3	4
3. 친구들과 노래방에 가기로 한 날이다. 용돈이 없는 나는 나보다 힘이 약한 민우를 위협하여 억지로 돈을 빼앗는 일이 나에게 있어서는 _____ 일이다.	1	2	3	4
4. 성모는 평소 외모 때문에 놀림을 당하곤 한다. 성모의 별명을 부르며 약 올리는 일이 나에게 있어서는 _____ 일이다.	1	2	3	4
5. 시험기간에 앞에 앉은 민재를 윽박질러 답을 보여 달라고 하는 것이 나에게 있어서는 _____ 일이다.	1	2	3	4
6. 오늘은 장난을 치고 싶다. 우리 반 친구가 듣기 싫어하는 별명을 부르거나 놀리는 것이 나에게는 _____ 일이다.	1	2	3	4
7. 수업시간에 졸아서 선생님께 야단을 맞았다. 화풀이를 위해서 평소 허약해 보이는 친구에게 기분 나쁜 말을 하는 것이 나에게 있어서는 _____ 일이다.	1	2	3	4
8. 오늘 공부하기가 싫다. 옆에서 공부하는 친구를 툭툭 건드리며 장난하는 것이 나에게는 _____ 일이다.	1	2	3	4
9. 나는 종종 필기도구를 가져오는 것을 깜빡 잊는다. 옆 짝꿍의 허락을 받지 않은 상태에서 볼펜이나 샤프를 가져와 쓰는 것이 나에게는 _____ 일이다.	1	2	3	4
10. 우리 반에는 잘난 척하고 으스대는 친구가 있다. 그 친구와 놀지 말라고 친구들에게 말하는 것이 나에게는 _____ 일이다.	1	2	3	4

5. 언어순화 운영 계획

가. 목적 및 방침

1) 우리 문화의 정수인 우리말에 대하여 자긍심을 갖고, 우리말을 올바르게 사용하는 태도를 기른다.
2) 바르고 고운 말을 사용하며 자연스럽게 올바른 인성을 함양한다.
3) 학년성에 맞는 언어순화교육 프로그램을 구안하여 생활 속에서 바른 언어와 접할 수 있는 기회를 제공한다.
4) 학교에서 바른 말을 사용하며 친구 사랑의 마음을 다진다.

나. 세부추진계획

1) '국어순화 및 국어사랑 의식 함양 자료' 연중 게시
   가) 학급에서 '바른 말 고운 말을 찾아서' 게시판 운영
   나) 정기적으로 교체

2) '우리말, 우리글 바로 쓰기' 지도 강화
   가) 교과와 연계지도
   나) 인터넷 사용 지도 시 우리말 바로 쓰기 지도
   다) 학년별 프로그램 구안 및 활용

3) 바른 말 고운 말 교내 행사 개최

일시	학년	행사명	비고
12월 셋째 주	1학년	예쁘게 경필 쓰기	부문별 시상은 학년별 금상 1명 은상 2명 동상 3명
	2학년	바르게 받아쓰기	
	3~4학년	우리말 예쁘게 꾸미기	
	5~6학년	'바른 말 고운 말을 쓰자' 주장하는 글쓰기	

4) 학년별 한글사랑 운동 전개

학년	주제	내용	기간
1학년	한글 바르게 사용하기	'글씨를 바르게 써 봅시다' 학습지	교과시간, 아침활동
2학년	우리말 바르게 쓰기	국어교과와 연계한 띄어쓰기 지도 및 맞춤법 지도	교과시간, 아침활동
3학년	재미있게 우리말 공부해요	월별 목표 세워 우리말 지도	교과시간, 아침활동
4학년	우리말 사랑	다양한 활동을 통한 우리말 사랑 나눔	교과시간, 여가시간, 특별활동시간
5학년	바른 말 고운 말 사용하기	외래어 간판 바꾸기, 홈페이지 탐방하기, 마을 이름의 고유어조사	교과시간, 여가시간, 특별활동시간
6학년	친구에게 힘이 되는 하루 한마디	하루에 한마디씩 친구에게 힘이되는 말 해주기	아침활동시간, 여가시간

5) 학년별 한글사랑 운동 전개

가) 한글 바르게 사용하기(1학년)
(1) 목적: 우리말을 표현함에 있어 기초가 되는 쓰기 능력을 바르게 신장시키고자 한다.

(2) 내용 및 방법
　① 교과 시간과 아침활동 시간을 활용
　② '글씨를 바르게 써봅시다' 학습지를 이용 – 학습지의 첫 줄은 글자 모양을 따라 쓸 수 있도록 하고 둘째 줄은 익힌 방법대로 쓸 수 있도록 빈칸으로 만들어 사용
　③ 국어교과와 연계하여 학습지 내용을 구성

(3) 기대효과
　① 한글 바르게 쓰기를 통하여 맞춤법과 띄어쓰기를 바르게 표현
　② 바른 글씨체 습득
　③ 국어교과와 연계한 내용 구성으로 국어시간의 책 읽기나 쓰기, 내용 이해에 도움

나) 우리말 바르게 쓰기(2학년)
(1) 목적: 국어교과와 연계한 우리말 바르게 쓰기 지도를 통해 초등학교 저학년의 한글사용 능력을 기른다.

(2) 내용 및 방법
　① 아침활동 시간과 교과 시간을 활용
　② 경필 쓰기 학습지를 통해 필순 및 띄어쓰기 지도

(3) 기대효과

　① 바른 자세와 연필 바르게 잡기가 습관화

　② 맞춤법의 원리 및 받아쓰기 능력 향상

　③ 바르고 고운 말을 알게 되고 사용 기회 제공

다) 재미있게 우리말 공부해요(3학년)

(1) 월별 교육 내용

월	교육 내용	활동 시간
9	경필 쓰기 및 최고 글씨왕 선발대회	교과 시간, 아침활동 시간
9	높임말 지도 및 부모님과 함께하는 높임말 수업	
10	우리말과 한자 어휘 공부 및 어휘 골든벨	
10	고운 동시 찾기 및 암송하기	
11	책 속의 보물찾기(국어사전 활용 공부)	
11	책 속의 보물찾기(국어사전 활용 공부)	
12	바른 말 사용 친구 칭찬 릴레이	
12	바른 말로 친구와 가족에게 편지 쓰기	

(2) 기대 효과

　① 올바른 기초생활 습관 형성

　② 정서의 순화

　③ 학부모들의 긍정적인 반응으로 가정과 연계적인 교육

　④ 국어교과와 연계시킨 활동으로 학습의 흥미도를 높임

　⑤ 우리말에 대한 관심 제고

라) 4학년의 우리말 사랑(4학년)

(1) 목적: 4학년은 우리말이 완숙기에 접어드는 때이다. 따라서 우리 국어에 대한 올바른 입장을 가져야 하는 중요한 시기이다. 학교에서 하는 정기적인 국어행사 외에도 반에서 국어에 대한 바른 태도를 기르게 하고 자긍심을 기르도록 한다.

(2) 내용: 자투리 시간과 교과 시간을 이용하여 한글 사랑에 관련된 구호로 삼행시 짓기, 글자 꾸미기, 북한말 알아보기, 표준어 알아보기, 사투리 알아보기, 신문에 소개된 우리말글살이로 알아보기 등을 실시한다.

독서지도와 연계하여 어려운 말을 쉬운 우리말로 고치기, 책에 나오는 상스러운 말을 아름답고 고운 말로 고치기, 한자어를 고유어로 고치기 등의 활동 실시

마) 바른 말 고운 말을 사용하자(5학년)

(1) 목적: 국어사용의 일반적인 소양과 일상 속에서의 국어 문화를 창조하는 능력을 길러 능동

적인 국어 생활을 실천하는 태도를 함양한다.

(2) 방법
① 마을 상점의 간판 또는 광고물, 게시판 속에 나타난 잘못된 우리말 찾아 바로 쓰기: 각 마을을 중심으로 여섯 구역으로 나누어 여섯 모둠이 활동하였다. 각자의 마을에서 모둠 구성원이 서로 단합하여 마을의 간판, 광고물, 게시판을 살펴보고 그 속에 나타난 잘못된 우리말을 조사하여 기록하고 발표하도록 한다.
② 인터넷에서 사용되는 잘못된 우리말 찾아 바로 쓰기: 학교 홈페이지 속에 올린 글 속에서 잘못되거나 아름답지 못한 말을 모둠별로 조사해보고 아름답고 바른 우리말로 바꾸어 쓰기
③ 우리 마을 이름의 고유어 조사하기: 고장 탐방활동으로 자신이 살고 있는 마을의 고유한 이름과 의미를 알아보는 활동으로 마을의 웃어른을 찾아가서 조사하기

(3) 기대 효과
① 마을 상점의 간판 또는 광고물, 게시판 속에 나타난 잘못된 우리말 찾아 바로 쓰기 활동을 통하여 무심코 지나가는 일상생활 속에도 잘못된 표현이 많음을 알고, 우리말을 바르게 사용해야겠다는 마음을 가지게 한다.
② 인터넷에서 사용되는 잘못된 우리말 찾아 바로 쓰기 활동을 통하여 인터넷에서 많은 우리말을 잘못 사용하고 있는 것을 알고, 좋은 우리말이 주는 아름다운 느낌을 경험할 수 있도록 한다.
③ 우리 마을 이름의 고유어 조사하기를 통하여 자신이 살고 있는 지역의 뿌리를 이해하고, 애향심을 가지게 한다.

바) 친구에게 힘이 되는 하루 한마디(6학년)

(1) 목적: 바른 언어를 생활화하고 사이좋은 친구관계를 형성한다.

(2) 방법 및 실천 내용
① 하루에 한마디씩 친구에게 칭찬을 해주거나 힘이 되는 말을 한다.
② 월별 기록표에 하루 한마디 힘이 되는 말을 했을 때 체크한다.
  (월별기록표는 붙임 파일 참고하여 학급 특성에 맞게 수정 활용)
③ 매월 말 학급에서 우수아동을 격려하고 그린마일리지 상찬 점수를 준다.

(3) 기대효과
① 친구 사랑의 마음이 커진다.
② 바른 말 고운 말을 사용하면서 습관이 된다.

6. 신바람 나는 어울림 마당 계획

가. 목적

학급별 게시판, 학년별 게시판에 신바람 나는 어울림 마당 코너를 마련하여 학생들에게 학교폭력과 관련된 정보를 제공하고 칭찬하는 분위기를 조성하여 학생들이 신바람 나게 학교생활을 할 수 있도록 환경을 구성하도록 한다.

나. 방침

1) 각 학급 게시판의 한 코너를 학교폭력 예방 및 친구 사랑과 관련된 '신바람 나는 어울림 마당'으로 구성하도록 한다.
2) 각 학년 게시판은 학교폭력 예방, 친구 사랑, 인성 지도 관련된 '신바람 나는 어울림 마당'으로 구성하도록 한다.

다. 세부 내용

1) 각 학급 게시판의 '신바람 나는 어울림 마당' 구성 방법
   · 전체 게시판의 1/4 정도 구성
   · 학교폭력 행사 안내, 칭찬 코너, 학생들 기분을 표현하는 코너 등으로 구성함

'신바람 나는 어울림 마당' 타이틀 넣기	
학교폭력 행사 안내 코너	칭찬 코너
오늘의 기분을 표현할 수 있는 코너	

2) 학년별 '신바람 나는 어울림 마당' 구성 방법
   · 학년성에 맞게 구성하도록 함
   · 학교폭력 행사와 관련된 포스터, 표어, 편지 쓰기 등의 작품 게시함
   · 친구 사랑, 인성 지도와 관련된 작품을 게시함

라. 실적물

1) 학급별 '신바람 나는 어울림 마당' 게시판

2) 학년별 '신바람 나는 어울림 마당' 게시판

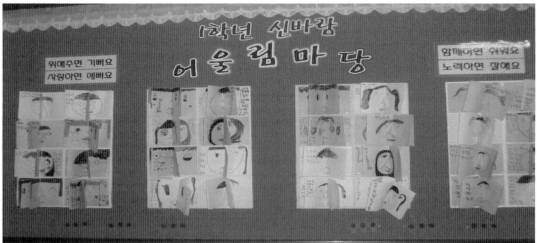

7. 친구 사랑 화분 운영 계획

가. 목적

1) 바르고 고운 말 사용으로 친구 사랑 실천하고자 함
2) 평소에 자신의 화분을 가꾸면서 화분에 바르고 고운 말을 매일 해줌으로써 그 결과를 통한 변화를 확인 후, 바른 말 사용의 중요성을 알리고자 함

나. 방법

1) 나의 마음 전달하기 카드를 예쁘게 꾸민다.
2) 나의 마음 전달하기에는 친구에 대한 우정의 다짐으로 채운다.
3) 코팅하여 빨대에 붙여서 환경 구성한다.

다. 준비물

꽃, 빨대, 어린이들이 꾸민 나의 마음 전달하기

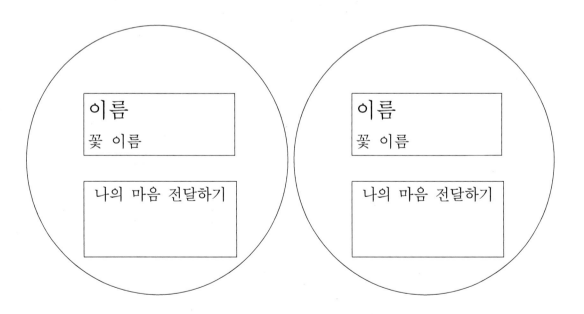

라. 사진

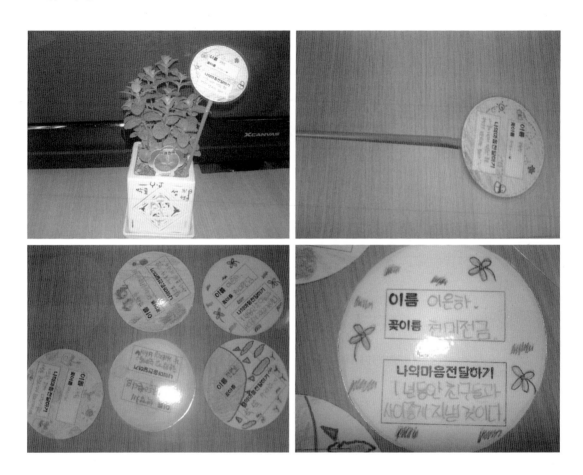

8. 칭찬우편함 운영 계획

가. 목적

1) 모범이 되는 사례들을 서로 나눠 사랑이 넘치는 학교를 만들기 위함
2) 학생들의 올바른 인성 함양

나. 세부 내용

1) 대상: 1~6학년
2) 기간: 2011.04.~2012.02.
3) 운영의 실제
· 설치 장소: 각 학년 복도(6개)
· 방법: 칭찬하고 싶은 친구에게 칭찬엽서 또는 쪽지를 작성하여 칭찬우편함에 넣음
· 칭찬 주인공의 선행 내용 방송: 월요일 칭찬 조회 시 좋은 사례를 방송부원을 통해 발표
· 시상: 학기 말 학년별 금(1), 은(2), 동(3)(칭찬받을 만한 특별한 사례나 미담의 주인공 추천 선정)
· 교사와 학부모의 칭찬 및 협조를 통해 상호 연계지도

다. 기대효과

1) '칭찬우편함' 프로그램의 자율적 실천을 통하여 가정, 학교, 지역사회에서 바른 의식과 가치관 함양에 긍정적으로 기여
2) 학생들이 바른 인성요소(민주시민의식, 타인존중의식, 자기존중의식)의 영역에서 장기적으로 긍정적인 변화
3) 학생들 사이에 장점이나 호감이 가는 점을 발굴, 권장함으로써 건전한 학교 분위기 조성 및 학교폭력 예방에 기여

상 장

금상

3학년 2반 박지성

위 학생은 교내 칭찬 우편함을 통해 건전한 학교 분위기 조성에 기여 했기에 상장을 주고 이를 칭찬합니다.

20〇〇년 〇월 〇〇일

〇〇초등학교장 〇 〇 〇

칭 찬 엽 서

칭찬 받을 사람 :

학년 반 :

언제 :

어디서 :

칭찬하는 사람 :

칭찬 내용

칭찬엽서·
칭찬엽서·

칭 찬 엽 서

칭찬 받을 사람 :

학년 반 :

언제 :

어디서 :

칭찬하는 사람 :

칭찬 내용

칭찬엽서·
칭찬엽서·

9. 또래 상담자 운영 계획

가. 목적 및 필요성

1) 또래 상담 프로그램을 학생들에게 적용하여 또래 상담자를 육성하고, 이를 활용하여 학급 내 부적응 학생을 상담하여 학교생활 부적응 예방 및 건전한 학교 문화를 만드는 데 있다.
2) 동료 친구들에게 높은 신뢰를 얻을 수 있어 친구들의 어려움을 가까이에서 다루어주고 심각한 문제로 발전되는 것을 예방할 수 있다.
3) 동료 친구들의 관심과 이들이 직면하고 있는 문제들을 동등한 입장에서 잘 이해하고 수용할 수 있다.
4) 동료 상담사로서 다른 또래들에게 바람직한 행동의 모델이 될 수 있다.
5) 다양한 장소에서 일상적인 생활을 통해 도움을 필요로 하는 또래집단과 보다 자주 상호작용을 할 수 있다.
6) 삶의 과정에 필요한 다양한 기술을 배울 수 있다.

나. 운영 개요

1) 대상자: 4, 5, 6학년 학생 중 담임선생님의 추천을 받은 학생 및 자발적으로 지원한 학생 중 인터뷰를 통해 심사하고 상담교사가 결정한다.
2) 기간: 201○년 4~6월
3) 장소: 위클래스에서 또래 상담 연수 후 각 학급과 상담실을 이용하여 또래 상담을 실시
4) 활동 내용: 또래 상담 프로그램의 집단상담 이수 후 또래 상담자들은 학생들의 상담을 통하여 학교생활 적응에 적극적인 도움을 준다.

다. 운영방침

1) 또래 상담자 프로그램에 참여하고 있는 학생은 학급에서 상담자의 역할을 하게 된다. 그 학급에서 일어나는 다양한 친구들의 고민과 문제 해결을 위해 노력하도록 한다.
2) 또래 상담을 하면서 부딪치는 한계들에 대해서 상담교사의 슈퍼비전을 받는다.
3) 또래 상담자는 또래 상담을 받은 후 학급에서 소외되는 친구들이 없도록 솔선수범하여 따뜻한 학급 분위기를 만들어가는 데 앞장서며 학교폭력이나 언어폭력을 행사하는 또래들에 대해서 상담교사가 개입할 수 있도록 중재역할을 감당한다.
4) 필요한 경우에는 청소년상담 지원센터에서 지원하는 유익한 집단 프로그램에 참여하게 하여 깊이 있는 자기 분석뿐 아니라 폭넓은 상담경험을 할 수 있도록 한다.
5) 타 학교 또래 상담들과 연계하여 또래 상담자로서 전문성을 키우고 자긍심을 갖게 한다.

라. 또래 상담 운영 계획

또래 상담 집단 프로그램		임명장 수여		또래 상담 실시		또래 상담 사례회의
10회기로 진행되는 집단 상담을 통하여 자기를 분석하고 상담자의 기본자세를 배우고, 상담기법을 익힘	→	○○초등학교 또래 상담자로 임명	→	・학급에서 또래 상담 실시하기 ・부적응 학생 및 도움이 필요한 친구 친절하게 도와 주기 ・상담교사의 도움이 필요한 학생을 발굴하여 중재하기 ・학급일지, 상담일지 작성	→	・상담사례 발표하기 ・동료 및 상담교사의 슈퍼비전 ・학급일지, 상담일지우수사례 발표하기

또래 상담이 또래들이 겪고 있는 어려움을 해결하는 데 조력하고, 또래들과 더불어 성장 발달하는 만큼 또래 상담자가 지녀야 할 태도나 자질이 매우 중요하다고 하겠다. 따라서 10회기에 걸친 또래 상담 집단 프로그램을 통하여 자기 자신을 돌아보고 분석・탐색할 수 있는 기회를 갖게 되며, 상담자가 지녀야 할 태도를 갖추기 위해 교육과 실습에 임하게 된다. 또한 실질적으로 또래들을 상담으로 도와주고자 할 때 필요한 상담기법에 대해서 배우고 반복적인 연습을 통해서 몸에 베이도록 한다. 또래 상담자라는 자긍심을 심어주며 모범을 보이는 행동을 하도록 동기유발을 위하여 또래 상담자의 임명장을 부여하고 수료 후에는 또래 상담자 배지도 부여할 예정이다. 또래 상담 교육을 받으며 실질적으로 급우들의 어려운 문제에 관심을 갖게 하고 도움이 필요한 친구에게 적극적으로 다가가 함께해주고 위로와 격려해주는 실습을 하게 될 것이다. 학급에서 일어나고 있는 긍정적・부정적 감정의 분위기를 파악하기 위해 학급일지를 기록하도록 하며, 이것은 또래 상담자들로 하여금 학급우들 한 사람 한 사람에게 세심한 관심을 갖도록 하기 위한 시도이다. 실질적으로 상담 케이스를 기록할 수 있는 또래 상담일지를 작성하도록 하여 동료들과 상담사례를 나누며 더욱 상담자로서 발전해나갈 수 있도록 돕는다. 상담과정에서 상담교사와의 상담이 필요한 친구들은 상담교사에게 연계하는 중재 역할도 잘할 수 있도록 하여 담임교사의 손이 미처 닿지 못하는 아이들을 도울 수 있는 연결고리 역할을 수행할 것이다. 정기적인 상담사례발표회를 통해 상담 케이스들을 공유하며 간접경험을 통해, 전문 상담교사의 슈퍼비전을 통해 또래 상담자로서의 전문성을 갖추게 될 것이다. 우수사례를 가진 또래 상담자는 대표로 발표기회를 갖게 되며 소정의 포상도 주어질 것이다.

마. 학급일지 및 또래 상담일지

	오늘 우리 반에서는...	또래 상담자	좋은 말 한마디
	2012 년 월 일(요일) 날		

月달처럼 곱게 火불같이 뜨겁게 水물 흐르듯이 木나무처럼 알차게 金쇠처럼 굳세게 土흙처럼 받아주며 살자

학교 행사		자신을 돌아봅시다 !
우리 반 행사		
칭찬, 지적해주고 싶은 친구, 이유		☐ 즐겁게 생활했는가? 아니요( ) 약간( ) 예( ) ☐ 할 일을 스스로 했는가? 아니요( ) 약간( ) 예( )
우리 반의 감정 일기 (분위기)		☐ 진솔했는가? 아니요( ) 약간( ) 예( ) ☐ 배운 것이 있는가? 아니요( ) 약간( ) 예( )
내가 너라면 이렇게 했을 텐데		☐ 친구들을 도왔는가? 아니요( ) 약간( ) 예( )
멋진 우리 반 만들어가기		
상담선생님 슈퍼비전		

또래 상담일지

친구 이름: 일시:	어기역차전략	어떻게 도왔나?
- 상담 동기는? 자발적_____ 강제적_____ 권유_____ 기타 _____ - 친구의 고민거리는? 학습_____ 진로_____ 친구_____ 이성_____ 성_____ 부모/가족_____ 학교/교사_____ 기타_____ - 친구의 상황은? 컴퓨터게임을 항상 하고 싶다. 그래서 밖에 나가 운동하거나 친구를 만나는 것도 귀찮다. 또한 학교에서는 공부에 흥미가 없고 항상 잔다. 엄마는 이런 나를 몹시 못마땅하게 생각하신다.	- 어: 어떤 이야기인지 잘 들어줍니다. - 기: 기분을 이해해줍니다. - 역: 역지사지(공감)해봅니다. - 차: 생각의 차이가 있음을 인정합니다.	- 공감_____ - 위로_____ - 대안 찾기_____ - 정보제공_____ - 전문가 의뢰_____
		친구는 어떻게 변화했는가?
	원무지계전략	**상담 후 나의 느낌**
	- 원: 원하는 것이 무엇이니? - 무: 무엇을 해봤니? - 지: 지금부터 무엇을 해볼 수 있을까? * * * * - 계: 계획을 세워보자	- 만족/편안함_____ - 보통_____ - 불만족/불편함_____ - 혼란스러움_____ - 또래 상담자로서 나의 변화는? 잘된 점: 보완점:
※연락처: ※주소:		**다음 계획은**

바. 또래 상담 세부 일정

월	일정	프로그램 주제	비고
3월	4주	또래 상담자 선발	
4월	1주	또래 상담자 오리엔테이션	
4월	2주	첫째 마당 - 방향제시와 자기소개를 위한 프로그램(나는 누구인가?)	
4월	3주	둘째 마당 - 또래 상담에 대한 참여 동기 유발을 위한 프로그램(나에게 친구의 의미는?)	
4월	4주	셋째 마당 - 친구 탐색을 위한 프로그램(친구 속의 내 모습은?)	
5월	1주	넷째 마당 - 친구 간의 믿음을 쌓기 위한 프로그램(친구와 왜 멀어졌을까?)	
5월	2주	다섯째 마당 - 친구관계의 걸림돌을 해결하기 위한 프로그램(친구와 가까워지기 I)	
5월	3주	여섯째 마당 - 관심 기울이기의 중요성을 경험하기 위한 프로그램(친구와 가까워지기 II)	
5월	4주	일곱째 마당 - 내 마음을 효과적으로 전하기 위한 프로그램(내 마음 전하기)	
5월	5주	여덟째 마당 - 친구의 고민을 풀어가기 위한 프로그램(너의 고민을 이렇게?)	
6월	2주	아홉째 마당 - 나의 고민을 풀어가기 위한 프로그램(나의 고민을 이렇게?)	
6월	3주	열째 마당 - 또래 상담을 직접 실습하기 위한 프로그램(친구에게 도움을)	
6월	4주	마무리 마당 - 마무리 소감 교류를 위한 프로그램	
6월	5주	또래 상담자 사례발표회 및 슈퍼비전	

사. 프로그램 개요

1) 또래 상담의 의미

또래 상담이란 "비슷한 연령과 유사한 경험 및 가치관 등을 지닌 청소년들이 일정한 훈련을 받은 후에 자신의 경험을 바탕으로 하여, 주변에 있는 정상적인 다른 또래들이 겪고 있는 어려움을 해결하는 데 조력하고, 또래들과 더불어 성장, 발달할 수 있도록 그들의 생활 제반 영역에서 지적인 도움을 제공하는 활동"을 의미한다.

2) 또래 상담의 목적과 목표

가) 또래 상담은 동료 친구들에게 높은 신뢰를 얻을 수 있어 친구들의 어려움을 가까이에서 다루어주고 심각한 문제로 발전되는 것을 예방할 수 있다.

나) 또래 상담은 동료 친구들의 관심과 이들이 직면하고 있는 문제들을 동등한 입장에서 잘 이해하고 수용할 수 있다.

다) 또래 상담은 동료교사로서 다른 또래들에게 바람직한 행동의 모델이 될 수 있다.

라) 또래 상담은 다양한 장소에서 일상적인 생활을 통해 도움을 필요로 하는 또래집단과 보다 자주 상호작용을 할 수 있다.

마) 또래 상담은 삶의 과정에 필요한 다양한 기술을 배울 수 있다.

3) 또래 상담자가 지녀야 할 태도나 능력

가) 또래 상담자는 다른 또래들과 좋은 친구관계를 형성하고 유지할 수 있는 능력이 필요하다. 이를 위해 또래 상담자는 기본적으로 친구관계에서 내가 어떤 사람에게 매력을 느끼고, 호감을 가지고 가까워지는가와 같은 대인관계 형성 초기에서 나타나는 과정에 대해서 민감해질 필요가 있다.

나) 또래 상담자는 친구들과 의사소통을 잘하고 상대방이 자유롭고 자신을 진솔하게 표현할 수 있도록 하면서 효율적인 방향으로 대화를 이끌어가는 능력이 필요하다. 이러한 능력을 키우기 위해서 친구의 말을 잘 경청하고 나의 마음도 잘 전달해보는 훈련은 특히 중요한 교육 내용이다.

다) 또래 상담자는 친구들에게 다가가서 그들의 어려움을 알아내고, 효과적으로 해결할 수 있도록 조력하는 기술도 필요하다. 일반적으로 또래 상담자가 다른 또래들과 구별될 수 있는 것은 친구들과 좋은 관계를 형성할 수 있는 능력을 넘어서 그들의 어려움 해결에 주력하여 그들의 성장과 발달을 지원할 수 있는 능력을 지니고 있다는 점이다.

라) 집단상담 장면에서의 지도자적 자질

① 학급 분위기 조성을 돕는다.

② 행동의 모범을 보인다.

③ 의사소통 및 상호작용을 촉진한다.

④ 학급성원을 보호한다.

마) 또래 상담자의 기술적인 면
　　① 관심 기울이기, ② 경청하기, ③ 반영하기, ④ 명료화하기, ⑤ 요약하기

4) 또래 상담자의 상담과정

가) 또래 상담자 프로그램에 참여하고 있는 학생은 학급에서 상담자의 역할을 하게 된다. 그 학급에서 일어나는 다양한 친구들의 고민과 문제 해결을 위해 노력해야 한다.

나) 그동안 있었던 일들을 담임교사, 상담실장, 전문상담가, 상담자원봉사자에게 보완 지도를 받는다.

다) 특히, 소외되는 친구들이 없도록 솔선수범하여 따뜻한 학급 분위기를 만들어가는 데 앞장선다.

라) 필요한 경우에는 프로그램 진행 사전·사후에 자아존중 검사, 또래 평정법, MBTI 등의 검사를 사용하여 효과를 높인다.

마) 전문 프로그램에도 적극 참여하고 가능하면 많은 시간을 확보하게 한다.

첫째 마당: 나는 누구인가?				
목표	1. 집단성원들 간에 서로 소개하는 시간을 갖고 친밀감을 형성한다. 2. 집단상담의 개념, 목적 및 유의사항을 알게 한다.		집단 원 수	10~15명
			소요 시간	40분
진행절차	활동 내용		시간 (분)	준비물
도입	·사회적 자아개념 사전 검사 실시 ·별칭 짓기와 자기소개하기		5	의사소통 질문지, 명찰, 사인펜
활동	1. 참가 동기와 목적 나누기 2. 프로그램과정에서의 약속 만들기 3. 인간 실 풀기 - 다섯 명이 한 조가 된다. - 빈 공간으로 나가서 원으로 선다. - 손을 잡고 양쪽에 서 있는 짝과 인사하고 익힌다. - 서로 자리를 바꾸어서 원을 만든다. - 첫 번째 원에서 잡았던 사람의 손을 잡는다. - 손을 어긋나게 잡은 채로 서서 손을 떼지 않고 몸을 움직여가며 본래 의 원으로 만들어간다. - 완전히 풀려 원이 되었을 때, 이 활동과정에서 느낀 소 감을 발표한다. - 전체가 원을 만들고 같은 활동을 한다. - 전체가 풀려지면서 느낀 소감을 말한다.		25	교재, 필기도구
정리	1. 오늘 과정의 시작 전과 도중, 활동이 끝난 후를 관련시켜 자신의 느낌 을 나누어보기 2. 활동을 통하여 깨달은 점 또는 집단 구성원들에게 하고 싶은 말하기 3. 조별 노래 정하기		8	
차시예고 및 전달사항	·학습과정을 요약하고 경험보고서 작성하여 제출하기 ·친구의 의미를 탐색해오기		2	경험 보고서

둘째 마당: 나에게 친구의 의미는?				
목표	1. 친구의 의미를 그림을 통해 표현해보고 그 중요성을 생각한다. 2. 또래 상담의 의미와 필요성을 인식하고 또래 상담에 대한 참여 동기를 부여한다.	집단 원 수	10～15명	
		소요 시간	40분	
진행절차	활동 내용	시간 (분)	준비물	
도입	・눈으로 5초씩 인사하기 ・지난 시간 상기 및 본 시간의 목표 설명하기	5	명찰	
활동	1. 친구의 의미를 그림으로 표현하기(조별 활동) －조별 그림 구상하기 －큰 도화지에 자유롭게 표현하기 －앞에다 붙여놓고 조별로 나와 설명하기 －조별 대표의 설명에 덧붙이기 －그림과 설명을 들은 후 느낀 소감을 한 사람씩 이야기하기 2. 또래 상담의 의미와 필요성 정리하기 －친하고 편한 친구가 되어주고, 친구와 효과적으로 이야기할 수 있는 방법을 배우고 어려움을 경험하는 친구에게 도움이 되는 방법을 배우는 것 3. 또래 상담자 행동 강령 만들기 －조별 발표 후 공동으로 만들기	25	교재, 필기도구, 크레파스, 큰 도화지, 색 사인펜	
정리	1. 활동을 통하여 느낀 점과 생각 나누기 2. 조별 노래 부르기	8	녹음기	
차시예고 및 전달사항	・우정을 소재로 한 비디오를 한 편씩 감상하고 그 소감을 작성하여 제출하기 ・'나의 친구관계' 살펴보기	2	경험 보고서	

셋째 마당: 친구 속의 내 모습은?			
목표	1. 친구관계를 살펴봄으로써 자신의 모습에 대한 객관적인 이해를 돕는다.	집단 원 수	10~15명
		소요 시간	40분
진행절차	활동 내용	시간 (분)	준비물
도입	· 또래 상담 반가 부르기 · 친구 손잡고 서로 인사하기 · 우정 소재 영화 감상문 발표하기	5	워크북, 명찰
활동	1. 친구관계 분류해보기 2. 가장 친한 친구 탐색해보기 －인적사항 적기 －성격 및 행동적 특성 적기 －위 친구들을 좋아하는 이유 적기 3. 가장 기억에 남는 친구 탐색해보기 －기억에 남는 친구 인적사항 적기 －행동 및 특성 적기 －좋아하는 이유 적기 4. 객관적인 나의 모습 찾아보기 －친구들로부터 객관적인 나의 모습을 찾아 그림 등 다양한 방법으로 표현해보기 5. 초대하기 －특징을 나타낼 수 있는 별명을 짓는다. －생일에 초대하고 싶은 두 사람을 선정하고 초대한 뒤 그 이유를 밝힌다. －초대받은 사람과 초대받지 못한 사람의 느낌을 서로 교환한다. －선호하는 특징을 서열별로 나열한 뒤 자신에게 비추어 적어본다.	25	워크북, 명찰, A4용지
정리	1. 활동이 끝나면 활동 시작 전과 도중, 끝난 후를 관련시켜 자신의 느낌이나 경험한 사실에 대해 소감을 나눈다. 2. 깨달은 점 또는 집단 구성원들에게 하고 싶은 말들을 한마디씩 하게 한다.	8	
차시예고 및 전달사항	· 학습과정을 요약하고 경험보고서를 작성, 제출하게 한다.	2	경험 보고서

넷째 마당: 좋은 친구란?				
목표	1. 믿음 쌓기 놀이를 통하여 친구 간의 믿음을 돈독히 다진다. 2. 좋은 친구에 대하여 발표한다.		집단 원 수	10~15명
			소요 시간	40분
진행절차	활동 내용	시간 (분)		준비물
도입	·손잡고 또래 반가 부르기 ·이야기 속의 좋은 친구 찾아보기	5		명찰, 사인펜
활동	1. 안전한 받침대놀이 - 원을 만들고 한 사람이 원 안으로 들어가 눈을 가린 후 선다. - 원의 중심에 두 발을 모으고 선 다음에 어느 쪽으로나 쓰러진다. - 뒷 사람은 넘어지는 사람을 잘 받아서 옆 사람에게 넘긴다. - 여러 번 반복해서 모두가 한 번씩 참여할 수 있게 한다. - 집단 구성원 전체가 경험해본 후 느낀 점을 이야기한다. 2. 좋은 친구 개념 형성하기 - 집단 구성원을 3~4명씩 나누어서 내가 생각하는 좋은 친구에 대하여 이야기해본다. - 이야기한 내용을 정리하여 발표해보고 집단원 간에 비교해본다. - 좋은 친구의 특징을 자신과 비교해보고 보완할 점을 발표해본다.	25		메모지, 필기도구, 사인펜, 도화지
정리	·활동이 끝나면 활동 시작 전과 도중, 끝난 후를 관련시켜 자신의 느낌이나 경험한 사실에 대해 토의해본다.	8		
차시예고 및 전달사항	·학습과정을 요약하고 경험보고서를 작성, 제출하게 한다.	2		경험 보고서

다섯째 마당: 친구와 왜 멀어졌을까?			
목표	1. 친구관계에서 부정적인 영향을 끼쳤던 나의 행동이나 친구의 행동을 구체적으로 파악해본다. 2. 친구관계에서 걸림돌이 되는 요인을 살펴본다.	집단 원 수	10~15명
		소요 시간	40분
진행절차	활동 내용	시간 (분)	준비물
도입	·또래 상담 반가 부르기 ·친구와 가까워지지 못하거나, 가까웠던 친구와 멀어지게 된 경험 떠올리기	5	명찰, 사인펜
활동	1. 친구와 멀어지게 된 경험 발표하기 -친구와 멀어지게 된 경험을 나와서 발표하게 한다. 2. 걸림돌 사례 찾아보기 -제3자의 입장에서 판단해볼 수 있도록 사례를 통해서 친구관계의 걸림돌들이 어떠한 것이 있는가를 구체적으로 찾아본다. 3. 걸림돌 유형 생각해보기 -어쩔 수 없는 외부상황으로 돌릴 수 있는 것(외모, 경제적 상황 등) -내가 생각이나 행동, 의사소통 방식을 변화시킴으로써 변화 가능한 것 4. 친구관계 문제의 해결방안 찾아보기	25	교재, 필기도구
정리	1. 활동이 끝나면 활동 시작 전과 도중, 끝난 후를 관련시켜 자신의 느낌이나 경험한 사실에 대해 소감 나누기 2. 활동을 통하여 새롭게 발견한 것이나 깨달은 점 또는 집단 구성원들에게 하고 싶은 말들을 한마디씩 하게 한다.	8	
차시예고 및 전달사항	·학습과정을 요약하고 경험보고서를 작성, 제출하게 한다.	2	경험 보고서

여섯째 마당: 친구와 가까워지려면?			
목표	1. 친구에게 다가가고 가까워지는 방법에 대해 학습한다(친구 마음 이해하기 연습). 2. 관심 기울이기의 중요성을 경험하고 관심 기울이기 기술을 익히도록 한다.	집단 원 수	10~15명
		소요 시간	40분
진행절차	활동 내용	시간 (분)	준비물
도입	· 또래 상담 반가 부르기 · 지난주의 활동 경험 회상 · 활동 목표 및 진행요령 소개	5	명찰, 사인펜
활동	1. 관심 기울이는 역할 연기와 관심 기울이지 않는 역할 연기 ─ 두 사람씩 짝을 짓게 한 후에 먼저 관심 기울이지 않는 행동을 역할 연기하게 하고 다음으로 관심 기울이기 행동을 역할 연기하게 한다. ─ 역할 연기를 하고 나서 친구가 자신의 말을 듣지 않을 때의 기분을 나눈다. ─ 관심 기울이지 않는 역할 연기와는 다르게 어떻게 들어주면 친구가 기분이 좋은지 관심 기울이기 방법을 학생들이 찾게 하여 발표시킨다. ─ 발표된 것에 더하여 관심 기울이는 자세 중 빠진 것을 지도자가 더 설명해준다. ─ 관심 기울이는 역할 연기를 실습해본다. ─ 완전히 자기 것이 되도록 충분히 실습을 한다. 2. 친구 마음 이해하기 연습 3. 대화하는 방법 익히기(워크북 이용) ─ 나 전달법(I-message)으로 의사소통의 향상을 도모한다.	25	교재, 필기도구
정리	친구 마음 이해하기의 목적을 요약해주고 마무리 활동이 끝나면 활동 시작 전과 도중, 끝난 후를 관련지어 자신의 느낌이나 경험한 사실에 대해 소감 나누기	8	
차시예고 및 전달사항	· 학습과정을 요약하고 경험보고서를 작성, 제출하기 · 청소년들의 고민 생각해보기	2	경험 보고서

일곱째 마당: 무엇이 다를까?			
목표	1. 청소년 시기의 고민이 무엇인지를 구체적으로 기술한다. 2. 청소년 고민에 있어서 성인과 청소년의 관점 차이를 안다.	집단 원 수	10~15명
		소요 시간	40분
진행절차	활동 내용	시간 (분)	준비물
도입	·또래 상담 반가 부르기 ·생각해온 고민 나누기	5	명찰, 사인펜
활동	1. 빈 의자(the empty-chair) -빈 의자 2개를 마주 보게 놓고 간격은 시연자가 조절한다. -지금-여기에서 표출하고 싶은 감정이 떠오른 사람부터 한 사람씩 자원해서 나와 시연한다. -시연자는 2개의 의자 중 하나는 자기 것으로 하여 그 곳에 앉고 나머지 하나에는 자기감정을 실감나게 표출하고 싶은 주요 대상이 앉아 있다고 가정하고 의자 간격을 조절하여 감정을 실감나게 표출한다. -자신의 감정을 만족스럽게 표출했으면 이번에는 상대방 의자에 앉아 상대방의 입장이 되어 그의 감정을 표출한다. -자신과 상대방의 역할을 다 해보았으면 시연자는 소감을 발표하고, 나머지 관찰자가 된 참가자들도 소감과 반응을 보내어 격려한다. -차례로 돌아가며 모두 시연해보고 한 사람이 끝날 때마다 소감과 반응으로 격려한다. -전체 소감을 발표한다. 2. 우리의 고민 이해하기 -자신들이 느끼는 고민을 구체적으로 적어보고 발표하기 -자신의 고민에 대해 부모님의 입장에서 생각해보고 발표하기 -자기 입장과 부모 입장의 차이 살펴보기 -차이점의 원인 찾아보기	25	워크북, 필기도구, 빈 의자 2개
정리	·프로그램을 하면서 경험한 것, 느낀 점, 깨달은 점을 함께 나눈다. ·고민 나누기의 목적을 요약하고 마무리한다.	8	
차시예고 및 전달사항	·학습과정을 요약하고 경험보고서를 작성 제출하게 한다. ·자신의 고민 사례 한 가지 적어오기	2	경험 보고서

여덟째 마당: 너의 고민을 이렇게?				
목표	1. 도움이 되는 친구 되기를 위해 '천국의 자리' 활동을 통해 역할연습을 해본다. 2. 친구의 고민을 풀어가기 위한 고민 풀기 5단계를 습득한다.		집단 원 수	10~15명
			소요 시간	40분
진행절차	활동 내용	시간 (분)		준비물
도입	·지난주의 활동경험 회상 ·과제에 관한 검토 ·활동목표 및 진행요령에 소개	5		명찰, 사인펜
활동	1. 천국의 자리 활동 -자신의 고민을 해결하고자 하는 학생은 천국의 의자에 앉는다. -'천국의 의자'에 앉은 사람은 자신의 고민을 구체적으로 이야기한다. -이에 대해 도우미는 직접적이고 공격적으로 직면한다. -상호 어느 정도 결론에 도달했다고 판단되면 중지한다. -다음 지원자가 '천국의 의자'에 앉아 되풀이하여 차례로 돌아가며 참가자 전원이 실시한다. -모두 실시해보았으면 이 프로그램을 통하여 배운 점과 각자 심정을 서로 나누며 정리한다. 2. 고민 풀어가기 5단계 습득하기 -친구의 고민을 풀어주는 것은 친구로 하여금 자신의 사고, 감정, 행동을 정확히 이해하도록 도와주어, 자신의 문제에 책임 있는 행동을 취할 수 있게 하는 것이다.	25		교재, 필기도구
정리	1. 프로그램을 하면서 느낀 점과 경험한 것, 깨달은 점을 함께 나눈다. 2. 지도자는 고민 풀어가기의 목적을 요약해주고 마무리한다.	8		
차시예고 및 전달사항	·친구의 고민을 듣고 상담하기 ·상담기록부 작성해오기	2		경험 보고서

아홉째 마당: 또래 상담 이렇게 하면 어떨까?				
목표	1. 또래 상담자의 상담사례와 소감을 발표한다. 2. 또래 상담자의 상담 능력을 향상시킨다.	집단 원 수	10~15명	
		소요 시간	40분	
진행절차	활동 내용	시간 (분)	준비물	
도입	·또래 상담 반가 부르기 ·자신이 작성해온 상담사례 발표하기	5	명찰, 사인펜	
활동	1. 상담사례 분석하기(고민 풀어가기 5단계) -1단계: 친구의 마음 열기 　친구가 해결하기 원하는 문제를 알아본다. -2단계: 풀어야 할 문제의 우선순위 매기기 　많은 문제 중에서 중요성과 시급성을 고려하여 우선순위를 정한다. -3단계: 고민 해결을 위한 방안 탐색 　해결방법을 탐색하는 데 브레인스토밍 과정을 활용한다. -4단계: 고민 해결방안 선택하기 　친구에게 알맞은 실천 가능한 방법을 선택한다. -5단계: 친구에게 도움주기 　친구의 문제 해결 위한 도움주기 2. 문제점 제기하기 -고민하고 있는 친구의 문제를 해결해주기 위해서 또래 상담자들이 할 수 있는 일의 한계성을 인식함 -친구로서 할 수 있는 한계가 있고 함께 문제를 들어주고 문제 해결을 위해 좀 더 나은 방안을 찾아 나가는 것까지를 또래 상담자의 역할이라고 제한해줄 필요가 있음	25	교재, 필기도구	
정리	활동을 통하여 느낀 점과 경험한 것과 깨달은 점을 서로 나눈다.	8		
차시예고 및 전달사항	·학습과정을 요약하고 경험보고서를 작성, 제출하게 한다. ·또래 상담자로서의 경험을 통해 자신을 돌아본다.	2	경험 보고서	

열째 마당: 마무리			
목표	1. 지금까지 배운 내용을 머릿속에서 체계적으로 정리한다. 2. 프로그램의 내용과 진행자의 진행 등에 대해서 평가해본다.	집단 원 수	10~15명
		소요 시간	40분
진행절차	활동 내용	시간 (분)	준비물
도입	·또래 상담 반가 부르기 ·지금까지의 활동 경험 회상해보기	5	명찰, 사인펜
활동	1. 또래 상담 내용 정리하기 -조용히 3~5분 정도 조용히 앉아서 생각하게 한다. -프로그램을 통하여 새롭게 배웠던 점과 어려웠던 점을 생각해보게 한다. -정리를 머릿속에서 한 다음 종이에 기록해보도록 한다. -쓰고 난 후에 몇 명의 학생들로 하여금 발표해보도록 한다. 2. 프로그램 평가하기 -프로그램 평가용지를 따로 준비하여 5점 척도에 근거하여 평가하도록 한다. -생각을 하여 알맞은 빈칸에 표시하도록 한다. -적절한 시간을 준 다음 걷도록 한다. -특히 개선해야 할 점에 대해서는 쓰도록 격려한다.	25	워크북, 설문지, 필기도구
정리	1. 활동이 끝나면 활동 시작 전과 도중, 끝난 후를 관련지어 자신의 느낌과 경험한 사실을 함께 나눈다. 2. 본 활동을 통하여 새롭게 발견한 것이나 깨달은 점, 또는 집단 구성원들에게 하고 싶은 말들을 한마디씩 하게 한다.	8	
종결	·사회적 자아개념 사후 검사 실시 ·둥글게 손을 마주 잡고 만남의 인연에 감사하며 새로운 성장을 기원하면서 또래 상담가를 부르고 인사 후 정리한다.	2	경험 보고서

10. 어머니스쿨폴리스 운영 계획

가. 목적

최근 아동을 대상으로 한 성범죄 및 유괴사건 등이 발생하여 아이들의 안전이 크게 위협받고 있어 어머니폴리스를 발족하여 학교 앞, 통학로 주변 등 학교 주변을 순찰 지도함으로써 아이들의 통학로 안전성을 확보하고 아동 대상 범죄로부터 아이들을 안전하게 보호하며 학교 주변에서 자주 발생하는 학교폭력과 유해환경에 대한 민간 자율 감시자 역할을 수행한다.

나. 방침

1) 녹색어머니회원을 대상으로 어머니폴리스를 조직한다.
2) 2인 1조 합동 순찰을 원칙으로 한다.

다. 활동 계획

1) 활동 장소
   학교 앞, 통학로 주변, 인근 놀이터

2) 활동 시간
   주 2회(매주 화, 목) 오후 12:30~13:30(1시간)

3) 활동 시 복장 및 도구
   조끼, 모자, 호루라기(시청각실 옆 창고에 보관)

4) 활동 내용
   가) 하교 시간대 학교 주변 순찰 및 지도
   나) 안전위험요소 발견 시 신속한 통보 및 조치(112 또는 ○○지구대 284-0112)
   다) 활동일지 작성(시청각실 옆 창고에 보관)

5) 세부 활동 계획

월일	요일	담당자	비고	월일	요일	담당자	비고
4. 13.	화			9. 2.	목		
4. 15.	목			9. 7.	화		
4. 20.	화			9. 9.	목		
4. 22.	목			9. 14.	화		
4. 27.	화			9. 16.	목		
4. 29.	목			9. 28.	화		
5. 4.	화			9. 30.	목		
5. 6.	목			10. 5.	화		
5. 11.	화			10. 7.	목		
5. 13.	목			10. 12.	화		
5. 18.	화			10. 14.	목		
5. 20.	목			10. 19.	화		
5. 25.	화			10. 21.	목		
5. 27.	목			10. 26.	화		
6. 1.	화			10. 28.	목		
6. 3.	목			11. 2.	화		
6. 8.	화			11. 4.	목		
6. 10.	목			11. 9.	화		
6. 15.	화			11. 11.	목		
6. 17.	목			11. 16.	화		
6. 22.	화			11. 18.	목		
6. 24.	목			11. 23.	화		
6. 29.	화			11. 25.	목		
7. 1.	목			11. 30.	화		
7. 6.	화			12. 2.	목		
7. 8.	목			12. 7.	화		
7. 13.	화			12. 9.	목		
7. 15.	목			12. 14.	화		
				12. 16.	목		
여름방학				12. 21.	화		
				12. 23.	목		
				겨울방학			

6) 활동일지 양식

어머니폴리스 활동일지

일시	2010년 월 일 ( )요일	담당학급	(인)
활동 시간		근무자	(인) (인)
활동 장소	활동 사항	특기 사항	
1. 학교 정문			
2. 학교 후문			
3. 통학로 주변			
4. 주변 놀이터			
5. 기타			

(작성 예시)

일시	2010년 6월 3일 (화)요일	확인자	(인)
활동 시간	12:30~14:00	근무자	(인) (인)
활동 장소	활동 사항	특기 사항	
1. 학교 정문	아이들 하교 지도	이상 없음	
2. 학교 후문	아이들 하교 지도	이상 없음	
3. 통학로 주변	순찰 지도	이상 없음	
4. 주변 놀이터	순찰 지도	싸우는 아이들이 있어서 지도 후 귀가 조치	
5. 기타	순찰 지도	수상한 차량이 있어서 영통지구대 신고	

7) 활동 안내문

어머니폴리스 회원님께

안녕하십니까?

먼저 바쁘신 중에도 우리 아이들의 안전을 위해 어머니폴리스 활동에 동참해 주신 어머님들의 헌신적인 봉사 정신에 깊이 감사드립니다.

본교 800여 명의 안전을 지켜 주실 어머님들께 아래와 같이 활동일과 활동 방법을 알려드립니다. 다소 어려움이 있으시더라도 해당되는 날에는 꼭 활동해 주셔서, 아이들이 안전하게 하교할 수 있도록 도움 주실 것을 부탁드립니다.

감사합니다.

============= 아 래 =============

1. 활동 시간 : 매주 화, 목 오후 12:30 ~ 14:00 (1시간 30분)
2. 활동일 : 2012년 (   )월 (   )일 (   )요일
3. 준비물 : 1층 시청각실 옆 창고에 보관되어 있습니다.
   ① 모자
   ② 조끼
   ③ 호루라기(3가지 복장을 꼭 갖추어 주시기 바랍니다)
4. 활동장소 : 학교 앞, 통학로 주변, 인근 놀이터, 안전지킴이집 근처
5. 활동 내용
   1) 하교시간대 학교 주변 순찰 및 지도
   2) 안전위험요소 발견 시 신속한 통보 및 조치(112, ○○지구대 284-0112)
   3) 활동 일지 작성(시청각실 옆 창고에 보관)
6. 활동일지 작성 방법(예시)

일 시	2010년 6 월 3 일 (화)요일	확인자	(인)
활동 시간	12:30 ~ 14:00	근무자	(인) (인)
활동장소	활동 사항	특기 사항	
1. 학교 정문	아이들 하교 지도	이상 없음	
2. 학교 후문	아이들 하교 지도	이상 없음	
3. 통학로 주변	순찰 지도	이상 없음	
4. 주변 놀이터	순찰 지도	싸우는 아이들이 있어서 지도 후 귀가 조치	
5. 기타	순찰 지도	수상한 차량이 있어서 영통지구대 신고	

위 촉 장

학년 반

학부모

위 학부모님을 2012학년도 ○○ ○○ 어머니폴리스회원으로 위촉하고 위촉장을 수여합니다.

2012년 4월 13일

○○초등학교장 ○ ○ ○

11. 명예경찰 소년단 운영 계획

가. 목적

건강한 학교문화 정착을 위해 학생들이 교통안전사고 및 학교폭력 예방 근절을 위한 자치적인 활동을 함으로써 즐겁고 안전한 학교생활이 되도록 한다.

나. 주요 활동 내용

1) 경찰서, 지구대 방문하여 경찰체험, 범죄예방교육을 수강한다.
2) 각종 불법행위 및 교칙위반자 지도 등 교내 선도활동을 한다.
3) 등하굣길 교통정리 및 각종 캠페인, 경찰서 등의 홍보행사에 참여한다.
4) 학교폭력 신고 및 예방을 위한 교내 순찰을 실시한다.

다. 조직 및 활동 방법

1) 대상: 6학년 각 반 2명씩(기존대원은 추가 가능)으로 한다.
2) 선발기준: 학교생활에 모범이 되는 학생으로 희망자 중 학급담임의 추천으로 선발한다.
3) 단장 및 조 편성: 단원들의 추천을 받아 단장 1명을 선출하고, 한 학급을 한 조로 편성하여 운영한다.
4) 활동 시기: 월~금요일까지 각 반 배정한다.
5) 활동 시간: 매월 4시간 이상 활동한다.
6) 활동 장소: 교내 복도 및 운동장, 학교 앞 횡단보도 등에서 주로 활동한다.

라. 포상

활동 시간을 누가하여 봉사활동 시간에 반영한다.

학교지킴이(명예경찰 소년단) 활동일지

장소	날짜 (요일)	시간	활동 내용 (좋음◎, 보통○, 부족△)		세부 내용 및 특이사항
			청결	질서	
본동 교실, 복도 및 계단	/ ( )	아침			
		2교시 후			
		점심			
	/ ( )	아침			
		2교시 후			
		점심			
	/ ( )	아침			
		2교시 후			
		점심			
	/ ( )	아침			
		2교시 후			
		점심			
	/ ( )	아침			
		2교시 후			
		점심			

12. 아름다운 아침방송 운영 계획

가. 목적

 학생들의 창의적 사고와 자율적 활동을 체험하고, 집단 활동을 통한 공동체 의식을 기르도록 한다. 이와 더불어 과학의 급속한 발전과 멀티미디어의 보편화 단계에 접어든 현시점에서 21세기의 주인공이 될 어린이들에게 보다 효과적인 방송 시스템을 갖추고, 어린이들이 직접 학교 방송을 운영하게 하여 어린이들의 탐구력을 신장시키고 창의력과 사고력 및 사회 적응 능력을 배양시켜 실질적인 교육 효과를 거둘 수 있도록 한다. 그리고 학교의 방송 관련 행사를 보조하여 학습 효과의 극대화를 꾀하는 동시에 애교심을 기르도록 한다.

1) 학교 교육의 질적 향상 및 학습 기회의 확대
2) 다양한 교수 학습 방법의 수용
3) 어린이의 잠재 능력과 소질, 창의성을 키워나가는 데 도움을 주도록 지원
4) '생활지도' 연구학교로서 학교폭력 예방 및 인성교육 관련 프로그램을 매주 시행하여 학교의 전반계획과 연계성을 가질 수 있도록 함

나. 운영 방법

1) 생활지도 관련 자료를 매주 방송을 통해 각 반에 보여줌으로써 생활지도 연구학교로서의 특수성 확보
2) 영상 및 음향 방송 자료 확보하여 수업에 활용할 수 있도록 지원
3) 매주 월요일은 아침방송, 화요일은 학교폭력 예방 및 인성교육 실시
4) 방송반 조직 및 방송 기술의 교육
5) 연구수업, 학년 대표수업, 선도학급의 수업을 촬영하여 교사들의 자기장학을 지원하고 동 학년, 동 교과 협의회 시 자료로 제공

다. 세부 추진 계획

1) 첫째 주, 셋째 주: 칭찬 조회 진행
2) 둘째 주, 넷째 주: 어린이 방송 조회 진행
3) 매주 화요일: '신바람 나는 어울림 마당' 방송 프로그램 운영
4) 수업시간 외 여가 시간을 통한 각종 프로그램의 방송으로 어린이들의 지식 및 정서 함양
5) 수업 장학 촬영 및 각종 행사 프로그램 진행과 촬영

라. 방송반 조직 운영

1) 선발 방법
가) 5, 6학년 대상으로 책임감이 강하고 본인 희망하는 어린이
나) 품행이 단정하고 방송에 대한 관심과 기기의 조작 능력이 뛰어난 어린이
다) 아나운서는 언어 구사 능력이 우수한 어린이
라) 각 담임선생님의 추천과 학업 성적이 우수한 어린이

2) 선발 인원
가) 아나운서 및 음향부 – 3명
나) 촬영 및 기술부 – 3명
※ 단, 아나운서와 엔지니어가 정확히 역할을 구분 짓지 않고 서로 도와가며 활동할 수 있도록 함

마. 화요일 방송교육 운영계획

1) 운영의 목적
우리가 살고 있는 21세기는 정보화 사회로 많은 지식과 정보가 넘쳐나고 있으며, 교육에 대한 열정 역시 높다. 그러나 그에 어울리는 도덕수준은 갖추지 못하고 있으며, 인성교육 자체에 대한 관심의 부재로 나날이 학교폭력 문제가 증가하고 있다. 친구를 따돌리거나, 사소한 이유로 폭력을 함에도 그 행동이 잘못되었음을 인식하지 못하며, 다른 사람의 잘못된 행동을 하는 것을 보고도 무시해버리기 일쑤다. 이러한 현실에서 인성교육의 중요성은 의심할 여지가 없을 것이다. 이에 본 교는 학생들의 바람직한 인성의 함양과 학교폭력의 예방을 목표로 하여 매주 화요일 방송교육을 실시함으로써 인성교육에 앞장서고자 한다.

2) 운영의 방침
가) 프로그램 운영을 하기 위한 여건을 조성한다.
나) 본교 학생들의 수준, 흥미, 실정을 고려하여 지역 프로그램을 개설하여 운영한다.
다) 생활지도 및 학교폭력 시범학교의 특수성을 살려 「학교폭력 예방 및 모든 학생들의 바람직한 인성의 함양」을 목적으로 한다.

3) 운영의 실제

가) 운영의 대상 및 기간
(1) 운영 대상: ○○초등학교 전교생(1~6학년)

(2) 기간: 2010년 4~12월

나) 운영의 절차 및 방법

단계	절차	내용	기간
준비	추진계획 수립 및 시설 설치	·운영 계획 수립 ·자료개발 ·방송실 보수	4월
	방송반 훈련	·방송반 훈련	4월
실행 단계	방송교육 실시	·지도 계획 수립 ·매주 화요일 방송 ·각 반 담임선생님 지도하에 방송교육 실시	4~12월
	방송 내용 정리 및 활동지 작성	·활동지 배부 ·담임선생님 지도하에 활동지 작성하여 방송 내용 정리	4~12월

4) 세부 추진 내용

가) 프로그램명

화요일 방송교육

나) 프로그램 세부 내용

순번	일시	세부 내용	출처
1		사과 반쪽	TV 동화
2		세상에서 가장 아름다운 말	TV 동화
3		이타행동	○○WEE 센터 시우보우
4		대인관계 기술	○○WEE 센터 시우보우
5		의사소통 기술	○○WEE 센터 시우보우
6		인권과 평화의식	○○WEE 센터 시우보우
7		폭력문화 바로 알기	○○WEE 센터 시우보우
8		집단 따돌림	○○WEE 센터 시우보우
9		언어적 폭력	○○WEE 센터 시우보우
10		신체적 폭력	○○WEE 센터 시우보우
11		금품 갈취	○○WEE 센터 시우보우
12		돌 시인과 어머니(생명)	학교폭력 해결사는 우리 선생님 - 12
13		따돌림 받는 아이	학교폭력 해결사는 우리 선생님 - 8
14		토끼 실험	학교폭력 해결사는 우리 선생님 - 16
15		명상의 효과	학교폭력 해결사는 우리 선생님 - 17
16		달려라 지선아	학교폭력 해결사는 우리 선생님 - 18
17		꽃보다 아름다운 내 친구 희아	학교폭력 해결사는 우리 선생님 - 20
18		진정한 가르침	학교폭력 해결사는 우리 선생님 - 21

19		용서하는 방법	학교폭력 해결사는 우리 선생님 - 22
20		용서의 의미	학교폭력 해결사는 우리 선생님 - 23
21		생각하면 이루어진다	학교폭력 해결사는 우리 선생님 - 25
22		사랑의 교통카드	학교폭력 해결사는 우리 선생님 - 33
23		제자의 가르침	학교폭력 해결사는 우리 선생님 - 36
24		38인의 목격자	학교폭력 해결사는 우리 선생님 - 50

바. 기대되는 효과(감성 교육의 효과)

감성이란 자기 자신과 상대방의 감정을 이해하는 능력을 말한다. 바람직한 인간으로 성장하려면 신체적 건강과 지성, 감성이 조화롭게 발전되어야 한다. 그러나 우리나라의 교육은 입시 위주의 지적 능력만을 키우는 교육으로 편중되어 상대적으로 감성 교육은 소홀히 다뤄지고 있다. 이 때문에 마음의 상처를 지닌 채 살아가고 있는 사람들이 많으며, 이에 본교는 감성 위주의 프로그램을 운영하여 지, 덕, 체가 고루 조화된 어린이를 길러내고자 한다. 이는 여러 가지 효과를 낼 수 있겠지만 특별히 감성 교육에 의거하여 다음과 같은 효과를 얻고자 한다.

1) 감성을 통해 학생 스스로의 자존감을 향상시키고자 한다

감성이 풍부한 사람은 자신에게 일어난 감정과 자신을 있는 그대로 인정하기 때문에 남들과 비교하려 하지 않는다. 이로 인해 삶을 풍요롭게 누릴 수 있다.

2) 원만한 교우관계를 유지할 수 있다

감성을 통해 자신과 상대방의 감정을 이해할 수 있는 공감 능력을 키울 수 있다.
감성이 풍부한 학생은 곤경에 빠진 친구의 입장을 이해하고 이를 돕고자 한다.

3) 감성을 키우면 긍정적인 사고를 갖게 된다

감성이 풍부한 사람은 생각이 유연하고 여유로운 마음이 있기 때문에 힘든 상황에 대해 긍정적으로 생각하고 해결할 수 있는 방법을 빨리 찾아내 그 상황을 빨리 극복해낸다.

4) 상황 대처 능력을 키울 수 있다

감성 교육을 통해 문제에 대해 다양하게 생각하고 감정적 대응을 자제하여 상황대처 능력을 키울 수 있다.

5) 감성을 키우면 창의성이 높아질 수 있다

창의성은 무한한 상상력을 통해 잠재력을 일깨워 몰입할 때 발휘되는 것이다. 이러한 상상력은 풍부한 감성을 통해 나오며 창의적인 사람은 자기가 좋아하는 일 그 자체에서 기쁨을 느낀다.

6) 영상물을 보고 울고 웃으면서 정서적 카타르시스(마음의 정화)를 경험한다

감동적인 영상물을 보고 울고 웃으면서 그동안 쌓여왔던 부정적인 감정(분노, 좌절감, 무기력, 적대감, 부족한 공감 능력, 적대감)을 분출하고 해소하는 정서적 카타르시스(마음의 정화)를 경험할 수 있다.

7) 동영상 예시

가) 자존감과 리더십 향상

제목	날짜	사이트 주소
기러기 리더십	2011.05.07.	http://tvpot.daum.net/clip/ClipViewByVid.do?vid=yz1ktXB0_TY$
명상의 힘	2011.05.26.	http://tvpot.daum.net/clip/ClipViewByVid.do?vid=CBs0KUeoOeo$
대한민국을 아십니까?	2011.05.29.	http://tvpot.daum.net/clip/ClipViewByVid.do?vid=9_liyGbxVWw$
지식채널 - 박지성	2011.06.01.	http://tvpot.daum.net/clip/ClipViewByVid.do?vid=bXhk55AlTkA$
명성황후 - 나 가거든	2011.06.02.	http://tvpot.daum.net/clip/ClipViewByVid.do?vid=kL_Gci1RzeA$
어느 독일인의 글	2011.06.04.	http://www.happy.co.kr/happy2005/happy_flash/flash_view.php?reg_no=23
10년 후의 나의 명암	2011.06.17.	http://www.youtube.com/watch?v=2QEmwXN3hkQ&feature=player_embedded
마이클 조던이 농구 황제가 된 비결	2011.07.03.	http://www.youtube.com/watch?v=isUW8NvnZfM&feature=player_embedded
솔개의 비상	2011.07.04.	http://www.youtube.com/watch?v=eOYKMI_DPog&feature=player_embedded
인내와 도전	2011.07.06.	http://www.youtube.com/watch?v=yM4e8GUP0Cs&feature=player_embedded
나이 서른에 우린	2011.07.10.	http://www.youtube.com/watch?v=oYhqA4rZ1T4&feature=player_embedded
스티브 잡스	2011.07.12.	http://www.youtube.com/watch?v=82OHX5-tVGc&feature=player_embedded

나) 긍정적 사고력 향상

제목	날짜	사이트 주소
거짓말은 하지 않는다	2011.05.12.	http://www.happy.co.kr/happy2005/happy_flash/flash_view.php?reg_no=104
나는 달린다	2011.05.13.	http://tvpot.daum.net/clip/ClipViewByVid.do?vid=jk6Cde-xyC8$
10분 이상 고민하지 마라	2011.05.18.	http://www.happy.co.kr/happy2005/happy_flash/flash_view.php?reg_no=99
자신과 연애하듯이 삶을 살아라	2011.05.21.	http://www.happy.co.kr/happy2005/happy_flash/flash_view.php?reg_no=63
나만의 최선	2011.05.31.	http://www.happy.co.kr/happy2005/happy_flash/flash_view.php?reg_no=76
그들도 우리처럼	2011.06.03.	http://tvpot.daum.net/clip/ClipViewByVid.do?vid=-yYPzV9nFgc$
지금 행복한 남자	2011.06.08.	http://www.happy.co.kr/happy2005/happy_flash/flash_view.php?reg_no=12010
말의 힘	2011.06.09.	http://www.youtube.com/watch?v=oBflkYAaeuY&feature=player_embedded
물은 답을 알고 있다	2011.06.18.	http://www.youtube.com/watch?v=ocrn7DJeSws&feature=player_embedded
지식채널 - 왜 공부하냐고요	2011.06.20.	http://www.youtube.com/watch?v=_P-dXSyWtQk&feature=player_embedded
재치 있게 웃는 방법	2011.06.23.	http://tvpot.daum.net/clip/ClipViewByVid.do?vid=YblsmDcIYX0$
인간의 두 얼굴	2011.06.27.	http://tvpot.daum.net/clip/ClipViewByVid.do?vid=UGBPUUD_6QA$
관심의 힘	2011.07.04.	http://www.youtube.com/watch?v=HmodTUpg6tw&feature=player_embedded

할 수 있다	2011.07.05.	http://www.youtube.com/watch?v=GvSweVbljGc&feature=player_embedded
아바 – I have a dream	2011.07.06.	http://www.youtube.com/watch?v=yM4e8GUP0Cs&feature=player_embedded
불가능은 도전하지 않는 자의 변명일 뿐이다	2011.07.17.	http://www.youtube.com/watch?v=VPCOr420vaA&feature=player_embedded
오프라 윈프리의 도전	2011.07.18.	http://www.youtube.com/watch?feature=player_embedded&v=o-QxR4ineHA
버락 오바마 – I have a dream	2011.07.19.	http://www.youtube.com/watch?v=YWXPDrigO4w&feature=player_embedded
느리게 성공하기	2011.07.20.	http://www.youtube.com/watch?v=2zldmvcK70A&feature=player_embedded

다) 창의성 향상

제목	날짜	사이트 주소
어느 독서광의 일기	2011.04.28.	http://tvpot.daum.net/v/705096?lu=flvPlayer_out
지식채널 – 1초	2011.05.25.	http://tvpot.daum.net/clip/ClipViewByVid.do?vid=6kpApBP2nJE$
바보가 되는 착시현상	2011.05.29.	http://tvpot.daum.net/clip/ClipViewByVid.do?vid=AFSVibRWgdY$
180도 상상력의 힘 1	2011.06.14.	http://www.youtube.com/watch?feature=player_embedded&v=EMfbejGMJbg
180도 상상력의 힘 3	2011.06.15.	http://www.youtube.com/watch?feature=player_embedded&v=azToFTYxMD4
세상에서 가장 창의적인 직업	2011.06.19.	http://www.youtube.com/watch?v=4FMeJQTSVDk&feature=player_embedded
사소함의 힘	2011.06.22.	http://www.youtube.com/watch?feature=player_embedded&v=FphN0VwCiTs
천재로 만드는 독서법	2011.07.13.	http://www.youtube.com/watch?v=bs2GMRPnE0w&feature=player_embedded

라) 배려와 공감 능력 향상

제목	날짜	사이트 주소
어버이 은혜	2011.05.07.	http://blog.naver.com/himeglap/100120610735
물은 알고 있다.	2011.05.07.	http://tvpot.daum.net/clip/ClipViewByVid.do?vid=51s7YNmzRU4$
20억 년의 사랑	2011.05.16.	http://www.happy.co.kr/happy2005/happy_flash/flash_view.php?reg_no=98
돌에 새긴 우정	2011.05.17.	http://www.happy.co.kr/happy2005/happy_flash/flash_view.php?reg_no=92
감동의 영상(우정)	2011.05.19.	http://tvpot.daum.net/clip/ClipViewByVid.do?vid=q51b_G19BV8$
화 다스리는 법	2011.05.20.	http://www.happy.co.kr/happy2005/book_flash/bookflash_view.php?reg_no=3554
여러분 – 임재범	2011.05.24.	http://tvpot.daum.net/clip/ClipViewByVid.do?vid=mzEG9pSU2Vs$
우리들의 아버지	2011.05.28.	http://tvpot.daum.net/clip/ClipViewByVid.do?vid=pUTQb4BTSww$
비닐우산	2011.05.30.	http://www.happy.co.kr/happy2005/happy_flash/flash_view.php?reg_no=86
타인에 대한 배려	2011.06.11.	http://www.youtube.com/watch?v=sEQ9yWmS_ns&feature=player_embedded
빌리 조엘 – Honesty	2011.06.24.	http://tvpot.daum.net/clip/ClipViewByVid.do?vid=UGBPUUD_6QA$
절제	2011.06.28.	http://www.youtube.com/watch?feature=player_embedded&v=-ZUyZY4LvWA
행복한 나라 배려 공주송	2011.06.29.	http://www.youtube.com/watch?v=lM-iaa9_Gqc&feature=player_embedded
영화 같은 실화	2011.07.14.	http://www.youtube.com/watch?v=IQXnGBfZbJE&feature=player_embedded

방송 교육 활동지

학년: 반: 이름:

오늘의 주제:

※ 방송을 본 후 다음 활동 1, 2, 3, 4 중 한 가지를 선택해보세요.

<활동 1> 방송을 보면서 느낀 점을 시나 그림으로 표현하기
<활동 2> 줄거리나 인상 깊은 장면 만화로 표현하기
<활동 3> 주인공에게 편지 쓰기
<활동 4> 자유롭게 표현하기

13. 수호천사 운영 계획

가. 목적

1) 수호천사 운동을 통해 왕따를 비롯한 학교폭력을 줄이고 웃음이 넘치는 학교 만들기
2) 학생들의 올바른 인성 및 배려심 함양

나. 세부 실천 내용

1) 실시 대상: 1~6학년
2) 기간: 2010.05.~2011.02.(매월 3주 시행)
3) 운영의 실제
   가) 장소: 각 교실
   나) 방법: 월 1회 수호천사를 추첨하여 선정하고 1회 이상 친구에게 편지를 쓰고 수호천사가
       되어 보살펴줌
   다) 교사가 꾸준히 관심을 가지고 학생들이 자발적으로 자신의 수호천사를 보살펴줄 수 있
       도록 독려해줌
   라) 월 단위로 자신의 활동을 반성해보고 수호천사 운동에 적극적으로 참여한 학생을 칭찬함

4) 교내 칭찬함 제도와 병행하여 학년별 복도에 비치된 칭찬함을 활용하여 자신의 수호천사의
   미담 사례를 알리고 우수 사례를 시상함

다. 기대 효과

1) 추첨을 통해 무작위로 자신의 수호천사를 선정하여 학생들의 자율적 실천을 통하여 가정,
   학교, 지역사회에서 바른 의식과 가치관 함양에 긍정적으로 기여
2) 학생들이 바른 인성요소(민주시민의식, 타인존중의식, 자기존중의식)의 영역에서 장기적으로
   긍정적인 변화
3) 학생들이 서로 배려하고 보호해줌으로써 건전한 학교 분위기 조성 및 학교폭력 예방에 기여

내가 추리하는 나의 수호천사

3학년 2반	번 이름: _____

강○○	
권○○	
김○○	
김○○	
김○○	
김○○	
김○○	
박○○	
안○○	
원○○	
유○○	
이○○	
이○○	
정○○	
한○○	
허○○	
김○○	
권○○	
권○○	
김○○	
김○○	
김○○	
박○○	
안○○	
유○○	
이○○	
이○○	
주○○	
한○○	

내가 수호천사에게 베푼 친절은 무엇
인가요?
생각나는 대로 적어보세요.

옆의 빈칸에 그 친구의 마니또일 것 같은 사람의 이름을 적어주
세요.
단, 친구의 이름은 중복해서 적을 수 없습니다!
모르겠으면 적지 않아도 됩니다!

1. _____

2. _____

3. _____

4. _____

5. _____

나의 수호천사는 누구였습니까?_____
그 수호천사에게 내가 잘해주지 못한 점은 없나요?
수호천사 게임을 하면서 무엇을 알게 되었나요? 반성할 점은 없
는지 적어봅시다.

_____

_____

14. 지역사회 교육전문가 활용 운영 계획

가. 오름길학습지도

영역	학습		사업명	오름길학습지도
사업 목적	◦ 기초학습 능력을 증진시킨다. ◦ 취약한 가정환경과 맞벌이 부부가 많아 아동의 학습에 관심과 지도가 부족하다.			
사업 목표	◦ 기초학습부진아의 학습 성취도를 30% 이상 증진시킨다. ◦ 대상학생의 출석률이 60%를 유지한다.			

사업 내용	단위 프로그램	세부 내용	수행 방법
	대상학생 선정	◦ 2011년도 진단평가 실시 후 기초학습부진학생 및 교과부진학생 파악 ◦ 기초학습 및 교과부진학생 중 교육복지 대상학생으로 선정 - 담임교사를 통해 가정통신문 배부	· 기간: 2011.3.21.~3.31. · 대상: 3~6학년 교육복지대상자 30명
	오름길학습지도	◦ 오름길학습지도 - 3~4학년 반, 5학년 반(1개 반), 6학년 반 (2개 반)으로 구성 - 한 학급은 학교대응투자로 운영 - 퇴임교사로 구성하여 운영 - 주 5일 2시간씩 운영	· 기간: 2011.4.1.~2012.2.28. · 시간: 14:00~16:00 · 대상: 교육복지대상학생 30명 · 장소: 특기적성실

평가 방법	구분	세부 내용	수행 방법
	설문평가	◦ 프로그램 운영 및 만족도 조사 - 강사, 프로그램 내용, 운영 등에 대한 만족도 조사, 5점 척도	· 일시: 학기 말(7, 12월 중) · 대상: 교육복자대상학생 30명 · 방법: 설문지 작성
	필답평가	◦ 학력평가 결과 비교 분석 - 2011년도 중간고사와 기말고사 점수 비교 분석	· 일시: 학기 말(7, 12월 중) · 대상: 교육복자대상학생 30명 · 방법: 성적 비교
	기타평가	◦ 소감문 작성을 통한 평가 - 프로그램 참여 후 작성된 소감문을 통한 내용 분석	· 일시: 학기 말(7, 12월 중) · 대상: 교육복자대상학생 30명 · 방법: 소감문 작성

나. Jump Dream

영역	학습		사업명	Jump Dream
사업 목적	◦ 취약한 가정환경과 맞벌이 부부가 많아 아동의 학습에 관심과 지도가 부족하다. ◦ 기초학습 능력을 증진시킨다. ◦ 학습 능력이 뛰어난 학생을 계속 지원하여 학습습관을 유지할 수 있도록 한다.			
사업 목표	◦ 국어, 영어, 수학의 학습 능력이 향상된다. ◦ 대상학생의 출석률이 60%를 유지한다.			

	단위 프로그램	세부 내용	수행 방법
사업 내용	대상학생 선정	◦ 2011년도 진단평가 실시 후 오름길학습지도 대상자를 제외한 교육복지 대상학생으로 선정	· 기간: 2011.3.2.~3.12. · 대상: 6학년 교육복지대상자 30명
	Jump Dream	◦ Jump Dream 지도 -6학년 반(3개 반)으로 구성 -주 5일 2시간씩 운영 -5개 교과(국·수·사·과·영) 지도	· 기간: 2011.3.12.~2011.7.11. · 시간: 15:00~17:00 · 대상: 교육복지대상학생 30명 · 장소: 6학년 교실

	구분	세부 내용	수행 방법
평가 방법	설문평가	◦ 프로그램 운영 및 만족도 조사 -강사, 프로그램 내용, 운영 등에 대한 만족도 조사, 5점 척도	· 일시: 학기 말(7월 중) · 대상: 교육복지대상학생 30명 · 방법: 설문지 작성
	필답평가	◦ 학력평가 결과 비교 분석 -2011년도 중간고사와 기말고사 점수 비교 분석	· 일시: 학기 말(7월 중) · 대상: 교육복자대상학생 30명 · 방법: 성적 비교
	기타평가	◦ 소감문 작성을 통한 평가 -프로그램 참여 후 작성된 소감문을 통한 내용 분석	· 일시: 학기 말(7월 중) · 대상: 교육복자대상학생 30명 · 방법: 소감문 작성

다. 도서관 활성화

영역	학습		사업명	도서관 활성화
사업 목적	◦ 독서를 생활화하여 학습, 사고력 신장을 향상시키고 올바른 가치관을 확립한다. ◦ 교육복지학생에게 책을 통해 지속적인 독서교육활동을 통해 대상학생의 학습의욕을 고취시켜주고 풍부한 정서를 함양한다.			
사업 목표	◦ 다양한 도서관 프로그램을 통하여 독서 생활의 내면화를 추구한다. ◦ 독서의 생활화를 통해 독서 능력을 길러주며 평생교육의 근간을 마련한다. ◦ 독서관련 체험 프로그램을 통해 참여 학생의 60%가 독서에 대한 흥미가 향상된다. ◦ 책 읽기 능력이 부족한 아동에게 책 읽기 방법을 제공하여 참여 학생의 60%가 독서 생활화를 할 수 있도록 돕는다. ◦ 시청각자료를 활용하여 건전한 여가생활을 제공한다. ◦ 독서연계 프로그램을 통해 사고력·창의력을 증진시킨다.			
사업 내용	**단위 프로그램**	**세부 내용**		**수행 방법**
	책과 떠나는 음악여행	◦ 책과 떠나는 음악여행 - 책을 통해 음악과 교류할 수 있도록 유도 - 음악의 역사 및 악기에 대해서 습득 - 10회기 프로그램으로 진행 - 전문자원봉사자 활용		· 기간: 11.4.5.~11.6.21. 총 10회 · 대상: 3~4학년 교육복지대상 　　　　10명 · 장소: 도서실
	마법의 책 축제	◦ 지역과 연계하여 책 축제 진행		· 기간: 11.10.(1회) · 대상: 교육복지대상자 20명
	도서실에서 놀자	◦ 도서실에서 놀자 - 나는 독서왕, 주인공 그리기, 등장인물에게 편지 쓰기, 책 광고 만들기 등 다양한 도서실 이벤트 프로그램 실시 - 교육복지학생에게 책을 통한 즐거움을 제공 - 우수 참여 학생에게 상품증정		· 기간: 11.4.1.~12.2.28. 총 6회 · 대상: 전교생 · 장소: 도서실
	토요책사랑의 날 영화상영	◦ 토요 책 사랑의 날 영화상영 - 토요휴업일을 맞이하여 시청각실에서 영화 상영을 실시 - 교육복지대상학생에게 문화생활의 장을 마련		· 기간: 11.4.30.~11.12.11. 　　　　넷째 주 토요일 · 시간: 10~12시 · 대상: 전교생 · 장소: 시청각실
	책 읽기는 즐거워 (읽기 학습 부진아 독서지도)	◦ 책 읽기는 재미있어 - 책 읽기 능력이 부족한 학생을 대상으로 운영 - 책 읽기 능력 향상 및 책 읽는 즐거움을 알도록 유도 - 5~6학년 MLST 검사지 읽기 능력이 낮은 학생 선정 - 3~4학년 담임교사의 추천을 받아 대상자 선정 - 독서지도 전문 강사를 활용하여 진행		· 기간: 11.3.16.~11.6.22. 총 　　　　12회 · 시간: 14~16시 · 대상: 교육복지대상 5~6학년 6명 · 장소: 도서실

	단위 프로그램	세부 내용	수행 방법
사업 내용	교과연계 독서지도 프로그램	◦교과연계 독서지도 프로그램 -교과 연계한 독서지도 프로그램 운영 -참여 학생에게 선행학습을 할 수 있도록 유도	·기간: 11.9.13.~11.12.22. 총10회 ·시간: 오후 2~4시 ·대상: 교육복지대상 3~4학년 10명 ·장소: 도서실
	마음 놀이터	◦사서와 함께하는 독서치료 프로그램 -자존감이 낮은 학생대상으로 독서치료를 통해 자존감 회복	·기간: 11.9.9.~11.12.16.총 12회 ·시간: 13~14시 ·대상: 교육복지대상 1~2학년 6명 ·장소: 도서실
	0교시 엄마가 들려주는 동화 이야기	◦아침 0교시를 활용하여 주 1회 사서 어머니들이 각 반에서 동화책을 읽어준다.	·기간: 11.4.~11.12. ·시간: 8시 30~50분 ·대상: 1~3학년 ·장소: 각 교실
	여름·겨울방학 독서캠프	◦여름·겨울방학에 대양한 독서 프로그램 진행 -책 달력, 책 나무 만들기 프로그램을 통해 꾸준한 독서습관 장려, 상장수여 -독서 프로그램 진행	·기간: 여름방학, 겨울방학 ·대상: 교육복지대상 1~2학년 ·장소: 도서실
	도전 독서 골든벨	◦도전 독서 골든벨 -학년수준에 맞는 필독도서를 선정하여 문제를 출제, 상장수여	·기간: 11.9. ·대상: 전교생 ·장소: 널바위 체육관
	내가 퀴즈왕	◦독서 퀴즈 -책의 내용을 퀴즈로 풀어보기 -한 달에 한 번씩 진행	·기간: 11.4.~11.12. ·대상: 전교생 ·장소: 도서실
	독서왕을 찾아라	◦다독자 선정 -한 달에 한 번씩 책을 가장 많이 읽은 학생에게 상장 수여 -DLS통계로 선정	·기간: 11.4.~12.2. ·대상: 전교생 ·장소: 도서실
	책과 함께하는 독서 마당	◦전 학급이 순번을 정해 도서관 방문 -꾸준한 독서습관을 기를 수 있도록 한다.	·기간: 11.4.~12.2. ·대상: 전교생 ·장소: 도서실
	세계 책의 날	◦4월 23일 세계 책의 날을 맞이하여 다양한 행사를 통해 책의 날 홍보	·기간: 11.4.23. ·대상: 전교생 ·장소: 도서실
	독서신문 발간	◦매월 도서실 프로그램 안내와 독서의 중요성에 관한 내용 다룬 신문 발간	·기간: 11.4.~11.12. ·대상: 전교생, 학부모 ·주관: 사서
	독서표현 활동	◦도서관 홈페이지에 독후감 기재 -우수학생 상장 및 상품 수여	·기간: 11.2.~12.2. ·대상: 전교생 ·장소: 도서실

단위 프로그램	세부 내용	수행 방법
명예사서 어머니 활동	◦ 명예사서 어머니 운영 - 학부모 명예사서를 조직하여 0교시 책 읽어주기, 독서 프로그램 진행	· 기간: 11.4.~12.2. · 대상: 학부모 · 장소: 도서실
책 무지개 독서 동아리	◦ 독서에 관심 있는 학부모님을 모집하여 독서동아리 활동 지원	· 기간: 11.3.~12.2. · 대상: 학부모 · 장소: 도서실
어린이 도서위원	◦ 5~6학년 희망학생 선정	· 기간: 11.4.~12.2. · 대상: 5~6학년 (교육복지대상학생 우선) · 장소: 도서실
다양한 독서 프로그램 진행	◦ 지역 인적 자원을 활용하여 학년에 맞는 독서 프로그램 진행	· 기간: 11.4.~12.2. · 대상: 전교생 · 장소: 도서실
도서관으로 초대	◦ 귀가 전에 도서관에서 책 읽고 가기 - 도서관 이용습관 지도	· 기간: 11.4.~12.2. · 대상: 전교생 · 장소: 도서실
지역주민을 위한 독서교육	◦ 배달강좌활용 지역주민에게 독서교육프로그램 제공	· 기간: 11.4.~12.2. · 대상: 지역주민 · 장소: 도서실

구분	세부 내용	수행 방법
설문평가	◦ 프로그램 및 운영 설문조사 - 만족도, 시간, 내용 등 5점 척도	· 일시: 프로그램 종결 시 · 대상: 프로그램 참여 학생 · 방법: 프로그램종결 시 1회
관찰평가	◦ 프로그램 참여수준 관찰 평가 - 프로그램 참여의 적극성 관계형성 정도 기록	· 일시: 프로그램 종결 시 · 대상: 프로그램 참여 학생 · 방법: 프로그램 종결 시 1회
기타평가	◦ 소감문 작성을 통한 질적 분석 평가 - 프로그램 참여 후 참여소감문 작성	· 일시: 프로그램 종결 시 · 대상: 프로그램 참여 학생 · 방법: 프로그램 종결 시 1회
수치평가	◦ 읽기, 쓰기 레벨테스트	· 일시: 11.4.13.~11.6.22. · 대상: 프로그램 참여 학생 · 방법: 사전 사후 2회 실시

(평가 방법)

라. 테마체험단

영역	문화		사업명	테마체험단
사업 목적	◦ 다양한 문화 체험의 기회를 제공한다. ◦ 각 학년 교육과정에 맞는 테마체험활동을 실시한다.			
사업 목표	◦ 분기별 테마를 설정하여 저학년/고학년 체험활동을 실시한다. ◦ 교육복지대상학생의 욕구에 맞는 체험활동을 실시한다.			

사업 내용	단위 프로그램	세부 내용	수행 방법
	대상학생 선정	◦ 대상학생 및 테마체험활동 선정 - 저학년/고학년으로 체험활동을 구분 - 신학기에 욕구조사 통해 활동지 선정 - 담임교사를 통해 가정통신문을 발송	• 기간: 2011.3.21.~3.31. • 대상: 전 학년 교육복지대상자
	저학년 테마체험	◦ 저학년 테마체험 - 1~3학년 중 대상학생으로 40명 구성 - 저학년 학생을 집중적으로 관리하고 체험지에 대한 설명을 충분히 할 수 있도록 학부모 자원봉사자를 활용 - 연 2회 활동을 실시	• 기간: 2011.4, 9. • 시간: 08:00~18:00 • 대상: 교육복지대상학생 40명 • 장소: 체험활동지역
	고학년 테마체험	◦ 저학년 테마체험 - 4~5학년 중 대상학생으로 40명 구성 - 고학년 학생에게 맞는 체험지역을 선정하여 활동 - 연 2회 활동을 실시	• 기간: 2011.6, 12. • 시간: 08:00~18:00 • 대상: 교육복지대상학생 40명 • 장소: 체험활동지역

평가 방법	구분	세부 내용	수행 방법
	설문평가	◦ 프로그램 운영 및 만족도 조사 - 프로그램 내용, 운영 만족도, 5점 척도	• 일시: 프로그램 종결 시 • 대상: 교육복자대상학생 80명
	기타평가	◦ 소감문 작성을 통한 평가 - 소감문을 통한 내용 분석	• 일시: 프로그램 종결 시 • 대상: 교육복자대상학생 80명

마. 위기학생 사례관리

영역	심리정서	사업명	위기학생 사례관리
사업 목적		◦심리·정서적 어려움을 겪고 있는 학생에게 문제 해결을 위한 도움을 준다. ◦교육복지실 운영을 통한 통합서비스를 수행한다.	
사업 목표		◦심리·정서적 어려움을 겪는 학생을 지속적으로 사례관리 한다. ◦위기집단을 대상으로 하는 개별·집단상담 프로그램을 실시한다.	

	단위 프로그램	세부 내용	수행 방법
사업 내용	대상학생 선정	◦대상자 선정 -상담교사 및 담임교사를 통한 대상자 선정 -MLST를 활용하여 대상학생 선정 -담임교사를 통해 가정통신문을 발송하여 프로그램 신청	·기간: 2011.3.1.~12.31. ·대상: 교육복지대상자 204명
	통합사례관리	◦사례관리 -위기개입 학생 중 개별사례학생 선정 -개별사례학생 중 개별상담 및 개별치료 대상자에게 집중지원 -가정방문 및 지역기관(자원)을 연계하여 운영	·기간: 2011.3.1.~2012.2.28. ·대상: 교육복지대상학생 5명 ·장소: 교육복지실
	심리검사	◦MLST 실시 -사례관리학생 및 교육복지대상학생과 일반학생을 선별하여 MLST검사 실시 -단 저학년일 경우에는 다른 심리검사 실시 (1~3학년)	·기간: 2011.4.13. ·대상: 4학년 학생 및 사례관리대상학생 200명 ·장소: 교육복지실
	집단상담 활동	◦집단상담 활동 -집단상담 대상자를 선정하여 상담교사, 담임교사 협의 후 프로그램 운영 -미술치료, 음악치료, 놀이치료, 사회극 등 집단에 맞는 프로그램 운영	·기간: 2011.3.1.~2012.2.28. ·대상: 교육복지대상학생 10명 ·장소: 교육복지실

	구분	세부 내용	수행 방법
평가 방법	설문평가	◦프로그램 운영 및 만족도 조사 -강사, 프로그램 내용, 운영 등에 대한 만족도 조사, 5점 척도	·일시: 프로그램 종결 시 ·대상: 교육복자대상학생 10명 ·방법: 프로그램 종결 시
	설문평가	◦MLST 검사 -MLST 검사를 통한 대상학생 분석	·일시: 2011.4.13. ·대상: MLST 참여 학생 200명
	기타평가	◦소감문 작성을 통한 평가 -프로그램 참여 후 작성된 소감문을 통한 내용 분석	·일시: 학기 말(7, 12월 중) ·대상: 교육복자대상학생 10명 ·방법: 소감문 작성

바. 나의 꿈 찾기

영역	심리정서	사업명	심리정서발달
사업 목적	◦ 심리 정서적 어려움을 겪고 있는 학생에게 문제 해결을 위한 도움을 준다. ◦ 교육복지실 활용을 통한 통합서비스를 수행한다.		
사업 목표	◦ 진로탐색 프로그램을 통해 진로 및 진학에 관심을 갖도록 한다. ◦ 해당 분야의 전문가를 통해 본인의 꿈을 찾도록 돕는다. ◦ 드림UP멘토링을 통해 다양한 체험활동을 실시한다.		

사업 내용	단위 프로그램	세부 내용	수행 방법
	드림up 멘토링	◦ 드림up 멘토링 - 4학년 교육복지학생을 선정하여 실시 - 다양한 직업체험과 멘토링 활동을 통해 자신의 꿈을 찾아보기 - 복지관 및 학교 공동사업으로 실시	· 기간: 2011.4.1.~12.31. · 시간: 09:00~17:00 · 대상: 4학년 대상학생 4명 · 장소: ○○사회복지관
	진로탐색 프로그램	◦ 진로탐색 프로그램 - 5학년 학급별로 실시 - 지역사회 기관과 협조하여 운영	· 기간: 2011.5.28. · 대상: 5학년 · 장소: 각 학급
	진로박람회	◦ 진로박람회 - 6학년 학급별로 실시 - 직업의 전문가를 초빙 전문 직업 이해	· 기간: 2011.5.28. · 대상: 6학년 · 장소: 각 학급

평가 방법	구분	세부 내용	수행 방법
	설문평가	◦ 프로그램 운영 및 만족도 조사 - 강사, 프로그램 내용, 운영 등에 대한 만족도 조사, 5점 척도	· 일시: 학기 말(7, 12월 중) · 대상: 교육복자대상학생 40명 · 방법: 프로그램 종결 시 1회
	기타평가	◦ 소감문 작성을 통한 평가 - 프로그램 참여 후 작성된 소감문을 통한 내용 분석	· 일시: 학기 말(7, 12월 중) · 대상: 교육복자대상학생 40명 · 방법: 소감문 작성

사. 신학기 친(한)친(구)교실

영역	심리정서	사업명	심리정서발달

| 사업 목적 | ◦심리 정서적 어려움을 겪고 있는 학생에게 문제 해결을 위한 도움을 준다.
◦교육복지실 활용을 통한 통합서비스를 수행한다. ||||

| 사업 목표 | ◦프로그램을 통해 신학기 학교생활에 대상학생 60%가 적응한다.
◦학급의 또래 및 담임교사와의 관계를 지속적으로 유지한다. ||||

사업 내용	단위 프로그램	세부 내용	수행 방법
	프로그램 선정	◦프로그램 선정 -학급별로 프로그램을 선정 -기본계획을 토대로 강사료 및 준비물 비용을 지원	·기간: 2011.3.21.~3.31. ·대상: 1학년 109명 ·장소: 1학년 교실
	학교적응력 향상 프로그램	◦학교적응력 향상 프로그램 -학급별 기본계획서를 바탕으로 프로그램 운영 -또래관계 증진 및 학급개입 프로그램을 통해 신학기 학교생활에 적응할 수 있도록 파악 -대상학생에 대한 파악 및 프로그램 참관	·기간: 2011.4.1.~4.30. ·대상: 1학년 109명 ·장소: 1학년 교실

평가 방법	구분	세부 내용	수행 방법
	설문평가	◦프로그램 운영 및 만족도 조사 -강사, 프로그램 내용, 운영 등에 대한 만족도 조사, 5점 척도	·일시: 프로그램 종결 시 ·대상: 참여 학생 109명 ·방법: 프로그램 종결 시
	기타평가	◦소감문 작성을 통한 평가 -프로그램 참여 후 작성된 소감문을 통한 내용 분석	·일시: 프로그램 종결 시 ·대상: 참여 학생 109명 ·방법: 프로그램 종결 시

아. 거북이 달리다

영역	심리정서		사업명	거북이 달리다(과잉행동 감소 프로그램)
사업 목적	* ADHD(attention deficit hyperactivity disorder: 주의력결핍 과잉행동장애) 증후가 있는 학생을 대상으로 집단상담 프로그램을 실시하여 심리 정서적인 안정을 도모하고 과잉행동에 대한 조절을 가능하게 하여 일상생활에서 어려움이 없도록 돕는다. * 교육복지실 활용을 통한 통합서비스를 수행한다.			
사업 목표	* 프로그램을 통해 참여 학생의 60%는 ADHD 증후가 감소한다. * 프로그램의 참여율이 80% 이상 유지한다.			

사업 내용	단위 프로그램	세부 내용	수행 방법
	대상학생 선정	* 대상학생 선정 - 상담교사 및 담임의 추천을 통해 ADHD 증후가 있는 학생 파악(오름길학습대상자 중 부진요소가 ADHD인 학생 포함) - 담임교사를 통한 가정통신문 발송 및 학부모의 동의 및 신청	· 기간: 2011.3.21.~3.31. · 대상: 1~3학년 ADHD 증후학생 6명 · 장소: 상담실
	미술활동 프로그램	* 미술활동 프로그램 - 미술치료활용 집단활동 프로그램 실시 - 20회기 프로그램으로 운영(1년) - 대학생 자원봉사를 활용	· 기간: 2011.4.1.~12.30. · 대상: 1~3학년 ADHD 증후학생 6명 · 장소: 상담실
	개별상담	* 개별상담 - 상담교사를 활용하여 운영 - 매월 1회 학생의 변화과정 확인 - 프로그램 출석 유도	· 기간: 2011.4.1.~12.30. · 대상: 1~3학년 ADHD 증후학생 6명 · 장소: 상담실

평가 방법	구분	세부 내용	수행 방법
	설문평가	* ADHD 진단 및 척도검사 - ADHD 진단검사지 활용(교사/학부모) - 과잉행동 정도, 학교적응유연성 검사, 대인관계변화설문지 검사(사전/사후)	· 일시: 프로그램 종결 시 · 대상: 참여 학생 6명

자. Happy Family Project

영역	심리정서	사업명	가족 기능 강화
사업 목적	◦ 가정의 역할 강화로 가정의 다양한 문제 행동을 감소시킨다. ◦ 가족의 지지로 학교생활 적응을 도와준다.		
사업 목표	◦ 등대교실(집단상담)을 실시하여 부모의 역할을 강화시킨다. ◦ 가족체험 나들이를 통하여 가족의 응집력을 강화시킨다.		

사업 내용	단위 프로그램	세부 내용	수행 방법
	대상가정 선정	◦ 위기가정 및 교육복지대상 가정 선정 - 학기 초 대상학생 및 위기가정 선정 - 담임교사의 협조를 통해 대상자 파악 및 위기가정 파악 - 가정통신문 활용 동의 및 신청	· 기간: 2011.3.21.~4.10. · 대상: 교육복지 가정
	등대교실	◦ 등대교실(학부모 집단상담 활동) - 학기 초 프로그램 참여 가정 파악 - 주 1회 10회기 프로그램 운영 - 우리 가정 모습 및 부모 역할 찾기	· 기간: 2011.4.15.~5.13. · 대상: 교육복지 8가정 · 장소: 상담실
	가족체험 나들이	◦ 가족체험 나들이 - 학기별 2회 운영 - 등대교실 참여 가정 및 위기가정 사례관리 가정 우선 배정 - 담임교사 협조 받아 가정통신문 발송 - 학부모와 학생의 의견 수렴 후 운영	· 기간: 2011.5.21, 9.24. · 대상: 교육복지 20가정

평가 방법	구분	세부 내용	수행 방법
	설문평가	◦ 프로그램 운영 및 만족도 조사 - 강사, 프로그램 내용, 운영 등에 대한 만족도 조사, 5점 척도	· 일시: 프로그램 종결 시 · 대상: 교육복지 20가정 · 방법: 설문지 작성
	기타평가	◦ 소감문 작성을 통한 평가 - 프로그램 참여 후 작성된 소감문을 통한 내용 분석	· 일시: 프로그램 종결 시 · 대상: 교육복지 20가정 · 방법: 소감문 작성

차. 신나는 우리 마을 만들기

영역	복지		사업명	신나는 우리 마을 만들기
사업 목적	◦ 지역 내 학교 및 유관기관과의 연계 협력을 통해 자원을 공유하고 공동의 과제를 수행하여 지역교육공동체를 구현한다.			
사업 목표	◦ 지역사회 내에서 교육복지 네트워크를 운영한다. ◦ 지역사회 아동·청소년 문화를 교류할 수 있는 공동사업을 운영한다.			

사업 내용	단위 프로그램	세부 내용	수행 방법
	네트워크 구성	◦ 네트워크 구성 - 주민사랑네트워크 참여 - 지역 유관기관과 네트워크 구축	· 기간: 2011.3.1.~2010.2.28. · 방법: 지역 네트워크 참여
	동행축제	◦ 동네방네 행복한 축제 - 동구주민사랑네트워크와 협조하여 동구 지역축제 운영 - 대상학생이 참여할 수 있도록 홍보 - 축제를 통한 학교와 지역사회와의 유대관계 형성	· 기간: 2011.5.1.~5.30. · 대상: 참여 신청 학생 · 장소: 미정
	지역 내 사례회의	◦ 지역 내 사례회의 - 동네사랑하자네트워크를 통한 지역 내 대상학생에 대한 사례관리 - 지역아동센터와의 협조 및 사례회의 실시	· 기간: 2011.4.1.~ 12.16. · 대상: 교육복지대상자 5명 · 장소: 한빛지역아동센터

평가 방법	구분	세부 내용	수행 방법
	설문평가	◦ 프로그램 운영 및 만족도 조사 - 강사, 프로그램 내용, 운영 등에 대한 만족도 조사, 5점 척도	· 일시: 프로그램 종결 시 · 대상: 프로그램 참여 학생 · 방법: 설문지 작성
	기타평가	◦ 소감문 작성을 통한 평가 - 프로그램 참여 후 작성된 소감문을 통한 내용 분석	· 일시: 프로그램 종결 시 · 대상: 프로그램 참여 학생 · 방법: 소감문 작성

Ⅲ. 언어순화 프로그램 개발

1. 언어순화 프로그램 소개

가. 창의·인성 중심 언어순화 프로그램

1) 운영 목적

　학년성에 맞는 창의·인성 언어순화 프로그램을 구안·적용하여 무의식적으로 언어폭력을 행하고 있는 학생들에 대한 심리 상태를 분석하고 평가하여, 이것을 기본으로 한 폭력적 언어들을 순화하는 훈련 프로그램을 통해 언어적 공격성을 감소시키는 것은 물론, 더 나아가 친구 간에 배려하는 마음을 심어주고, 바른 말·고운 말을 통한 건강한 의사소통을 할 수 있도록 하여 친구 사랑 행복 학교를 만들고자 하였다.

2) 운영 방법

　가) 창체(재량·특활, 창의적 체험활동)시간에서 12차시를 창의·인성 언어순화 프로그램 적용을 위해 편성하였다.

　나) 각 학년 수준에 맞추어 난이도와 주제를 달리하여 구성하였다.

　다) 다양한 시청각 자료와 실물 자료들을 활용하고 활동 중심 프로그램이 되도록 하였다.

3) 운영 결과

　1~2학년, 3~4학년, 5~6학년 각 학년의 신체, 정의적 특성에 맞는 언어순화 교육을 위한 프로그램을 개발하여 창체 시간에 12차시를 운영하였다. 이를 위해서 회기별 지도안과 학습지를 포함한 교수·학습 자료를 구안하여 적용하게 되었다.

　1~2학년은 '친구와 함께라면'을 통해서 올바른 언어생활을 저학년에서부터 실시함으로써 습관

화를 통한 내면화의 중요성을 강조하였으며, 3~4학년은 '친구랑 나랑 함께 가는 길'을 통해서 친구와의 올바른 관계형성을 위해서 필요한 서로 존중하고 배려하는 언어생활의 중요성을 강조하였다. 5~6학년은 '너와 나의 만남'을 통해서 민주적인 의사 결정에 있어서 상호 존중하고 배려하는 문화 속에 의사소통 능력을 강조하여 습관화를 통한 내면화를 강조하는 교재를 만들어 활용하였다.

2. 창의적 체험활동 시간 언어순화 프로그램 구안·적용 (1~2학년용)

창의적 체험활동 시간 언어순화 프로그램 개요(1~2학년용)

구분	회기	영역 내용	주제 및 목표	세부 활동
생활 언어	1	칭찬하는 말	칭찬하는 말 사용하기	·내 경험 이야기하기 ·칭찬하는 방법 알기 ·고운 말로 칭찬하기
	2	바르고 고운 말	바르고 고운 말의 필요성 알아보기	·내 경험 발표하기 ·양파의 실험 이야기 ·바르고 고운 말의 중요성 알기
	3	바르고 고운 말	상황에 어울리는 바르고 고운 말 알아보기	·고사리미투 이해하기 ·상황에 어울리는 말 사용하기 ·느낀 점 발표하기
	4	바르고 고운 말	바르고 고운 말을 사용하여 보기	·내 경험 이야기하기 ·바르고 고운 말 말판 놀이하기
	5	바르고 고운 말	바르고 고운 말을 쓰려는 의지 다지기	·골든벨 방법 알아보기 ·골든벨을 울려라! ·의지 다지기
통신 언어	6	올바른 말 사용하기	네티켓을 알고 바른 말 사용하기	·네티켓의 뜻 알고 잘못된 통신 ·언어를 바른 말로 고치기
	7	나의 기분을 만드는 말 찾기	전화 속 나의 기분을 만드는 말	·전화 연락을 하면서 나의 기분을 만드는 말을 찾아 마인드맵으로 정리한 후 말의 소중함 알기
통신 언어	8	예쁜 말 사용하기	예쁜 말 릴레이	·학급 홈페이지 '친구 사랑 알림 장'을 통해 친구의 소중함을 예쁜 말로 전하기
	9	게시판에 올바른 글 올리기	게시판에 칭찬하는 글쓰기	·학급 홈페이지 게시판에 올바른 언어로 친구를 칭찬하는 글쓰기
	10	선플에 대해 알아보기	선플의 중요성	·선플의 중요성을 생각하며 자신의 통신 아이디 꾸미기

창의적 체험활동 과정안

영역	생활언어		일시		지도교사	
본시주제	칭찬하는 말		지도대상	1~2학년	장소	○○교실
					소요시간	40분
학습목표	♣ 칭찬하는 방법을 알고 친구를 칭찬하는 말을 할 수 있다.					
수업전략	학습집단조직	◦ 전체 - 짝 - 모둠 - 전체				
	중심학습활동	◦ 칭찬하는 방법 알기 ◦ 친구 칭찬하기				
교수·학습 자료	일반 자료	교사	학습지			
		학생	필기도구			
	멀티미디어 자료	플래시 노래, 프레젠테이션 자료				

단계	학습 과정	교수·학습활동	집단 구성	시간 (분)	언어순화(🛸) 자료 및 유의점(☞)
문제 확인	동기 유발	■ 학습동기 유발하기 ◦ '새로운 발견' 노래 부르기 · 노래 속의 악기들이 어떻게 칭찬하는지 알아본다.	전체	3	1 새로운 발견 플래시 노래 ☞ 노래를 부르며, 학습문제와의 연관성을 생각한다.
	학습 문제 파악	■ 학습문제 확인하기 ♣ 칭찬하는 방법을 알고 친구를 칭찬하는 말을 해보자.	전체	2	
문제 추구	학습활동 안내하기	■ 학습활동 안내하기 [활동 1] 내 경험 이야기하기 [활동 2] 칭찬하는 방법 알기 [활동 3] 고운 말로 칭찬하기		2	
	활동 1	■ 내 경험 이야기하기 ◦ 이야기 주제에 맞게 자신의 경험을 이야기하기 · 친구 때문에 속상했던 경험 발표하기 · 친구 때문에 화났던 경험 발표하기 · 친구 때문에 기분이 좋았던 경험 발표하기 · 친구에게 들은 기분 좋은 말 발표하기 · 친구와 사이좋게 지내기 할 수 있는 일 발표하기	전체	7	🛸 생활언어: 내 경험을 통해 다른 사람의 입장을 이해할 수 있도록 한다. 2 이야기 주제 프레젠테이션 ☞ 자신의 경험을 충분히 말할 수 있는 기회를 주도록 한다.
문제 해결	활동 2	■ 칭찬하는 방법 알기 ◦ 칭찬할 점 찾아보기 · 그림과 사진 속의 모습 속에서 칭찬할 점 찾아 발표하기 ◦ 칭찬하는 언어 형식 알기 - 나는 ○○○를 칭찬하고 싶습니다. 왜냐하면 ○○○는 친구들에게 준비물을 잘 빌려주기 때문입니다.		8	3 그림과 사진 자료 ☞ 이유를 들어 칭찬할 수 있도록 안내한다.

적용 발전	활동 3	■ 고운 말로 칭찬하기 ◦ 짝 칭찬하기 · 내 짝의 칭찬할 점을 찾기 · 내 짝 칭찬하기 ◦ 모둠별로 돌아가며 칭찬하기 · 모둠 친구의 칭찬할 점을 학습지에 쓰기	짝	12	④ 학습지 ☞ 친구의 좋은 점과 잘하는 점을 칭찬할 수 있도록 한다. ☞ 학습지를 시계방 향으로 돌려가며 칭찬하는 글을 쓸 수 있도록 한다. ☞ 허용적인 분위기속 에 모둠원 모두가 참여할 수 있도록 한다.
	학습 정리	■ 학습 정리하기 ◦ 칭찬하는 말을 하면 좋은 점 정리하기 - 기분이 좋아진다. - 사이가 좋아진다. - 친구를 좋아하게 된다.	모둠	5	
	차시 예고	■ 차시예고 ◦ 바르고 고운 말로 친구들에게 이야기하는 방법에 대해 알아보기	전체	1	

학습지

영역	생활언어	주제	칭찬하는 말		일시	20○○...
학습목표	♣ 칭찬하는 방법을 알고 친구를 칭찬하는 말을 할 수 있다.		( )모둠	이름		

♥ 학습지를 시계방향으로 돌려가며 친구를 칭찬합니다.

♥ 친구 칭찬은 포도알에 씁니다.

(   ) 칭찬 열매

창의적 체험활동 과정안

영역	생활언어	일시		지도교사	
본시주제	바르고 고운 말	지도 대상	1~2학년	장소	○○교실
				소요시간	40분
학습목표	♣ 자신의 경험을 통해 바르고 고운 말의 필요성을 알 수 있다.				
수업전략	학습집단조직	◦전체 − 모둠 − 전체			
	중심학습활동	◦자신의 경험 발표하기 ◦양파실험을 보고 바르고 고운 말의 중요성 알기 ◦바르고 고운 말의 좋은 점 알기			
교수·학습 자료	일반 자료	교사	학습지, 실험 양파, 역할 이름표		
		학생	필기도구		
	멀티미디어 자료	실험 동영상 자료			

단계	학습 과정	교수·학습활동	집단 구성	시간 (분)	언어순화(🛸) 자료 및 유의점(☞)
문제 탐색	동기유발	■ 마음 열기 ◦노래 부르기 •'도레미 송' 노래 부르기 ◦속담 맞추기 •"가는 (말)이 고와야 오는 (말)이 곱다." •속담의 의미를 설명한 뒤, 바르고 고운 말의 중요성에 대해 간단히 언급한다.	전체	5	① 플래시 자료 ☞ 속담이 무엇인지 간단히 설명하도록 한다. ② 프레젠테이션 속담 자료
	학습문제 파악하기	■ 학습문제 인식 ♣ 바르고 고운 말이 중요한 까닭을 알아봅시다.		2	
문제 추구	활동안내	■ 활동 안내하기 [활동 1] 내 경험 발표하기 [활동 2] 양파의 실험 이야기 [활동 3] 바르고 고운 말의 중요성 알기		2	
	활동 1	■ 내 경험 발표하기 •기분 좋은 말을 들었을 때의 기분을 발표하기 •나쁜 말을 들었을 때의 기분을 발표하기		7	🛸 생활언어: 내 경험을 통해 다른 사람의 입장을 이해할 수 있도록 한다.
문제 해결	활동 2	■ 양파의 실험 이야기 ◦'기분 좋은 말 양파'와 '기분 나쁜 말 양파' 실험 과정 동영상 보기 ◦'기분 좋은 말 양파'와 '기분 나쁜 말 양파' 실험 결과 보기 •'기분 좋은 말 양파'가 더 잘 자란 까닭을 발표하기 •'기분 나쁜 말 양파'가 잘 자라지 못한 까닭을 발표하기 •기분 좋은 말을 들으면 어떤 점이 좋은지 발표하기		12	③ 양파의 실험 동영상 ☞ 바르고 고운 말이 식물의 성장에도 영향을 미치는 것을 생각해서 사람의 마음에도 큰 영향을 주는 점을 강조하여 지도한다.
			모둠		

적용 발전	활동 3	▣ 바르고 고운 말의 중요성 알기 ◦ 바르고 고운 말의 중요성 발표하기 – 바르고 고운 말은 친구의 기분을 좋게 한다. – 바르고 고운 말은 친구와 사이좋게 만들어준다.	전체	7	
	평가 및 정리	▣ 정리하기 ◦ 기분 좋은 말을 하고 난 뒤 느낌을 서로 이야기하기 – 바르고 고운 말을 사용하니 기분이 좋다.		4	④ 학습지 ☞ 바르고 고운 말을 잘 쓰는 친구를 관 찰하여 기록하게
	차시 예고	▣ 차시예고 ◦ 상황에 어울리는 바르고 고운 말 알아보기		1	한다.

학습지

영역	생활언어	주제	바르고 고운 말의 중요성 알아보기	일시	20○○.○.○.
학습목표	자신의 경험을 통해 바르고 고운 말의 필요성을 알 수 있다.	학년반		이름	

♥ 일주일 동안 나에게 바르고 고운 말을 해준 친구에게 스티커(★)를 붙여주세요.

친구 이름	월	화	수	목	금	토

창의적 체험활동 과정안

영역	생활언어		일시			지도교사	
본시주제	바르고 고운 말		지도대상	1~2학년		장소	○○교실
						소요시간	40분
학습목표	♣ 상황에 어울리는 바르고 고운 말을 사용할 수 있다.						
수업전략	학습집단조직	◦ 전체 - 개인 - 전체					
	중심학습활동	◦ 고사리미투 이해하기 ◦ 고사리미투 사용하기					
교수 · 학습 자료	일반 자료	교사	학습지				
		학생	필기도구				
	멀티미디어 자료	플래시 자료, PPT 자료					

단계	학습 과정	교수 · 학습활동	집단 구성	시간 (분)	언어순화(⚖) 자료 및 유의점(☞)
문제 탐색	동기유발	■ 마음 열기 ◦ '언제 하는 말일까' 놀이하기 · 언제 하는 말인지 알아맞히기 · 때와 장소에 맞게 써야 할 말이 있음을 간단히 언급한다.	전체	3	① 프레젠테이션 식사 시간에 할 말 ☞ 쉬운 문제로 학생들의 자신감을 높인다.
	학습문제 파악하기	■ 학습문제 인식 ♣ 상황에 어울리는 바르고 고운 말을 알아봅시다.		2	
문제 추구	활동안내	■ 활동 안내하기 [활동 1] 고사리미투 이해하기 [활동 2] 상황에 어울리는 말 사용하기 [활동 3] 느낀 점 발표하기		2	
	활동 1	■ 고사리미투 이해하기 ◦ 고사리미투에 대해 알아보기 · 고: 고맙습니다. · 사: 사랑합니다. · 리: 이해합니다. · 미: 미안합니다. · 투: 함께합니다(영어 – together).		7	② 프레젠테이션 고사리미투 안내 ⚖ 생활언어: 내 경험을 통해 다른 사람의 입장을 이해할 수 있도록 한다.

문제 해결	활동 2	■ 상황에 어울리는 말 사용하기 ◦ 상황에 어울리는 적절한 말 사용하기 ・친구가 도와주었을 때 - 고마워. ~해주니까 참 좋다. ・친구에게 자신의 마음을 표현할 때 - 사랑해, 좋아해. ・친구가 속상해할 때 - 이해해. 나도 그런 적 있어. ・친구에게 실수했을 때 - 미안해. 다음엔 내가 조심할게. ・친구가 무거운 짐을 들 때 - 함께 가자. 도와줄게.	전체	15	③ 프레젠테이션 여러 가 지 상황 제시 ☞ 다양한 상황을 제시하 여 적절한 말을 사용할 수 있도록 지도한다. ☞ 표현을 할 때 상냥 하게 할 수 있도록 표정과 몸짓도 생각 하고 행동할 수 있 도록 지도한다. ④ 학습지
적용 발전	활동 3	■ 느낀 점 발표하기 ◦ 고사리미투를 많이 사용하면 어떤 점이 좋을지 생각 해보기 - 친구 사이가 좋아져요. - 어른들께 사용하면 칭찬받아요.	전체	7	
	정리하기	■ 정리하기 ◦ 고사리미투 정리하기 - '고맙습니다, 사랑합니다, 이해합니다, 미안합니다, 함께하겠습니다'를 앞으로 자주 사용하기	전체	3	
	차시예고	■ 차시예고 ◦ 바르고 고운 말을 사용하는 놀이하기		1	

학습지

영역	생활언어	주제	상황에 어울리는바르고 고운 말 알아보기	일시	20○○. ○. ○.
학습목표	상황에 어울리는 바르고 고운 말을 사용할 수 있다.		학년반	이름	

* 다음에 제시하는 상황 중 하나를 선택해서 V 표시한 후 그림으로 그리고 알맞은 말을 쓰세요.

☐ 친구를 달래는 장면

☐ 친구를 도와주는 장면

☐ 친구에게 도움 받는 장면

☐ 내가 친구에게 실수하는 장면

☐ 내가 친구에게 좋아하는 마음을 표현하는 장면

어울리는 말(   )

창의적 체험활동 과정안

영역		생활언어	일시			지도교사	
본시주제		바르고 고운 말	지도 대상		1~2학년	장소	○○교실
						소요시간	40분
학습목표		♣ 바르고 고운 말을 사용하여 친구와 사이좋게 지낼 수 있다.					
수업전략	학습집단조직	○ 전체-모둠-전체					
	중심학습활동	○ 자신의 경험 이야기하기 ○ 바르고 고운 말 말판 놀이하기					
교수·학습 자료	일반 자료	교사	말판, 주사위				
		학생	필기도구				
	멀티미디어 자료	플래시 노래, 프레젠테이션 자료					

단계	학습 과정	교수·학습활동	집단 구성	시간 (분)	언어순화(🛸) 자료 및 유의점(☞)
문제 확인	동기유발	■ 학습동기 유발하기 ○ '똥보와 갈비' 노래 부르기 · 친구가 어떻게 말했을 때 화가 났는지 발표하기	전체	3	① 보와 갈비 노래 ☞노래를 부르며, 학습문제 와의 연관성을 생각한다.
	학습문제 파악	■ 학습문제 확인하기 ┌──────────────────────────┐ │ ♣ 바르고 고운 말을 사용하여 친구와 사이좋게 │ │ 지내봅시다. │ └──────────────────────────┘	전체	2	
문제 추구	학습활동 안내하기	■ 학습활동 안내하기 [활동 1] 내 경험 이야기하기 [활동 2] 바르고 고운 말 말판 놀이하기		2	
	활동 1	■ 내 경험 이야기하기 ○ 친구가 고맙다고 느꼈을 때 발표하기 ○ 고마운 마음이 들었을 때는 어떻게 말했는지 발표하기 ○ 친구에게 미안한 생각이 들었을 때 발표하기 ○ 미안한 마음이 들 때는 어떻게 말했는지 발표하기 ○ 친구에게 잘못한 경험 발표하기 ○ 친구에게 잘못했을 때 어떻게 말했는지 발표하기	전체	7	② 그림 자료 ③ 사진 자료 🛸생활언어: 내 경험을 통해 다른 사람의 입 장을 이해할 수 있 도록 한다.
문제 해결	활동 2	■ 바르고 고운 말 말판 놀이하기 ○ 여러 가지 상황에 따라 바르고 고운 말을 사용하 는 방법 알기 ○ 친구들 사이에 이야기할 때 지켜야 할 예절 알아보기 · 말을 할 때의 예절 ─ 바르고 고운 말을 쓴다. ─ 상대방의 기분을 생각하며 말한다. · 말을 들을 때의 예절 ─ 말을 하는 사람을 보며 집중해서 듣는다.	모둠	20	☞바르고 고운 말로 내 감 정을 솔직하게 표현할 수 있도록 한다. ④ 학습지 ⑤ 주사위 ☞허용적인 분위기속에 모 두가 참여할 수 있도록 한다.
	학습정리	■ 학습 내용 정리하기 ○ 주사위 놀이를 하면서 느낀 점 발표하기 ─ 친구에게 바르고 고운 말을 쓰겠다.		4	
적용 발전	차시예고	■ 차시예고 ○ 바르고 고운 말 골든벨 참여하기		2	

학습지

영역	생활언어	주제	바르고 고운 말 사용하기	일시	20○○.○.○.
학습목표	♣ 바르고 고운 말을 사용하여 친구와 사이좋게 지낼 수 있다.			이름	

♥ 상황에 따라 바르고 고운 말을 사용하여 친구에게 말해보세요.

친구가 맛있는 것을 나누어 주었을 때	친구가 내 그림을 실수로 찢었을 때	친구가 복도에서 뛰다가 나랑 부딪쳤을 때	학교 올 때 친구를 만났어요	내가 복도에서 뛰다가 친구와 부딪쳤을 때	내가 준비물을 안 가져 왔을 때
내가 친구를 놀렸을 때		줄넘기를 잘하는 친구에게	교실에 쓰레기를 마구 버리는 친구에게	수업시간에 발표를 잘하는 친구에게	그림을 잘 그리는 친구에게
운동장에서 다리를 다친 친구에게					
그림을 잘 그리는 친구에게		요기		윽!	집에 갈 때 친구와 인사해요
실수로 친구의 발을 밟았을 때		친구를 괴롭히는 친구에게	승리.		앗싸!
친구가 준비물을 빌려줘요		한 번 쉬세요			달리기를 잘하는 친구에게
출발		독서시간에 큰 소리로 이야기 하는 친구에게	미술시간에 실수로 물을 엎질렀을 때	친구를 칭찬하면 앞으로 2칸!	급식실에서 친구의 옷에 국물을 흘렸을 때

<h1 style="text-align:center">창의적 체험활동 과정안</h1>

영역	생활언어	일시		지도교사	
본시주제	바르고 고운 말	지도 대상	1~2학년	장소	○○교실
				소요시간	40분
학습목표	♣ 바르고 고운 말을 쓰려는 의지를 다질 수 있다.				
수업전략	학습집단조직	◦ 전체 – 개인 – 전체			
	중심학습활동	◦ 바른 말 고운 말 골든벨 참여하기 ◦ 고운 말을 쓰려는 의지 다지기			
교수·학습 자료	일반 자료	교사	바른 말 고운 말과 관련한 문제(20문항)		
		학생	골든벨 판, 필기도구, 학습지		
	멀티미디어 자료	플래시 자료			

단계	학습 과정	교수·학습활동	집단 구성	시간 (분)	언어순화(⬎) 자료 및 유의점(☞)
문제 탐색	동기유발	▣ 마음 열기 ◦함께 나누는 세상 동요 부르기 ·바르고 고운 말을 평소에 잘 쓰고 있는지 발표하기 ·친구 중에 바르고 고운 말을 잘 쓰는 친구 칭찬하기	전체	4	① 동요 플래시 자료
	학습문제 파악하기	▣ 학습문제 확인하기 ♣ 바르고 고운 말을 쓰려는 다짐을 하여 봅시다.	전체	2	
문제 추구	활동안내	▣ 활동안내 하기 [활동 1] 골든벨 방법 알아보기 [활동 2] 골든벨을 울려라! [활동 3] 의지 다지기		2	
	활동 1	▣ 골든벨 방법 알아보기 ◦골든벨 방법 안내하기 ·골든벨 참여하는 방법 설명 듣기 ·궁금한 점 질문하기		5	② 프레젠테이션 골든벨 방법 안내
문제 해결	활동 2	▣ 골든벨을 울려라 ◦준비한 골든벨 20문제 풀기 ·프레젠테이션에 제시된 문제를 보고 정답을 쓰기 ·정답 확인하기 ·탈락자는 생존자의 참여 관람하기 ·골든벨 우승자 가리기	전체	18	③ 프레젠테이션 바른 말 고운 말 관련한 문제 (20문항) ☞학생 수준과 관련하여 필 요한 문제의 수준과 개수 는 융통성 있게 조절할 수 있다.
적용 발전	활동 3	▣ 의지 다지기 ◦활동 후 느낀 점 발표하기 ·느낀 점 발표하기 ·바르고 고운 말 쓰기 다짐하기		5	④ 학습지

정리하기	▣ 정리하기 ◦ 바르고 고운 말 쓰기 선서하기 • 바르고 고운 말을 쓰겠다는 다짐 선서 활동하기		3	⑤ 프레젠테이션 선서문 ☞생활언어: 내 경험을 통해 다른 사람의 입 장을 이해할 수 있도 록 한다.
차시예고	▣ 차시예고 ◦ 바르고 고운 말 쓰기 운동 참여하기		1	

학습지

영역	생활언어	주제	바르고 고운 말 쓰기 다짐하기	일시	20○○.○.○.
학습목표	♣ 바르고 고운 말을 쓰려는 의지를 다질 수 있다.	학년반		이름	

♥ 바른 말 고운 말을 앞으로 어떻게 사용할 것인지 나의 다짐을 써보자.

창의적 체험활동 과정안

영역		통신언어		일시		지도교사	
본시주제		올바른 의사소통 방법	지도 대상		1~2학년	장소	각 교실
						소요시간	40분
학습목표		♣ 네티켓을 알고, 사이버 공간에서 바른 말을 찾아 쓸 수 있다.					
수업전략	학습집단조직	◦ 전체-개별-짝-전체					
	중심학습활동	◦ 네티켓 알아보기 ◦ 사이버상에서 사용되는 말을 바르게 고치기					
교수·학습 자료	일반 자료	교사	학습지				
		학생	필기도구				
	멀티미디어 자료						

단계	학습 과정	교수·학습활동	집단 구성	시간 (분)	언어순화(🛸) 자료 및 유의점(☞)
문제 확인	동기유발	■ 학습동기 유발하기 ◦ 경험 상기하기 ・자신의 경험과 연관 지어 사이버 상에서 나쁜 말을 사용하는 것을 보고 기분이 나빴던 경험을 이야기하게 한다.	전체	5	☞ 자신의 경험을 되짚어보며, 학습문제와의 연관성을 생각한다.
	학습문제 파악	■ 학습문제 확인하기 ♣ 네티켓을 알고, 사이버 공간에서 바른 말을 찾아 써보자.			
	학습활동 안내	■ 학습활동 안내하기 [활동 1] 네티켓이 무엇일까? [활동 2] 친구들의 말을 고쳐보자! [활동 3] 우리 주변에서는?			☞ 학습활동을 명확하게 인지시킨다.
문제 해결	[활동 1]	■ 네티켓이 무엇일까? ◦ 네티켓의 개념 알기 ♣ 네티즌이 네트워크상에서 지켜야 할 상식적인 예절(바른 언어 쓰기 등)	전체	10	☞ 아이들이 주로 사용하는 네트워크 활동 중에 지켜야 할 예절임을 인지시킨다.
문제 해결	[활동 2]	■ 친구들의 말을 고쳐보자! ◦ 잘못된 대화 살펴보기 ・학습지에 있는 아이들의 대화창에서 잘못된 부분을 찾아 발표하게 한다. ◦ 바르게 고친 대화로 친구와 연습하기 바르게 고친 대화로 짝꿍과 함께 대화해보게 한다(안녀세엽?→안녕하세요?).	개별 짝	10	1 학습지 ☞ 짝과의 대화활동을통해 바른 언어로 대화하며 서로가 존중받는 느낌을 받도록 분위기를 조성한다.
대안 제시	[활동 3]	■ 우리 주변에서는? ◦ 잘못된 언어 고치기 ・통신 생활 중에서 잘못된 언어의 사용으로 기분이 나빴거나, 친구의 마음이 상하게 된 경험을 찾아 적고 바른 말로 고쳐보게 한다.		10	1 학습지
	학습내용 정리	■ 학습 내용 정리 ◦ 학습 내용 정리 ・네티켓의 개념을 상기시킨다.		5	☞ 앞으로 바른 통신 언어를 사용하겠다는 다짐을 받는다.

학습지

영역	통신언어	주제	올바른 의사소통 방법	일시	
학습목표	원만한 친구관계를 위한 올바른 의사소통 방법을 알 수 있다.		학년반		이름	

1. 다음은 친구와 인터넷에서 주고받은 말의 일부입니다. 이 글에서 우리가 보통 쓰지 않는 글을 찾아 바른 말로 바꾸어봅시다.

A: 안냐세엽!

B: 어솨여, 방가방가

A: 오늘 학교에서 쌤한테 칭찬
   받았어여.

B: 오! 추카추카 아주 조아

A: 지금 우리 칭구는 초딩
   3학년이니까 내년에
   초딩4학년이 되나여?

B: 넹

A: 그럼 공부 욜씨미 해야 되겠네

B: 마자여.

A: 오래만에 만났는데 만해!
   내가 지금 바빠서 야기를
   못하겠네.

B: 괜찮아여, 다음에 또 만날께엽

2. 그동안 우리가 보았던 네티켓을 지키지 않았던 경험을 적고, 바른 말로 고쳐봅시다.

창의적 체험활동 교수·학습 과정안

영역	통신언어		일시		지도교사	
본시주제	전화 속 나의 기분을 만드는 말		지도 대상	1~2학년	장소	각 교실
					소요시간	40분
학습목표	♣ 전화 속 나의 기분을 만드는 말을 찾아보고, 말의 소중함을 말할 수 있다.					
수업전략	학습집단조직	◦ 전체－개별－모둠－전체				
	중심학습활동	◦ 전화 속 나의 기분을 만드는 기분 좋은 말과 나쁜 말 찾기 ◦ 마인드맵으로 정리 후 느낀 점 발표하기				
교수·학습 자료	일반 자료	교사	마인드맵 정리 예시 자료			
		학생	마인드맵 학습지			
	멀티미디어 자료					

단계	학습 과정	교수·학습활동	집단 구성	시간 (분)	언어순화(⬥) 자료 및 유의점(☞)
문제 확인	동기유발	■ 학습동기 유발하기 ◦ 나의 경험 떠 올리기 • 전화 연락을 하면서 나의 기분을 좋게 만드는 말과 기분 나쁘게 만드는 말은 무엇이 있을지 이야기한다.	전체	5	☞ 메모지를 활용하여 생각나는 대로 많은 내용을 적어보게 한다.
	학습문제 확인	■ 학습문제 확인하기 ♣ 전화 속 나의 기분을 만드는 말을 찾아보고, 말의 소중함을 말할 수 있다.			☞ 학습활동을 명확하게 인지시킨다.
	학습활동 안내	■ 학습활동 안내하기 [활동1] 전화 속 기분 좋은 말 [활동2] 전화 속 기분 나쁜 말 [활동3] 기분을 만드는 소중한 말			
문제 해결	활동 1	■ 전화 속 기분 좋은 말 ◦ 전화 연락을 하면서 가장 기분 좋은 말 떠올려보기 • 나의 경험과 관련지어 생각한다. • 구체적으로 메모하여 마인드맵으로 정리해보도록 한다.	개별	8	① 마인드맵학습지 ☞ 경험을 떠올릴 수 있는 충분한 시간을 준다.
문제 해결	활동 2	■ 전화 속 기분 나쁜 말 ◦ 전화 연락을 하면서 가장 기분 나쁜 말 떠올려보기 • 나의 경험과 관련지어 생각한다. • 구체적으로 메모하여 마인드맵으로 정리해보도록 한다.	개별	8	① 마인드맵학습지 ☞ 솔직한 생각을 말하도록 허용적인 분위기를 조성한다.
대안 제시	활동 3	■ 기분을 만드는 소중한 말 ◦ 전화 속 나의 기분을 만드는 말을 들었을 때의 느낌을 생각하며 상대방과 입장 바꿔 생각해보기 • 전화 연락을 하면서 나의 기분을 만드는 말을 정리한 마인드맵을 모둠원들과 바꿔 살펴본 후 말의 소중한 점을 다시 한번 생각해본다.	모둠	15	① 마인드맵 학습지
	학습내용 정리	■ 학습 내용 정리 ◦ 전화로 기분 좋은 말 전하기 • 우리의 기분을 만드는 말의 소중함을 생각하며 앞으로 전화 연락할 때 상대방의 기분을 좋게 하는 말을 전해본다.	전체	4	

학습지

영역	통신언어	주제	전화 속 나의 기분을 만드는 말	일시	
학습목표	전화 속 나의 기분을 만드는 말을 찾아보고, 말의 소중함을 말할 수 있다.		학년반	이름	

전화 연락을 하면서 내가 들은 가장 기분 나쁜 말과 가장 기분 좋은 말을 찾아보고, 기분을 만드는 말의 소중함을 정리해봅시다.

전화 속
나의 기분을
만드는 말

창의적 체험활동 교수 · 학습 과정안

영역	통신언어		일시		지도교사	
본시주제	예쁜 말 릴레이		지도 대상	1~2학년	장소	각 교실
					소요시간	40분
학습목표	♣ 학급 홈페이지 '친구 사랑 알림장'을 통해 예쁜 말을 전할 수 있다.					
수업전략	학습집단조직	◦ 전체 – 개별 – 모둠 – 전체				
	중심학습활동	◦ 친구의 소중함이나 고마웠던 경험을 떠올려 표현하기 ◦ 학급 홈페이지 '친구 사랑 알림장'에 글 올리기				
교수 · 학습 자료	일반 자료	교사	'소중한 친구' 동영상			
		학생	학습지			
	멀티미디어 자료					

단계	학습 과정	교수 · 학습활동	집단 구성	시간 (분)	언어순화(⚖) 자료 및 유의점(☞)
문제 확인	동기유발	■ 학습동기 유발하기 ◦ '소중한 친구' 동영상 보기 · 나에게 친구란 어떤 존재인지 나의 경험을 떠올리 며 생각하도록 한다.	전체	7	① '소중한 친구' 동영상
	학습문제 확인	■ 학습문제 확인하기 ♣ 학급 홈페이지 '친구 사랑 알림장'을 통해 예쁜 말을 전할 수 있다.			☞학습활동을 명확하게 인지시킨다.
	학습활동 안내	■ 학습활동 안내하기 [활동 1] 친구란? [활동 2] 친구의 소중함 표현하기 [활동 3] 예쁜 말 전하기			
문제 해결	활동 1	■ 친구란? ◦ '친구란 무엇 무엇이다'로 정의 내리기 · 친구 하면 떠오르는 생각들을 모아본 후 한 단어로 정 의 내려 본다. · 내가 정의 내린 친구의 뜻을 말하고 그 이유를 발표한다.	개별	8	☞적합한 단어를 찾아 문장으로 만들 수 있 도록 안내한다.
문제 해결	활동 2	■ 친구의 소중함 표현하기 ◦ 친구의 소중함을 예쁜 말로 표현하기 · 친구가 고마웠거나 친구의 소중함을 느꼈던 경험을 떠올린 후 그 마음을 예쁜 말로 표현해본다.	개별	10	② 학습지 ☞구체적인 경험이 드러나도록 자세 히 적어보도록 한다.
대안 제시	활동 3	■ 예쁜 말 전하기 · 친구에게 전할 예쁜 말 발표하기 · 모둠별로 친구가 소중했던 경험을 들어보도록 한다. ◦ 학급 홈페이지 '친구 사랑 알림장' 활용 방법 배우기	모둠	10	☞가정에서도 '친구 사 랑 알림장'을 이용할 수 있도록 학급 홈페 이지에 대한 자세한 안내가 이루어지도록 한다.
	학습내용 정리	■ 학습 내용 정리 · 학급 홈페이지 '친구 사랑 알림장' 활용하기 · 친구의 소중함을 기록한 내용을 학급 홈페이지를 방문 하여 올리도록 한다.	전체	5	☞가정학습 과제로 제시 하여 학급 홈페이지에 직접 올릴 수 있도록 한다.

학습지

영역	통신언어	주제	예쁜 말 릴레이		일시	
학습목표	학급 홈페이지 '친구 사랑 알림장'을 통해 예쁜 말을 전할 수 있다.		학년반		이름	

🛸 친구가 소중하고 고마웠던 경험을 떠올려보고 그 순간을 그림으로 표현해봅시다.

🛸 나의 마음을 예쁜 말로 학급 홈페이지 '친구 사랑 알림장'을 통해 전해봅시다.

<h1 align="center">창의적 체험활동 교수 · 학습 과정안</h1>

영역		통신언어	일시			지도교사	
본시주제		게시판에 칭찬하는 글쓰기	지도 대상	1~2학년		장소	각 교실
						소요시간	40분
학습목표		♣ 학급 홈페이지 게시판에 올바른 언어로 친구를 칭찬하는 글을 쓸 수 있다.					
수업전략	학습집단조직	◦ 전체 - 개별 - 전체					
	중심학습활동	◦ 학교 홈페이지에서 올바른 글 찾기 ◦ 학급 홈페이지 게시판에 칭찬하는 글쓰기					
교수 · 학습 자료	일반 자료	교사					
		학생	학습지				
	멀티미디어 자료		학급 홈페이지				

단 계	학습 과정	교수 · 학습활동	집단 구성	시간 (분)	언어순화(⬥) 자료 및 유의점(☞)
문제 확인	동기유발	■ 학습동기 유발하기 ◦ 경험 상기하기 • 자신의 경험과 연관 지어 사이버 상에서 나쁜 말을 사용하는 것을 보고 기분이 나빴던 경험을 이야기하게 한다.	전체	5	☞자신의 경험을 되짚어보며, 학습문제와의 연관성을 생각한다.
	학습문제 파악	■ 학습문제 확인하기 ♣ 학급 홈페이지 게시판에 친구를 칭찬하는 글을 써보자.			
	학습활동 안내	■ 학습활동 안내하기 [활동 1] 기분 좋은 글 찾기 [활동 2] 칭찬하는 글쓰기 [활동 3] 네티켓 알아보기			☞학습활동을 명확하게 인지시킨다.
문제 해결	활동 1	■ 기분 좋은 글 찾기 ◦ 학교 홈페이지 접속하여 글 읽기 • 여러 게시판에 올라 있는 글들을 읽어보고 바른 언어를 사용한 글과 올바르지 못한 언어를 사용한 글 찾고 발표하기 • 잘된 점과 잘못된 점 찾기	전체	10	☞학생들 스스로 게시판에 어떤 글을 써야 할지 알아보게 한다.
	활동 2	■ 칭찬하는 글쓰기 ◦ 우리 반 학급 홈페이지 게시판에 친구를 칭찬하는 글을 써서 올리기 • 친구들이 올린 글을 읽어보며 잘된 점 발표하기 • 나를 칭찬하는 글을 읽고 난 후 느낌 발표하기	개별	10	1 학급 홈페이지
대안 제시	활동 3	■ 네티켓 알아보기 ◦ 게시판에 글을 쓸 때의 바른 말을 퀴즈로 알아보기 • 준비된 학습지를 이용하여 올바른 네티켓이 무엇인지 퀴즈로 풀어보기		10	2 학습지
	학습내용 정리	■ 학습 내용 정리 ◦ 학습 내용 정리 • 게시판에 글을 쓸 때의 주의점을 상기시킨다.		5	

학습지

영역	통신언어	주제	게시판에 칭찬하는 글쓰기	일시	
학습목표	학급 홈페이지 게시판에 친구를 칭찬하는 글을 써보자	학년반		이름	

1. 친구의 좋은 점을 찾아 칭찬하는 글을 써보세요.

_____

_____

_____

_____

2. 인터넷이란 환경에 맞는 새로운 언어를 사용하는 것이 어떻게 보면 자연스러운 현상일 수도 있지만 국적 불명의 외계어보다는 아름다운 우리말을 사용하는 것이 어떨까요? 아래 간단한 퀴즈를 풀어보아요.

- ·방가 ·   · 거짓말
- ·안냐세요 ·   · 아이디
- ·글쿤요 ·   · 감탄사
- ·아뒤 ·   · 안녕하세요
- ·허걱 ·   · 그렇군요
- ·구라 ·   · 반가워

창의적 체험활동 교수·학습 과정안

영역	통신언어		일시		지도교사		
본시주제	선플의 중요성 인식하기		지도 대상	1~2학년	장소	각 교실	
					소요시간	40분	
학습목표	♣ 선플의 중요성을 인식하고 자신의 통신 아이디를 바르게 고칠 수 있다.						
수업전략	학습집단조직	◦ 전체-개별-모둠-전체					
	중심학습활동	◦ 인터넷상의 악플로 인해 기분이 나빴던 경험 떠올리기 ◦ 학급 홈페이지 아이디 예쁘게 바꾸기						
교수·학습 자료	일반 자료	교사	'소중한 친구' 동영상				
		학생	학습지				
	멀티미디어 자료						

단계	학습 과정	교수·학습활동	집단 구성	시간 (분)	언어순화(⬎) 자료 및 유의점(☞)
문제 확인	동기유발	▣ 학습동기 유발하기 ◦ '뚱보와 갈비' 노래 부르기 · 고운 말의 소중함을 인지하며 뚱보와 갈비 노래를 부른다.	전체	7	① '뚱보와 갈비' 플래시 자료
	학습문제 확인	▣ 학습문제 확인하기 ♣ 학급 홈페이지 '친구 사랑 알림장'을 통해 예쁜 말을 전할 수 있다.			☞학습활동을 명확하게 인지시킨다.
	학습활동 안내	▣ 학습활동 안내하기 [활동 1] 악플과 선플 [활동 2] 악플의 원인은? [활동 3] 나도 선플러			
	활동 1	▣ 악플과 선플 ◦ '악플'과 '선플'의 사례 살펴보기 · 악플과 선플에 대한 사례를 통해 악플의 개념을 이해한다. 악플이란? - 다른 사람이 올린 글에 대하여 비방하거나 험담하는 내용을 담아서 올린 댓글.	개별	10	② 프레젠테이션 자료- 악플과 선플
문제 해결	활동 2	▣ 악플의 원인은? ◦ 자신의 경험 나누기 · 악플로 인해 상처받았던 경험을 이야기한다. · 누군가에게 악플을 했던 경험을 나누어본다. ◦ 악플의 원인 토의하기 · 모둠별로 악플의 원인을 토의해보도록 한다.	모둠	8	☞다양한 의견을 수용하며, 인터넷상의 익명성도 악 플의 한 원인임을 인지 시킨다.
대안 제시	활동 3	▣ 나도 선플러 ◦ 나의 통신 아이디 예쁘게 꾸미기 · 인터넷상의 익명성이 악플의 원인임을 인지하고 자신의 아이디를 예쁘게 꾸며보게 한다. · 자신이 꾸민 아이디 및 그렇게 꾸민 이유를 발표한다. ◦ 학급 홈페이지 통신 아이디 바꾸는 방법 알아보기	모둠	10	☞자신도 선플러가 되겠 다고 다짐하며 아이디 꾸미기 활동을 한다. ③ 학습지
	학습내용 정리	▣ 학습 내용 정리 ◦ 학급 홈페이지 아이디 바꾸기 · 선플의 소중함을 인식하며 학급 홈페이지 아이디를 바꾸어보고, 선플을 달아보도록 한다.	전체	5	☞가정학습 과제로 제시하 여 학급 홈페이지 아이 디를 바꾸어보도록 한다.

학습지

영역	통신언어	주제	선플의 중요성 인식하기	일시	
학습목표	선플의 중요성을 인식하고 자신의 통신 아이디를 바르게 고칠 수 있다.		학년반		이름	

☞ 선플의 중요성을 인식하며 자신의 통신 아이디 예쁘게 꾸미기

이렇게 바꾼 이유:

_____

_____

_____

_____

_____

3. 창의적 체험활동 시간 언어순화 프로그램 구안·적용
(3~4학년용)

창의적 체험활동 시간 언어순화 프로그램 개요(3~4학년용)

구분	회기	영역 내용	주제 및 목표	세부 활동
생활 언어	1	언어폭력의 개념	언어폭력의 개념을 알고, 언어폭력을 막기 위한 필요성 찾을 수 있다.	•모둠 소개하기와 약속하기 •언어폭력의 개념과 언어폭력 예방의 필요성 알기
	2	언어폭력 예방의 필요성	자신의 의식·무의식중에 사용하는 습관성 언어폭력 알기	•모둠 소개하기와 약속하기 •언어폭력의 개념과 언어폭력 예방의 필요성 알기
	3	언어폭력의 문제점	언어폭력이 빚어낸 사회문제 알기	•언어폭력이 일으킨 사건·사고 조사하여 정리하기 •언어폭력의 문제점 인식하고 해결 방안 찾기
	4	언어폭력 해결방안	욕설을 당하는 상황에서 바르게 대처할 수 있다.	•언어폭력이 일으킨 사건·사고 조사하여 정리하기 77 •언어폭력의 문제점 인식하고 해결 방안 찾기
	5	바른 언어 사용	바른 언어를 사용하려는 실천의지를 가질 수 있다.	•배운 점 정리하기 •다짐카드 쓰기
통신 언어	6	통신언어 폭력의 뜻	통신언어폭력이란 무엇인지 알 수 있다.	•통신언어의 필요성 알기 •통신언어폭력의 뜻 알기
	7	통신언어폭력의 실태 알아보기	통신언어폭력의 실태를 바르게 알 수 있다.	•통신언어폭력의 실태 파악하기 •통신언어폭력 피해자에게 편지쓰기
	8	통신언어폭력이 빚어낸 사회문제 알아보기	잘못된 통신언어 사용으로 인한 사회문제를 알 수 있다.	•통신언어 사용으로 인한 사회문제 알아보기 •올바른 통신언어 사용의 중요성 파악하기
	9	자신의 통신언어 생활 습관 파악하기	자신의 통신언어 사용 습관을 알 수 있다.	•자신의 통신언어 사용 습관 알아보기 •올바른 통신언어로 바꿔보기
	10	올바른 통신언어 사용 다짐하기	올바른 통신언어 사용을 다짐하고 실천할 수 있다.	•올바른 통신언어를 사용하는 자신의 모습 그리기 •실천 다짐하기

창의적 체험활동 과정안

영역	생활언어		일시			지도교사	
본시주제	의사소통		지도 대상	3~4학년		장소	교실
						소요시간	40분
학습목표	♣ 언어폭력의 개념을 알고, 언어폭력을 막기 위한 필요성 찾을 수 있다.						
수업전략	학습집단조직	◦ 모둠 – 전체 – 모둠 – 전체					
	중심학습활동	◦ 모둠 소개하기와 약속하기 ◦ 언어폭력의 개념과 언어폭력 예방의 필요성 알기					
교수·학습 자료	일반 자료	교사	활동지 준비, 약속 선언서 준비				
		학생					
	멀티미디어 자료		프레젠테이션 자료				

단계	학습 과정	교수·학습활동	집단 구성	시간 (분)	언어순화(🛸) 자료 및 유의점(☞)
도입	마음 나누기	■ 마음 나누기 ◦ 우리 모둠 소개하기 · 모둠별 이름 짓기, 구성원 소개하기 ◦ 우리의 약속 선언하기 · 모둠원별로 지킬 약속 정하고 선언하기	모둠	10	☞모둠별로 협동하여 모둠의 지향점이나 관심사, 모둠원의 특징이 잘 드러나도록 이름 짓기 🛸 약속 선언문
	학습문제 파악하기	♠ 언어폭력의 개념과 언어폭력 예방의 필요성을 알아보자.			
전개	학습문제 해결하기	■ [활동 1] 언어폭력이란? ◦ 언어폭력에 대한 정의 내리기 · 언어폭력 정의 알기 · 언어폭력의 폐해 찾기 · 언어폭력의 범주 알기	전체	10	🛸 프레젠테이션 (언어폭력 정의, 폐해, 범주)
		■ [활동 2] 우리 주변의 언어폭력 ◦ 우리 주변의 언어폭력 예시 발표하기 · 우리 주변(학교, 가정)의 언어폭력 찾기 · 모둠별로 찾아낸 언어폭력과 그렇게 생각한 이유 발표하기	모둠	13	
정리	학습내용 정리	■ 정리하기 ◦ 오늘 활동의 느낀 점 발표하기	전체	5	
	차시예고	■ 차시 활동 예고 – 나의 말버릇과 행동 발견하기		2	

우리들을 위한 약속

나,_____는 (은)
1. 다른 친구들의 말을 중간에서 자르지 않는다.
2. 다른 친구가 이야기할 때 귀 기울여 듣는다
3. 친구의 의견이 나와 달라도 친구의 의견을 존중한다
4. 친구의 표현이 내 기분에 거슬리더라도
(   ) 하지 않는다
5.
6.
7.

년 월 일

서명 _____

창의적 체험활동 과정안

영역	생활언어	일시		지도교사	
본시주제	의사소통	지도 대상	3~4학년	장소	교실
				소요시간	40분
학습목표	♣ 자신의 의식·무의식중에 사용하는 습관성 언어폭력 알기				
수업전략	학습집단조직	◦ 전체 - 모둠 - 전체			
	중심학습활동	◦ 나의 언어습관 파악하기 ◦ 친구의 언어습관 조언해주기			
교수·학습 자료		활동지			

단계	학습 과정	교수·학습활동	집단 구성	시간 (분)	언어순화(🛸) 자료 및 유의점(☞)
도입	동기유발	■ 마음 나누기 ◦ 친구에게 가장 듣기 싫은 말 찾기 ◦ 친구에게 가장 듣기 싫은 말 찾고 순위 매기기	전체	5	☞발표한 내용 칠판에 쓴 다음 거수로 순위를 정한다. ☞아이들이 싫어하는 말을 하는 것도 언어폭력의 하나임을 인식하게 한다.
	학습문제 파악하기	♣ 습관성 언어폭력을 알고 고치려는 마음 가져보자.		2	
전개	학습문제 해결하기	■ [활동 1] 습관성 언어폭력이란? ◦ 습관성 언어폭력에 대한 정의 내리기 ◦ 말투와 말버릇에 드러난 습관성 언어폭력 발견하기 ◦ 폭력적 태도에 대해 이해하기		10	
		■ [활동 2] 진실게임 ◦ 나에 대한 진실게임 ◦ 나의 말투와 말버릇, 행동 거짓 없이 적기 ◦ 모둠원의 말버릇, 행동 적어주기 ◦ 자신의 활동지 보며 나에 대해 인식하기	모둠	10	🛸 활동지 1 (진실게임)
		■ [활동 3] 느낀 점 나누기 ◦ 활동지 보며 느낀 점 나누기 ◦ 자신의 말버릇, 행동에 대한 자신의 평가와 모둠원의 평가 비교하기 ◦ 느낀 점 나누기	전체	10	🛸 활동지 2 (진실게임 후기)
정리	정리하기	■ 정리하기 ◦ 자기반성과 다짐 발표하기		3	
	차시예고 및 과제제시	■ 차시예고 ◦ 언어폭력이 일으킨 사건 사고 인터넷에서 조사해오기			

♥ 진실게임 ♥

( )모둠 이름:

1. 내가 아는 나의 말버릇과 말투

기분 좋을 때 | 기분 나쁠 때

2. 내가 아는 나의 행동

기분 좋을 때 | 기분 나쁠 때

3. 이럴 땐 너 정말 최고거든(말버릇이나 말투, 행동)

기분 좋을 때 | 기분 나쁠 때

4. 근데 이것만큼은 고쳐 주길 바라(말버릇이나 말투, 행동)

기분 좋을 때 | 기분 나쁠 때

💙 진실게임 후기 💙

(　　)모둠　　이름:

1. 진실게임을 하고 난 후의 느낌은?

- 자기 자신이 자기 스스로를 평가했을 때

2. 진실게임을 하고 난 후에 달라진 것이 있다면?(말투, 행동, 말버릇)

3. 언어폭력을 행하고 있는 나의 모습 또는 친구의 모습은 어떻게 보이나요?

4. 앞으로의 나의 다짐

창의적 체험활동 과정안

영역	생활언어	일시		지도교사	
본시주제	의사소통	지도 대상	3~4학년	장소	교실
				소요시간	40분
학습목표	♣ 언어폭력이 빚어낸 사회문제 알 수 있다.				
수업전략	학습집단조직	◦ 전체 – 모둠 – 전체			
	중심학습활동	◦ 언어폭력이 일으킨 사건·사고 조사하여 정리하기 ◦ 언어폭력의 문제점 인식하고 해결방안 찾기			
교수·학습 자료	일반 자료	교사	활동지		
		학생	언어폭력이 일으킨 사건, 사고 인터넷에서 조사해오기		
	멀티미디어 자료				

단 계	학습과정	교수·학습활동	집단 구성	시간 (분)	언어순화(⬄) 자료 및 유의점(☞)
도입	마음 나누기	■ 동기 유발 ◦ 사회적으로 문제가 된 사건·사고 공통점 찾기 ◦ 언어폭력으로 인해 발생한 사건·사고를 보여주고 공통점 찾게 하기	전체	5	☞공통점으로 언어폭력에 의한 사건·사고라는 말이 나올 수 있도록 유도한다.
	학습문제 파악하기	♣ 언어폭력이 빚어낸 사회문제 알아보자.		2	
전개	학습문제 해결하기	■ [활동 1] 언어폭력이 일으킨 사건·사고 ◦ 언어폭력이 일으킨 사건 사고 듣기 •'김 일병 사건' 듣기 • 언어폭력이 초래할 수 있는 문제점 찾기		10	⬄ 김 일병 사건 인터넷 뉴스자료
		■ [활동 2] 조사한 내용 나누기 ◦ 조사한 내용 정리하기 • 언어폭력이 일으킨 사건·사고 조사한 내용 정리하기 • 느낀 점과 해결 방법 찾기 ◦ 조사한 내용 발표하기	모둠	10	⬄ 활동지
	정리하기	■ 정리하기 ◦ 오늘 활동에서 느낀 점 나누기 • 느낀 점 발표하기 • 자기반성과 다짐 발표하기	전체	10	
	차시예고	■ 차시예고		3	

🖤 언어폭력이 부른 불씨 🖤

( )모둠 이름:

1. 내가 검색한 사건·사고(많이 찾는 조가 점수 많이 얻어요~)

2. 조사한 언어폭력이 불러일으킨 사건·사고에서 느낀 점

_____
_____
_____
_____
_____

3. 언어폭력 예방을 위한 해결 방안

_____
_____
_____

창의적 체험활동 과정안

영역	생활언어		일시		지도교사	
본시주제	의사소통		지도 대상	3~4학년	장소	교실
					소요시간	40분
학습목표	♣ 욕설을 당하는 상황에서 바르게 대처할 수 있다.					
수업전략	학습집단조직	◦ 전체 – 모둠 – 전체				
	중심학습활동	◦ 역할놀이 하기 ◦ 토론과 평가하기				
교수·학습 자료	일반 자료	교사	역할 목걸이			
		학생	활동지			
	멀티미디어 자료	욕설 관련 동영상				

단계	학습 과정	교수·학습활동	집단 구성	시간 (분)	언어순화(🛸) 자료 및 유의점(☞)
문제 확인	동기유발	■ **학습동기 유발하기** ◦ '욕설의 악영향'에 관한 사진 및 동영상 감상하기 ◦ 언어폭력이 신체적 폭력만큼 심각한 영향을 미칠 수 있음을 알게 한다.	전체	7	🛸 욕설관련 사진 및 동영상 자료 ☞자신의 경험을 되짚어 보며, 학습문제와의 연 관성을 생각한다.
	학습문제	■ **학습문제 인식하기** ◦ 학습문제 파악하기			
		♣ 욕설을 당하는 상황에서 바르게 대처 해보자.			
	학습활동 안내	■ **학습활동 안내하기** [활동 1] 역할놀이 하기 [활동 2] 토론과 평가하기			🛸활동지
문제 해결	활동 1	■ **역할놀이 하기** ◦ 배역 정하기 ◦ 필요한 배역을 나누어 정한다.	모둠	15	
	관찰자 준비	◦ 관찰자 준비하기 ◦ 관찰자들은 유진이의 말과 행동에 따라 철수의 반응이 어떻게 달라지는지 지켜본다.			
	실연	◦ 실연하기 ◦ 참가자들은 역할놀이를 시작한다.			
적용 발전	활동 2	■ **토론과 평가하기** ◦ 모둠별 토론, 평가하기 ◦ 세 가지 상황에서 영철이의 반응을 본 후 토론, 평가 한다.		15	
	경험의 공유 및 일반화	■ **학습 정리하기** ◦ 앞으로의 다짐 이야기하기 ◦ 공부한 내용을 실천하려는 다짐을 발표한다.	전체	3	

학습지

영역	생활언어 - 의사소통	주제	올바른 의사소통 방법	일시	
학습목표	욕설을 당하는 상황에서 바르게 대처할 수 있다.	학년반		이름	

역할별 미션

〈해설〉

유진이는 점심시간에 실수로 철수의 주스를 엎질렀습니다. 그러자 철수는 욕설을 하며 유진이에게 계속해서 화를 냈습니다. 유진이는 실수로 한 잘못 때문에 욕설을 들은 것이 화가 났습니다.

〈철수〉

1. 주스를 엎지른 유진이에게 욕설을 하며 화를 낸다.
2. 유진이의 반응에 따라 대응한다.

〈소극적인 유진〉

머뭇거리며 가만히 쳐다본다.

〈악마 유진〉

철수에게 똑같이 화내며 욕설을 한다.

〈천사 유진〉

(진지한 표정과 말투로)
철수야, 주스를 엎질러서 정말 미안해.
그런데 네가 나한테 욕을 하니까 당황스럽고 너무 속상해.

창의적 체험활동 과정안

영역	생활언어		일시		지도교사	
본시주제	의사소통		지도 대상	3~4학년	장소	교실
					소요시간	40분
학습목표	♣ 바른 언어를 사용하려는 실천의지를 가질 수 있다.					
수업전략	학습집단조직	◦ 전체 - 모둠 - 전체				
	중심학습활동	◦ 배운 점 정리하기 ◦ 다짐카드 쓰기				
교수 · 학습 자료	일반 자료	교사	다짐카드			
		학생	활동지			
	멀티미디어 자료					

단 계	학습과정	교수 · 학습활동	집단 구성	시간 (분)	언어순화(🔄) 자료 및 유의점(☞)
문제 확인	동기유발	■ 학습동기 유발하기 ◦ 전 차시 프로그램 떠올리기 · 음악을 들으며 전 차시 프로그램을 떠올린다. ■ 학습문제 인식하기 ◦ 학습문제 파악하기 ♣ 바른 언어를 사용하려는 실천 의지를 다져보자.	전체	5	🔄음악
문제 해결	학습활동 안내	■ 학습활동 안내하기 [활동 1] 배운 점 정리하기 [활동 2] 다짐카드 쓰기			
	활동 1	■ 배운 점 정리하기 ◦ 프로그램의 내용을 정리해보기 · 교사가 전체적으로 정리해준다. · 학생 각자가 프로그램 활동을 되짚어보며, 기억에 남 는 점을 발표한다.	전체	10	
	활동 2	■ 다짐카드 쓰기 ◦ 다짐카드 쓰기 · 자신의 실천 다짐을 적은 다짐카드를 작성한다. · 다짐카드를 돌려보며 친구가 스스로의 다짐을 실천 하기 위해 필요하다고 생각하는 것을 한 가지씩 선 물로 준다. ◦ 느낀 점 이야기하기 · 활동을 통해 느낀 점을 이야기한다. · 다른 친구들의 발표를 듣고 느낀 점을 서로 자유롭 게 이야기한다.	모둠	15	☞ 친구에게 주는 선물 에는 친구가 다짐을 실천하는 데 꼭 필 요한 것을 그림이나 글, 노래 등 다양한 형태로 적어주도록 한다. (예: 용기, 굳 센 마음, 마음의 천 사 등)
적용 발전		■ 학습 정리하기 ◦ 다짐나무에 붙이기 · 다짐카드를 크게 읽고 다짐나무에 붙인다.	전체	5	🔄다짐나무

학습지

영역	생활언어 - 의사소통	주제	올바른 의사소통 방법	일시	20○○. 6.
학습목표	바른 언어를 사용하려는 실천의지를 가질 수 있다.	학년반		이름	

〈다짐카드〉

이름(　　　) 나는 언어폭력 예방을 위해 다음과 같은 행동실천을 다짐합니다.	이름(　　　) 내가 주는 선물은…… 이름(　　　) 내가 주는 선물은……
	이름(　　　) 내가 주는 선물은…… 이름(　　　) 내가 주는 선물은……

창의적 체험활동 과정안

영역	통신언어		일시		지도교사	
본시주제	통신언어 폭력의 뜻		지도대상	3~4학년	장소	교실
					소요시간	40분
학습목표	♣ 통신언어폭력이란 무엇인지 말할 수 있다.					
수업전략	학습집단조직	◦ 전체-모둠-전체				
	중심학습활동	◦ 통신언어폭력의 의미 이해하기				
교수・학습 자료	일반 자료	교사	통신언어 자료 및 기사, 활동지			
		학생	색연필, 가위, 풀, 잡지			
	멀티미디어 자료		프레젠테이션 자료, 동영상 자료			

단계	학습 과정	교수・학습활동	집단 구성	시간 (분)	언어순화(🛸) 자료 및 유의점(☞)
문제 확인	동기유발	■ 학습동기 유발하기 ◦ 자주 사용하는 통신언어 알아보기 ・ 전화, 채팅, 문자메시지 등	전체	5	① 통신언어 예시자료 ☞자기가 알고 있는 통신언어를 발표한다.
문제 추구	학습문제 파악하기	■ 학습문제 인식 ◦ 학습문제 확인하기 ・ 통신언어폭력이란 무엇인지 알아보자.			
	활동안내	■ 활동 안내하기 ◦ 활동에 대한 안내 ・ 자주 사용하는 통신언어 발표하기 ・ 통신언어의 필요성 알아보기 ・ 통신언어폭력의 뜻 알아보기	모둠	5	☞활동에 대한 안내를 구체적으로 하여 학생이 두려움을 갖지 않고 편안하게 활동하도록 한다.
문제 해결	활동하기	■ 학습 활동하기 ◦ 자주 사용하는 통신언어 발표하기 ・ 종류: 전화, 문자메시지, 채팅 등 ・ 대상: 친구, 부모님, 낯선 사람 등 ・ 내용: 안부, 게임 등 ◦ 통신언어의 필요성 알아보기 ・ 손쉽게 대화할 수 있다. ・ 모르는 사람과도 친구가 될 수 있다. ・ 정보를 교환할 수 있다. ◦ 통신언어폭력의 뜻 알아보기 ・ 통신언어를 주고받으며 기분이 나빴던 경험을 이야기한다. ・ 통신언어를 주고받는 과정에서 발생하는 언어폭력을 통신언어폭력이라 한다.	전체 전체	20 5	☞모둠원 모두 활동에 참여하도록 한다.
적용 발전	정리하기	■ 정리 통신언어폭력의 뜻을 알고 통신언어를 바르게 사용하고자 하는 마음을 갖는다.	전체	5	

일주일 내내 웃어라

월요일은 원래부터 웃고
화요일은 화사하게 웃고
수요일은 수수하게 웃고
목요일은 목숨 걸고 웃고
금요일은 금방 웃고 또 웃고
토요일은 토실토실 하게 웃고
일요일은 일어나자마자 웃자
한번 크게 웃자!
하하하하하하하~~~~~~~~~~~~~~!!!

학습지

주제	통신언어폭력의 뜻		일시	
활동목표	통신언어폭력이란 무엇인지 말할 수 있다.	학년반	이름	

1. 통신언어를 쓰면 편리한 점을 두 가지 이상 쓰시오.

2. 통신언어를 주고받으며 기분이 나빴던 경험을 적어보시오.

3. 통신언어폭력의 예를 두 가지 이상 적어보시오.

창의적 체험활동 과정안

영역	통신언어		일시		지도교사	
본시주제	통신언어 폭력의 실태 알아보기	지도 대상		3~4학년	장소	교실
					소요시간	40분
학습목표	♣ 통신언어폭력의 실태를 바르게 알 수 있다.					
수업전략	학습집단조직	◦전체-모둠-전체				
	중심학습활동	◦통신언어폭력의 실태 파악하기				
교수·학습 자료	일반 자료	교사	통신언어폭력의 예시 자료, 활동지			
		학생	색연필, 가위, 풀, 잡지			
	멀티미디어 자료		프레젠테이션 자료, 동영상 자료			

단계	학습 과정	교수·학습활동	집단 구성	시간 (분)	언어순화(🛸) 자료 및 유의점(☞)
문제 확인	동기 유발	■ 학습동기 유발하기 ◦통신언어폭력 때문에 정신적 피해사례 보기 •동영상을 통해 통신언어폭력으로 인해 정신적 상처를 입은 사례를 제시한다.	전체	5	① 통신언어폭력 피해 동영상 ☞자기가 알고 있는 통신언어를 발표한다.
	학습문제 파악하기	■ 학습 문제 인식 ◦학습문제 확인하기 •통신언어폭력의 실태를 바르게 알아보자.			
문제 추구	활동 안내	■ 활동 안내하기 ◦활동에 대한 안내 •통신언어폭력의 실태 파악하기 •알게 된 점 발표하기 •통신언어폭력의 피해자들에게 편지 쓰기	모둠	5	☞활동에 대한 안내를 구체적으로 하여 학생이 두려움을 갖지 않고 편안하게 활동하도록 한다.
문제 해결	활동 하기	■ 학습 활동하기 ◦통신언어폭력의 실태 파악하기 •전화 통화에서의 언어폭력 •인터넷을 통한 언어폭력 •문자메시지를 통한 언어폭력 ◦알게 된 점 발표하기 •통신언어폭력의 실태를 통해 알게 된 점을 발표해 본다. ◦통신언어폭력의 피해자들에게 편지 쓰기 •통신언어폭력을 통해 정신적 피해를 본 사람들에게 위로의 편지를 쓴다.	전체	25	☞ 자신의 통신언어 점수를 솔직하게 적을 수 있도록 허용적인 분위기를 유도한다.
적용 발전	정리하기	■ 정리		5	

학습지

주제	통신언어폭력의 실태 알아보기		일시	
활동목표	통신언어폭력의 실태를 바르게 알 수 있다.	학년반	이름	

* 통신언어폭력으로 인해 상처받은 친구에게 위로의 편지를 써보아요.

창의적 체험활동 과정안

영역	통신언어		일시		지도교사	
본시주제	자신의 통신언어 사용 습관		지도 대상	3~4학년	장소	교실
					소요시간	40분
학습목표	♣ 자신의 통신언어 사용 습관을 말할 수 있다.					

수업전략	학습집단조직	◦ 전체 – 모둠 – 전체
	중심학습활동	◦ 자신의 통신언어 사용 습관 돌아보기 ◦ 올바른 통신언어 사용 필요성 알기

교수·학습 자료	일반 자료	교사	통신언어 자료 및 기사
		학생	포스트잇, 학습지, 색연필
	멀티미디어 자료		프레젠테이션 자료, 동영상 자료

단계	학습 과정	교수·학습활동	집단 구성	시간 (분)	언어순화(🛸) 자료 및 유의점(☞)
문제 확인	동기유발	■ 학습동기 유발하기 ◦ 동영상 자료 보기 · 친구들과 약어, 은어로 문자를 주고받고 채팅을 하는 초등학생의 모습을 동영상으로 살펴본다.	전체	5	① 통신언어 사용 동영상 자료 ☞자유롭게 느낀 점을 발표한다.
	학습문제 파악하기	■ 학습문제 인식 ◦ 학습문제 확인하기 · 자신의 통신언어 사용 습관을 알아보자.			
문제 추구	활동안내	■ 활동 안내하기 ◦ 활동에 대한 안내 · 활동지를 보고 통신언어의 의미 알기 · 자신이 자주 사용하는 통신언어 적어보기 · 잘못된 통신언어 바르게 바꿔보기	모둠	5	☞칠판에 학습 순서를 안내한다.
문제 해결	활동하기	■ 학습 활동하기 ◦ 활동지를 보고 통신언어의 의미 알기 · 활동지를 모둠별로 나누어준다. · 활동지에 있는 통신언어의 의미를 설명한다. ◦ 자신이 자주 사용하는 통신언어 적어보기 · 활동지에 자신이 자주 사용하는 통신언어를 간단하게 쓴다. ◦ 잘못된 통신언어 바르게 바꿔보기 · 모아진 여러 가지 통신언어를 바른 표현으로 바꾸어 표현한다.	개인	25	☞학습지 ☞모둠원 모두 활동에 참여하도록 한다.
적용 발전	정리하기	■ 정리	전체	5'	

학습지 - 1

주제	자신의 통신언어 생활 습관		일시	
활동목표	자신의 통신언어 사용 습관을 말 수 있다.	학년 반	이름	

* 통신언어가 뭐야?

채팅 중~ 영은: 나 오늘 생일이야! 은철: ㅊㅋㅊㅋ 영은: 레알 ㄱㅅ 은철: 한턱 쏴!! 영은: ㅋㅋ	따르르릉 영은: 여보세요. 엄마: 영은아! 생일 축하한다. 영은: 네. 감사합니다.

1. 통신언어란?

2. 위 대화 속에서 더 좋은 통신언어라고 생각되는 것과 그 이유는?

학습지 - 2

주제	자신의 통신언어 생활 습관		일시	
활동목표	자신의 통신언어 사용 습관을 말할 수 있다.	학년반	이름	

1. 내가 자주 쓰는 통신언어에는 어떤 것이 있을까?

2. 내가 자주 쓰는 통신 언어 중 잘못된 통신언어를 더 아름답게 바꾸어봅시다.

창의적 체험활동 과정안

영역	통신언어		일시			지도교사	
본시주제	통신언어 폭력이 빚어낸 사회문제 알아보기		지도 대상	3~4학년		장소	교실
						소요시간	40분
학습목표	♣ 잘못된 통신언어 사용이 빚어낸 사회문제를 정확히 알 수 있다.						
수업전략	학습집단조직	◦ 전체 - 모둠 - 전체					
	중심학습활동	◦ 잘못된 통신언어 사용이 빚어낸 사회문제 파악하기 ◦ 올바른 통신언어 사용의 필요성 알기					
교수·학습 자료	일반 자료	교사	통신언어 자료 및 기사				
		학생	포스트잇, 학습지				
	멀티미디어 자료	프레젠테이션 자료, 동영상 자료					

단 계	학습과정	교수·학습활동	집단구성	시간(분)	언어순화(🐟) 자료 및 유의점(☞)
문제 확인	동기유발	■ 학습동기 유발하기 ◦ 잘못된 통신언어 사용으로 인한 사회문제 ◦ 뉴스를 통하여 잘못된 통신언어가 큰 사회문제로 발전한 사례를 제시한다.	전체	5	① 통신언어 사용 동영상 자료 ☞두 모둠 정도의 발표를 들어본다.
	학습문제 파악하기	■ 학습문제 인식 ◦ 학습문제 확인하기 ◦ 잘못된 통신언어 사용으로 인한 사회문제를 알아보자.			
문제 추구	활동 안내	■ 활동 안내하기 ◦ 활동에 대한 안내 ◦ 통신언어 사용으로 인한 사회문제 알아보기 ◦ 사례에 대한 자신의 생각 적어보기 ◦ 올바른 통신언어 사용의 중요성 파악하기	모둠	5	☞활동에 대한 안내를 구체적으로 하여 학생이 두려움을 갖지 않고 편안하게 활동하도록 한다.
문제 해결	활동 하기	■ 학습 활동하기 ◦ 통신언어 사용으로 인한 사회문제 알아보기 ◦ 제시한 사례, 조사한 사례를 발표하며 잘못된 통신언어 사용이 큰 문제를 일으킴을 알기 ◦ 사례에 대한 자신의 생각 적어보기 ◦ 올바른 통신언어 사용의 중요성 파악하기 ◦ 사례를 통해 올바른 통신언어 사용의 중요성 깨닫기	개인	25	☞ 상황을 발견할 수 있도록 참고 설명을 해준다.
적용 발전	정리 하기	■ 정리 잘못된 통신언어 사용이 심각한 사회문제를 야기함을 깨닫고 올바른 사용을 위해 노력하기	전체	5	

학습지

주제	잘못된 통신언어 사용으로 인한 사회문제 사례 파악		일시	
활동목표	잘못된 통신언어 사용이 심각한 사회문제를 일으킴을 안다.	학년반	이름	

1. 사례에 대한 자신의 생각 적기

2. 올바른 통신언어 사용이 중요한 까닭은 무엇일까요?

창의적 체험활동 과정안

영역	통신언어		일시		지도교사	
본시주제	올바른 통신언어 사용 다짐하기	지도 대상		3~4학년	장소	교실
					소요시간	40분
학습목표	♣ 올바른 통신언어 사용을 다짐하고 실천할 수 있다.					

수업전략	학습집단조직	◦ 전체 - 모둠 - 전체
	중심학습활동	◦ 올바른 통신언어 알아보기 ◦ 올바른 통신언어 사용 다짐하기

교수·학습 자료	일반 자료	교사	통신언어 자료 및 기사
		학생	포스트잇, 학습지
	멀티미디어 자료		프레젠테이션 자료, 동영상 자료

단계	학습 과정	교수·학습활동	집단 구성	시간 (분)	언어순화(⬥) 자료 및 유의점(☞)
문제 확인	동기유발	■ **학습동기 유발하기** ◦ 올바른 통신언어를 사용하는 사람과 그렇지 않은 사람의 대화 모습 보기 · 동영상을 보며 올바른 통신언어 사용과 그렇지 않은 모습을 비교하고 발표해보도록 한다.	전체	5	① 통신언어 사용 동영상 자료 ☞두 모둠 정도의 발표를 들어 본다.
	학습문제 파악하기	■ **학습 문제 인식** ◦ 학습문제 확인하기 · 올바른 통신언어를 사용하기			
문제 추구	활동안내	■ **활동 안내하기** ◦ 활동에 대한 안내 · 올바른 통신언어를 사용하는 자기 모습 그려보기 · 실천 다짐하기 ◦ 활동에 대한 안내를 구체적으로 하여 학생이 두려움을 갖지 않고 편안하게 활동하도록 한다.	개인	5	☞칠판에 학습 순서를 안내한다.
문제 해결	활동하기	■ **학습 활동하기** ◦ 올바른 통신언어를 사용하는 자신의 모습 그려보기 · 활동지를 나누어준다. · 자신의 모습을 상상하며 그리기 ◦ 실천 다짐하기 · 실천을 위한 다짐문을 함께 읽기 · 친구들 앞에서 자신의 모습을 듣고 실천 다짐하기	개인	25	☞상황을 발견할 수 있도록 참고 설명을 해준다.
적용 발전	정리하기	■ **정리** 자신의 모습을 상상하고 최대한 멋진 사람이 되도록 노력하려는 다짐문을 낭송하고 친구들 앞에서 공언하는 활동을 통해 생활 속에서 올바른 통신언어를 사용하도록 한다.	전체	5	

환경운동은 인간운동이다.

생활운동이다. 생명운동이다.

평화운동이다. 방향전환운동이다.

화해운동이다.

삶의 기본철학을 정립하고 실천을 바꾸는 운동이다.

재활용, 음식물 쓰레기 줄이기.

학습지 - 1

주제	올바른 통신언어 사용을 위한 다짐하기		일시	
활동목표	올바른 통신언어 사용을 다짐하고 실천하다.	학년반	이름	

1. 올바른 통신언어를 사용하는 자신의 모습을 만화로 완성해보자.

주제	잘못된 통신언어 사용으로 인한 사회문제 사례 파악		일시	
활동목표	잘못된 통신언어 사용이 심각한 사회문제를 일으킴을 안다.	학년반	이름	

나의 다짐

4. 창의적 체험활동 시간 언어순화 프로그램 구안·적용
(5~6학년용)

창의적 체험활동 시간 언어순화 프로그램 개요(5~6학년용)

구분	회기	영역 내용	주제 및 목표	세부 활동
생활 언어	1	프로그램 안내 및 언어폭력 사전검사	집단원 간에 친밀감을 형성하기	◦ 프로그램 소개하기 ◦ 약속 정하고 서약서 쓰기 ◦ 별칭 짓고 소개하기
	2	의사소통	의사소통하는 방법 익히기	◦ 비폭력 언어로 자기표현 하기 ◦ 비폭력 언어로 경청하기 ◦ 비폭력 언어로 문제 해결하기
	3	의사소통	의사소통하는 방법	◦ 언어폭력에 대해 이해하기 ◦ 욕의 사용 실태 알기 ◦ 욕을 하는 대신 비폭력 언어로 자기 표현 하기
	4	의사소통	의사소통하는 방법	◦ 무시하는 말 대신 비폭력 언어로 자기 표현 하기 ◦ 무시하는 말 대신 비폭력 언어로 경청 하고 공감하기
	5	프로그램 정리 및 언어폭력 사후검사	실천의지를 다지고, 프로그램을 정리하며 느낀 점을 발표·평 가하기	◦ 배운 점 정리하기 ◦ 다짐카드 쓰기 ◦ 느낀 점 발표하고, 프로그램 평가하기
통신 언어	6	손전화의 언어와 윤리	휴대전화의 유용성을 알고 네 티켓을 만들어 실천하기	◦ 휴○○화의 장점과 단점 알아보기 ◦ 엄지문화에 대해 토론하기 ◦ 휴대전화 네티켓 만들기
	7	전자우편의 언어와 윤리	전자통신 예절 지키며 전자우편 사용하기	◦ 바른 언어를 사용하여 전자우편 작성 하기 ◦ 스팸메일 처리방안 토의하기
	8	대화방의 언어생활	대화방에서의 올바른 의사소통 방법 알기	◦ 대화방에서의 언어모습 확인하기 ◦ 자신의 언어생활 반성하기
	9	인터넷 게시판의 올바른 언어 사용	인터넷 게시판에서 지켜야 할 예절을 알고 올바른 언어 사 용하기	◦ 인터넷 게시판을 보고, 인터넷 게시 판의 문제점 찾기 ◦ 게시판의 표현을 적절하게 바꾸어보기
	10	인터넷 사이트의 언어	인터넷 통신언어를 순화하고 반 사회적 사이트에서의 네티켓을 알기	◦ 반사회적 사이트의 글 순화하여 고치기 ◦ 친구에게 마음을 전하는 편지 쓰기 ◦ 반사회적 사이트에서의 네티켓 찾기

창의적 체험활동 과정안

영역		생활 언어	일시			지도교사	
본시주제		프로그램 안내 및 언어폭력 사전검사	지도 대상	5～6학년		장소	교실
						소요시간	40분
학습목표		♣ 프로그램의 목적과 성격을 이해하고, 집단원 간에 친밀감을 형성할 수 있다.					
수업전략	학습집단조직	◦ 전체 – 모둠 – 전체					
	중심학습활동	◦ 프로그램 소개하기 ◦ 약속 정하고 서약서 쓰기 ◦ 별칭 짓고 소개하기					
교수·학습 자료	일반 자료	교사	활동지(퀴즈, 서약서), 이름표, 스티커판, 스티커				
		학생	색연필, 사인펜				
	멀티미디어 자료	·					

단계	학습 과정	교수·학습활동	집단 구성	시간 (분)	언어순화(🛸) 자료 및 유의점(☞)
도입	동기유발	■ 학습동기 유발하기 ◦ '언어폭력'이 답인 퀴즈 맞히기 · '언어폭력'이 답인 퀴즈를 맞히며 프로그램을 도입한다.	전체	3	① 퀴즈 자료 ☞자신의 경험을 되짚어 보며, 학습문제와의 연관성을 생각한다.
	학습문제 확인	■ 학습문제 확인하기 ♣ 프로그램의 목적과 성격을 이해하고, 집단원 간에 친밀감을 형성해보자.			
	학습활동 안내	■ 학습활동 안내 [활동 1] 프로그램 소개하기 [활동 2] 약속 정하고 서약서 쓰기 [활동 3] 별칭 짓고 소개하기			
전개	활동 1	■ 프로그램 소개하기 · 이 프로그램은 언어폭력 상황에서 자기표현, 경청, 공감, 문제 해결을 익히는 의사소통훈련을 하여 언어폭력을 예방하기 위한 것임을 소개한다. · 학교에서 친구들에게 하루 동안 폭력적인 언어를 사용하지 않은 경우, 스스로 폭력적인 언어 대신 비폭력 언어표현을 실천한 경우 친구가 스티커를 붙이고, 프로그램이 끝날 때 스티커를 많이 모은 학생에게 명예상장을 줄 것임을 알려준다.		35	
	활동 2	■ 약속 정하고 서약서 쓰기 ◦ 토의를 통해 약속 정하기 · 학급 토의를 통해 학생들 스스로 '우리가 지켜야 할 약속'을 정한다. ◦ 서약서 쓰기 · 서약서의 내용을 크게 읽은 뒤, 각자 서약서에 서명을 한다.			② 서약서 활동지 ☞약속을 정할 때, 프로젝션 TV 화면을 띄워놓고 토의에서 정해진 약속을 한글 문서로 적고 완성된 서약서는 프린트하여 학생 각자가 서명하도록 한다.

	활동 3	■ 별칭 짓고 소개하기	모둠		③ 이름표
		◦ 별칭 정하기 ・프로그램 활동 중 불리고 싶은 별칭을 정해서 별칭을 　나타내는 그림과 함께 이름표에 적는다. ◦ 별칭 소개하기 ・모둠원에게 자신의 별칭과 그렇게 정한 이유를 밝히 　면서 별칭을 소개한다.			④ 색연필, 사인펜 ☞활동 중에는 별칭을 정 　한 이유를 생각하며 서 　로 존중하는 마음으로 　이름 대신 별칭을 부르 　도록 한다.
정리	정리하기	■ 정리하기 ◦ 느낌 발표하기 ・활동 후 생각과 느낌을 발표한다.	전체	2	

퀴즈자료

☺ 다음 퀴즈의 정답은 무엇일까요?

1. 우리 반 교실에서 일어나는 일 중의 하나입니다.

2. 친구 사이에서 주로 일어나는 일 중의 하나입니다.

3. 내가 하기도 하고, 당하기도 합니다.

4. 의도적으로 일어나기도 하고 의도하지 않았는데 일어나기도 합니다.

5. 이것을 하거나 당하면 기분이 나빠집니다.

6. 말이 중심이 되어 일어납니다.

7. 욕, 무시하는 말, 막말, 업신여기거나 낮추는 말, 명령이나 협박 하는 말, 다른 친구에 대한 흉이나 나쁜 말, 화내며 소리 지르는 말, 외모나 성격·능력에 대해 놀리는 말 등을 모두 포함하는 단어입니다.

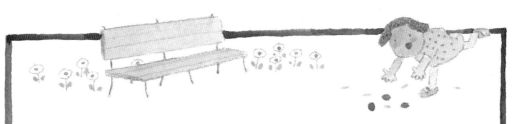

서약서

앞으로 나는 언어폭력 예방을 위한 의사소통훈련 프로그램에 참가
하면서 친구의 자아개념을 손상시키거나 친구에게 모욕감을 주는
언어폭력 상황에서 자기표현 하기, 경청하기, 공감하기, 문제 해결
하기를 익히는 의사소통훈련을 하는 시간을 가질 것입니다.
이와 같이 프로그램의 목적 및 내용에 대해 안내받은 바에 따라
다음과 같이 약속을 정하고 지킬 것을 약속합니다.

〈우리가 지켜야 할 약속〉(예시)

1. 프로그램에 성실하게 참여하겠습니다.
2. 친구들의 개인적인 이야기에 대해서 비밀을 지키겠습니다.
3. 진지하게 생각하여 나의 생각을 말하고, 다른 사람의 생각 또한
   존중하겠습니다.
4. 알게 된 것을 생활 속에서 실천하려고 노력하겠습니다.

20○○년   월   일

이름: (서명)

창의적 체험활동 과정안

영역	생활언어	일시		지도교사	
본시주제	의사소통	지도 대상	5~6학년	장소	
				소요시간	40분
학습목표	♣ 명령이나 협박하는 말 대신 의사소통하는 방법을 익힐 수 있다.				
수업전략	학습집단조직	◦ 전체-모둠-전체			
	중심학습활동	◦ 명령이나 협박하는 말 대신 비폭력 언어로 자기표현 하기 ◦ 명령이나 협박하는 말 대신 비폭력 언어로 경청하기 ◦ 명령이나 협박하는 말 대신 비폭력 언어로 문제 해결하기			
교수·학습 자료	일반 자료	교사	'명령, 협박은 그만' 학습지1·2, 소감문, 색깔카드		
		학생			
	멀티미디어 자료	영화 '우리들의 일그러진 영웅'			

단계	학습 과정	교수·학습활동	집단 구성	시간 (분)	언어순화(🛸) 자료 및 유의점(☞)
문제 확인	동기유발	■ 학습동기 유발하기 ◦ '우리들의 일그러진 영웅' 제시하기 · 명령이나 협박하는 말 찾아보게 한다.	전체	5	① 우리들의 일그러진 영웅 동영상 자료
문제 해결	자기표현	■ 명령이나 협박하는 말 대신 비폭력 언어로 자기표현 하기 ◦ 우리 반에서 자주 쓰이는 명령이나 협박하는 말이 무엇인지 발표하기 ◦ 제시된 상황을 4컷 만화로 그린 후 말 주머니에 명령이나 협박하는 말 대신 비폭력 언어로 자기표현을 적어보기 ◦ 2인 1조가 되어 자기표현 연습하기	모둠	8	② 학습지-1 생활언어: 비폭력 언어로 자기를 표현하게 한다.
	경청·공감	■ 명령이나 협박하는 말 대신 비폭력 언어로 경청하고 공감하기 ◦ 같은 상황에서 4컷 만화를 그리고 말 주머니에 비폭력 언어로 경청, 공감 표현 적기 ◦ 2인 1조가 되어 경청, 공감표현 연습하기	모둠	7	③ 학습지-1 생활언어: 비폭력 언어로 다른 사람을 이해하도록 한다.
	문제해결	■ 명령이나 협박하는 말 대신 비폭력 언어로 문제 해결하기 ◦ 연습한 자기표현과 경청, 공감표현을 사용하여 비폭력 언어로 문제를 해결해보기 ◦ 문제 해결방법을 역할극으로 발표하고 색깔카드로 피드백 주고받기	모둠	15	④ 학습지-1 ⑤ 색깔카드
정리	소감발표	■ 정리하기 ◦ 소감문을 작성하고 발표하게 하기	전체	5	⑥ 학습지-2

학습지 1 – 명령, 협박은 이제 그만

영역	생활언어 – 의사소통	주제	올바른 의사소통 방법	일시	20○○. .
학습목표	명령이나 협박하는 말 대신 의사소통하는 방법을 익힐 수 있다.		학년반	이름	

● 다음 상황에서 명령이나 협박하는 말 대신 비폭력 언어로 문제를 해결해봅시다.

> 연극을 위해 역할을 정하고 있었다. 내가 '토끼' 역할을 맡겠다고 했는데 갑자기 미실이 자기가 먼저 '토끼' 역할을 하기로 했다며 말싸움이 붙었다. 결국 가위바위보에서 이긴 내가 그 역할을 맡게 되자, 미실은 나에게 "끝나고 보자. 죽여버린다"라고 말했다. 그 말을 들은 나도 미실에게 협박하는 말을 하고 싶어졌다.

● 4컷 만화로 자기표현 하기

● 4컷 만화로 경청, 공감 표현하기

◯ 명령이나 협박하는 말을 했거나 들었던 상황을 자세하게 적어보고, 명령이나 협박하는 말 대신 비폭력 언어로 문제를 해결해봅시다.

```


```

◯ 역할극으로 문제를 해결하여 봅시다. (자기표현, 경청·공감표현도 넣으세요.)

(   ): _____

_____

(   ): _____

_____

* 빈 곳에 대화를 더 써 넣으세요.

학습지 2 - 활동을 하고 나서……

영역	생활언어 – 의사소통	주제	올바른 의사소통 방법		일시	20○○. .
학습목표	명령이나 협박하는 말 대신 의사소통하는 방법을 익힐 수 있다.		학년반		이름	

◑ 이번 시간의 활동을 하고 나서 알게 된 사실, 자신의 생각과 느낌을 기록해보세요.

1. 활동을 하고 난 뒤, 배운 점은 무엇인가요?

2. 활동을 하고 난 뒤, 생각하거나 느낀 점은 무엇인가요?

창의적 체험활동 지도안

영역	생활언어	일시		지도교사	
본시주제	의사소통	지도 대상		장소	각 반 교실
				소요시간	40분
학습목표	♣ 언어폭력에 대해 이해하고 욕을 대신할 수 있는 의사소통 방법을 알 수 있다.				
수업전략	학습집단조직	◦ 전체-모둠-전체			
	중심학습활동	◦ 언어폭력에 대해 이해하기 ◦ 욕의 사용 실태 알기 ◦ 욕을 하는 대신 비폭력 언어로 자기표현 하기			
교수·학습 자료	일반 자료	교사	애니메이션, 학습지-2		
		학생	포스트잇		
	멀티미디어 자료	한국정보문화진흥원 동영상			

단 계	학습 과정	교수·학습활동	집단 구성	시간 (분)	언어순화(🛸) 자료 및 유의점(☞)
문제 확인	동기유발	■ 언어폭력에 대해 이해하기 ◦ 언어폭력 예방 애니메이션, 동영상 ・내가 생각하는 언어폭력을 정의해본다. ・언어폭력이란 무엇인지 토의하게 한다. ・우리 반의 언어폭력 실태결과의 내용을 확인하고 심각한 문제의 언어폭력 유형이 욕임을 인식한다.	*전체	10	① 언어폭력 예방 애니메이션(언어적 폭력-말도 상처가 돼요. http://www.youtube.com/watch?v=MbDsH8gWqjA), 학습지
		■ 욕의 사용 실태 알기 ◦ 우리 반의 욕의 사용 실태 파악하기 ・모둠별로 우리 반의 욕의 사용 실태 조사계획을 세운다. ・조사한 내용을 바탕으로 '우리 반 욕의 현주소'에 모둠별 보고서를 작성한다.		15	① 학습지
		■ 욕을 하는 대신 비폭력 언어로 자기표현 하기 ◦ 비폭력 언어로 자기표현 하기 ・모둠별로 욕을 사용하는 여러 상황을 생각해보고 욕 대신 비폭력 언어로 자기표현을 글로 작성해본다. ・역할극으로 발표하고 피드백한다.		15	① 학습지

학습지

영역	생활언어 - 의사소통	주제	언어폭력	일시	
학습목표	언어폭력의 개념을 이해할 수 있다.	학년반		이름	

〈 언어폭력 사전카드 〉

☺ 내가 생각하는 <u>언어폭력</u>이란……

학습지

영역	생활언어 – 의사소통	주제	욕하지 않기		일시	
학습목표	우리들의 언어 사용 실태를 파악할 수 있다.		학년반		이름	

우리 반 '욕'의 현주소

☺ 모둠별로 우리 반의 욕의 사용 실태를 알아봅시다.

☀(   )모둠원: _____

1. 주로 하는 욕은 무엇인가요?

2. 어떤 경우에 욕을 하게 되나요?

3. 욕의 뜻을 아는 대로 적어보세요.

4. 욕을 하고 나면 어떤 생각이나 느낌이 드나요?

5. 욕을 줄이려면 어떻게 해야 할까요?

학습지

영역	생활언어 - 의사소통	주제	욕하지 않기	일시	
학습목표	비폭력 언어로 자신을 표현할 수 있다.	학년반		이름	

☺ 다음 상황에서 욕 대신 비폭력 언어로 자기표현을 해봅시다.

☞ **상황 1**

점심시간에 먹기 싫은 야채를 먹고 있는데 수호가 다가오더니 "찔찔아~, 이것도 못 먹냐? 그러니까 키가 안 크지"라고 말했다. 그 말을 들은 나는 화가 나서 수호에게 욕을 하고 싶어졌다.

1. 있는 그대로의 상황 **관찰하기**
"내가 야채를 먹고 있는데 네가 와서 _____(라고) 말했을 때"

2. 나의 **느낌 말하기**
"나는 _____(느낌이 들었어)."

3. 나의 **욕구 찾기**
"왜냐하면 나는 _____하고 싶었기 때문이야."

4. 나의 **부탁 말하기**
"네가 _____(해주었으면 좋겠어)."

☞ **상황 2**

쉬는 시간에 친구들과 얘기하고 있는데 갑자기 호동이가 내 머리를 툭 치면서 "찌랭아, 안녕?" 하더니 깔깔 웃으며 도망갔다. 나는 화가 나서 호동이에게 욕을 하고 싶어졌다.

1. 있는 그대로의 상황 **관찰하기**
"내가 친구들과 얘기하고 있는데 네가 내 머리를 툭 치면서 _____(라고) 말했을 때"

2. 나의 **느낌 말하기**
"나는 _____(느낌이 들었어)."

3. 나의 **욕구 찾기**
"왜냐하면 나는 _____하고 싶었기 때문이야."

4. 나의 **부탁 말하기**
"네가 _____(해주었으면 좋겠어)."

창의적 체험활동 지도안

영역	생활언어	일시		지도교사	
본시주제	의사소통	지도 대상	5~6학년	장소	6 - 교실
				소요시간	40분
학습목표	♣ 무시하는 말 대신 비폭력 언어로 문제를 해결할 수 있다.				

수업전략	학습집단조직	∘ 전체 - 모둠 - 전체
	중심학습활동	∘ 무시하는 말 대신 비폭력 언어로 자기표현 하기 ∘ 무시하는 말 대신 비폭력 언어로 경청하고 공감하기

교수·학습 자료	일반 자료	교사	사탕, 색깔카드(빨 - 잘됨, 파 - 잘못됨, 노 - 모르겠음)
		학생	활동지
	멀티미디어 자료		'말에 관한 속담 알아맞히기' 프레젠테이션 자료

단계	학습 과정	교수·학습활동	집단 구성	시간 (분)	언어순화(⇔) 자료 및 유의점(☞)
문제 확인	동기 유발	■ 학습동기 유발하기 ∘ '말에 관한 속담 알아맞히기' 게임하기 ·말로 하는 표현의 중요성을 느끼게 한다.	전체	5	① '말에 관한 속담 알아 맞히기' PPT ☞자신의 경험을 되짚어보 며 말의 중요성을 생각 하게 한다.
문제 해결 방법 찾기	생각 모으기	■ 무시하는 말 대신 비폭력 언어로 자기표현 하기 ∘ 우리 반에서 자주 쓰이는 친구를 무시하는 말은 무엇인 지 발표하기 ·어떤 상황에서 그런 말이 오고 가는지 이야기하게 한다. ∘ 모둠별로 제시된 상황에서 무시하는 말 대신 비폭력 언어 로 자기표현 하는 연습하기('무시하는 말은 싫어' 활동지) ■ 무시하는 말 대신 비폭력 언어로 경청하고 공감하기 ∘ 같은 상황에서 무시하는 말 대신 비폭력 언어로 경청하고 공감하는 연습하기	모둠	30	② 학습지
문제 해결 하기	역할 놀이	■ 무시하는 말 대신 비폭력 언어로 문제 해결하기 ∘ 연습한 자기표현과 경청, 공감표현을 사용하여 비폭력 언어로 문제를 해결하기 ·문제 해결 방법을 역할극으로 발표하고, 색깔로 피드백을 준다.	모둠	5	③ 색깔카드, 사탕 ☞색깔카드는 모든 학생 들이 각각 3장씩 가지고 있다가 역할극을 본 뒤, 카드를 들어 그 이유 를 말하고 수정해주는 데 사용한다.
정리 하기		■ 활동 후 생각과 느낌 발표하기 ∘ 자신과 친구들의 문제 해결 방법을 비교해보고 더 적합 한 방법을 선택하여 생각과 느낌을 발표하기	전체		

학습지

영역	생활언어 - 의사소통	주제	무시하는 말은 싫어!	일시	
학습목표	무시하는 말 대신 비폭력적 언어로 문제를 해결할 수 있다.	학년반		이름	

무시하는 말은 싫어!

🍎 다음 상황에서 무시하는 말 대신 비폭력 언어로 문제를 해결하여 봅시다.

> 미술시간에 나는 색연필을 안 가져왔다. 그것을 본 내 짝 연아가 "너 색연필 안 가져왔구나? 완전 찌질해. 지난번에 내가 물감 안 가져왔을 때 비웃더니 쌤통이다"라고 말했다. 그 말을 들은 나는 화가 나서 연아를 무시하는 말을 하고 싶어졌다.

♥ 자기표현 하기 ♥

1. 있는 그대로의 상황 관찰하기
"내가 미술시간에 색연필을 안 가져왔는데 네가 나에게 ＿＿＿＿＿＿＿(라고)말했을 때"

2. 나의 느낌 말하기
"나는 ＿＿＿＿＿＿＿＿＿＿＿＿＿＿＿ (느낌이 들었어)."

3. 나의 욕구 찾기
"왜냐하면 나는 ＿＿＿＿＿＿＿＿＿＿＿＿＿ 때문이야."

4. 나의 부탁 말하기
"네가 ＿＿＿＿＿＿＿＿＿＿＿＿＿ (해주었으면 좋겠어)."

♥ 경청, 공감 표현하기 ♥

1. 있는 그대로의 상황 관찰하기
"네가 미술시간에 색연필을 안 가져왔는데 네가 나에게 ＿＿＿＿＿＿＿(라고)말했을 때"

2. 상대방의 느낌 말하기
"너는 나에게 ＿＿＿＿＿＿＿＿＿＿＿＿＿ (느낌이 들었구나)."

3. 상대방의 욕구 찾기
"왜냐하면 너는 ＿＿＿＿＿＿＿＿＿＿＿＿＿ 때문이야."

4. 상대방에게 부탁 말하기
"너는 내가 ＿＿＿＿＿＿＿＿＿＿＿＿＿ 바랐을 거야."

창의적 체험활동 과정안

영역	생활 언어	일시		지도교사	
본시주제	프로그램 정리 및 언어폭력 사후검사	지도대상	6학년	장소	교실
				소요시간	40분
학습목표	♣ 실천의지를 다지고, 프로그램을 정리하며 느낀 점을 발표·평가할 수 있다.				
수업전략	학습집단조직	◦ 전체 - 모둠 - 전체			
	중심학습활동	◦ 프로그램을 통해 배운 점 정리하기 ◦ 다짐카드 쓰기 ◦ 프로그램을 하며 느낀 점 발표하고, 프로그램 평가하기			
교수·학습자료	일반 자료	교사	활동지(다짐카드, 소감문, 상장)		
		학생	색연필, 사인펜		
	멀티미디어 자료	잔잔한 음악			

단계	학습과정	교수·학습활동	집단구성	시간(분)	언어순화(🛸) 자료 및 유의점(☞)
도입	동기유발	■ 학습동기 유발하기 ◦ 프로그램 떠올리기 · 잔잔한 음악을 들으며 그동안 했던 프로그램을 떠올리도록 한다.	전체	5	① 잔잔한 음악
	학습문제 확인	■ 학습문제 확인하기 ♣ 실천의지를 다지고, 프로그램을 정리하며 느낀 점을 발표·평가해보자.			
	학습활동 안내	■ 학습활동 안내 [활동 1] 배운 점 정리하기 [활동 2] 다짐카드 쓰기 [활동 3] 느낀 점 발표하고 평가하기			
전개	활동 1	■ 배운 점 정리하기 ◦ 프로그램을 통해 배운 점 정리하기 · 그동안 했던 프로그램의 내용을 교사가 전체적으로 정리해준다. · 학생 각자가 활동을 되짚어보며, 기억에 남는 점을 발표한다.		32	
		■ 다짐카드 쓰기 ◦ 실천다짐을 적은 다짐카드 쓰기 · 프로그램을 통해 배운 내용을 생활 속에서 실천할 수 있도록 자신의 실천다짐을 적은 다짐카드를 작성한다.	모둠		② 다짐카드 ③ 색연필, 사인펜

	활동 2	◦ 다짐카드 돌려 읽기 ・모둠원들과 다짐카드를 돌려보며, 친구가 스스로의 다짐을 실천하기 위해 필요하다고 생각하는 것을 한 가지씩 적어준다. ・자신의 다짐돌려받고, 댓글에 힘을 얻어 실천을 다짐한다.		☞친구가 다짐을 실천하는 데 힘을 북돋아줄 수 있는 말을 적어주도록 한다.
	활동 3	■ 느낀 점 발표하고 평가하기 ◦ 느낀 점 발표하고 프로그램 평가하기 ・프로그램을 하며 느낀 점을 발표하고 프로그램을 평가한다. ◦ 명예 상장 주기 ・자기평가와 동료평가에 의해서 스티커를 가장 많이 받은 학생, 즉 폭력적인 언어를 사용하지 않고 비폭력 언어표현을 실천한 학생을 뽑아 명예 상장을 주어 칭찬한다.	전체	④ 명예 상장 ☞스티커를 가장 많이 받은 학생에게 명예 상장을 주는 보상 제도를 지속적으로 시행해 강화한다.
정리	정리하기	■ 정리하기 ◦ 실천 다짐하기 ・자신의 다짐카드를 크게 읽은 뒤, 게시판에 붙이며 실천을 다짐한다.	3	

프로그램을 마치며

(   )학년 (   )반 이름:

☺ 언어폭력 예방을 위한 의사소통훈련 프로그램을 하고 난 뒤 배운 점, 생
   각하거나 느낀 점, 나의 언어 습관에 미친 영향 등에 대해 적어 보세요.
   글, 그림, 만화, 노래, 광고 등 어떤 방법으로 표현해도 좋습니다.

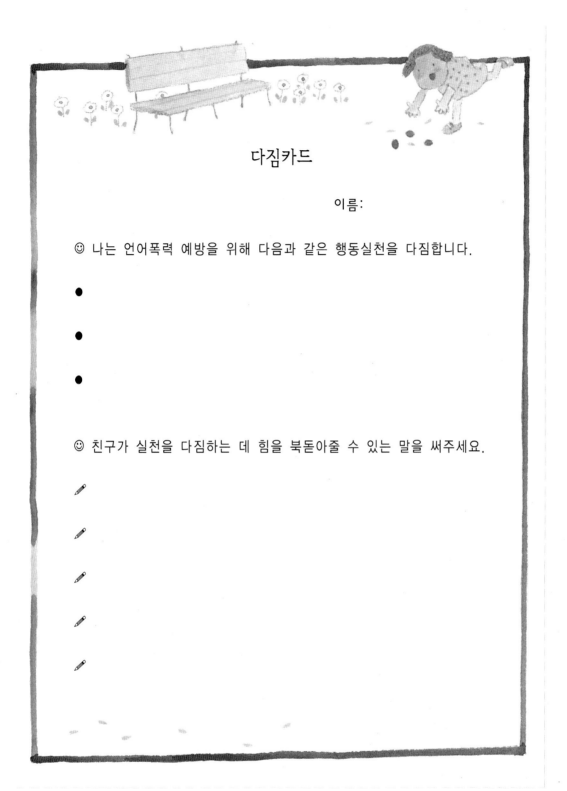

다짐카드

이름:

☺ 나는 언어폭력 예방을 위해 다음과 같은 행동실천을 다짐합니다.

●

●

●

☺ 친구가 실천을 다짐하는 데 힘을 북돋아줄 수 있는 말을 써주세요.

🖉

🖉

🖉

🖉

🖉

상 장

이름:

　위 학생은 학교에서 친구들에게 폭력적인 언어를 사용하지 않으며, 비폭력 언어로 자기표현, 경청 및 공감표현을 하여 친구 사이의 문제를 해결하려는 자세를 가지고 이를 잘 실천하였으므로 이 상장을 주어 칭찬합니다.

20**년　　　월　　　일

담임 ○ ○ ○

창의적 체험활동 과정안

영역		통신언어		일시		지도교사	
본시주제		손전화의 언어와 윤리		지도대상	5～6학년	장소	5－교실
						소요시간	40분
학습목표		♣ 휴대전화의 유용성을 알고 네티켓을 만들어 실천할 수 있다.					
수업전략	학습집단조직	◦ 전체－모둠－짝－전체					
	중심학습활동	◦ 휴○○화의 장점과 단점 알아보기 ◦ 휴대전화 네티켓 만들기					
교수·학습자료	일반자료	교사					
		학생	학습지				
	멀티미디어 자료		휴○○화 사용 모습 동영상, 프레젠테이션 자료				

단 계	학습과정	교수·학습활동	집단구성	시간(분)	언어순화(🔄) 자료 및 유의점(☞)
도입	동기유발	■ 학습동기 유발하기 ◦ 휴대전화 사용 모습 동영상 보기 ◦ 휴대전화를 받았을 때 기분이 좋았거나 나빴던 경험을 발표하게 한다.	전체	3	① 휴대전화 사용 모습 동영상 자료 ☞자신의 경험을 되짚어 보며, 학습문제와의 연관성을 생각한다.
	학습문제 파악	■ 학습문제 확인하기 ♣ 휴○○화를 사용할 때 지켜야 할 일을 알고 실천해보자.		1	
	학습활동 안내	■ 학습활동 안내하기 [활동 1] 휴○○화의 장단점 알아보기 [활동 2] 엄지 문화에 대해 토론하기 [활동 3] 휴○○화 네티켓 만들기		2	🔄 통신언어 ☞학습활동을 명확하게 인지시킨다.
전개	활동 1	■ 휴○○화의 장단점 알아보기 ◦ 기사문을 읽고 손전화의 장점과 단점 발표하기 ◦ 휴○○화의 장점을 발표한다. ◦ 휴○○화의 단점을 발표한다.	전체	5	
	활동 2	■ 엄지 문화에 대해 토론하기 ◦ '엄지 문화 어떻게 볼 것인가?'에 대해 토론하기 ◦ 엄지족 현상과 관련된 기사들을 읽어본다. ◦ 엄지문화에 대해 토론한다.	전체	12	☞학급 학생을 찬성과 반대로 나누어서 토론하도록 한다.
	활동 3	■ 휴○○화 네티켓 만들기 ◦ 휴○○화 네티켓 만들기 ◦ 모둠별로 휴○○화를 사용할 때 지켜야 할 네티켓을 만든다.	모둠	12	

| 마무리 | 학습정리 | ■ 휴○○화를 사용하여 보내고 싶은 메시지 발표하기
◦ 누구에게 무슨 메시지를 보내고 싶은지 짝꿍에게 말해주기 | 짝 | 3 | |
| | | ■ 휴○○화 네티켓 지키기 약속하기
◦ 휴○○화 네티켓 지키기 모둠 친구들과 약속하기
◦ 휴○○화 네티켓 지키기 자신과 약속하기 | 전체 | 2 | ☞학생들의 실천의지를 다지는 시간이 되도록 한다. |

〈본시 평가 계획〉						
평가 영역	평가 내용	평가 척도	평가 기준		평가 시기	평가 방법
인지 적 · 심동 적	휴○○화의 장단점을 알고 휴○○화 예절을 실천하고자 하는가?	상	휴○○화의 장단점을 알고 휴○○화 예절을 실천하고자 한다.		활동 123 · 정리	관찰법
		중	휴○○화의 장단점과 휴대전화 예절을 알지만 실천하려는 의지가 다소 부족하다.			
		하	휴○○화의 장단점과 휴대전화 예절을 알지 못하고 실천의지 또한 부족하다.			

학습지

영역	통신언어	주제	휴○○화 네티켓 실천하기		일시	20○○. .
학습목표	휴대전화의 유용성을 알고 네티켓을 만들어 실천할 수 있다.		학년반		이름	

🛸 휴○○화의 네티켓을 만들어 봅시다.

휴○○화의 네티켓

♧_____

♧_____

♧_____

♧_____

♧_____

♧_____

♧_____

●기사 자료 : 엄지 문화에 대한 토론

'엄지 문화 어떻게 볼 것인가?'

· 기사 1   초등학생 박○○의 부모님은 맞벌이를 하신다. ○○는 방과 후에 피아노 학원과 영어
학원에 다닌다. 어머니는 항상 ○○이가 제 시각에 학교에서 돌아오고 안전하게 학원
을 다니는지 걱정을 하신다. 그래서 ○○는 학원에 갈 때나, 다른 학원으로 옮겨 갈
때 학원 전화를 이용하여 어머니께 잘하고 있다고 전화를 한다. 깜박 잊고 전화를 하
지 않는 날이면 퇴근 후에 어머니는 혼을 내신다. 그래서 이번 어린이날에 휴○○화
를 선물로 받기로 하였다.

· 기사 2   회사원 이○○씨는 출근길 전철 안에서 정신없이 휴○○화를 보다가 그만 하차할 역
을 지나칠 뻔했다. 요즘 들어 곧잘 일어나는 실수다. 전철 안에선 신문 한 번 펼치기
도 힘들어 우두커니 맥 놓고 서 있기 일쑤였는데 얼마 전부터는 휴○○화 인터넷을
이용, 각종 뉴스를 검색하기에 여념이 없다. 스스로 엄지족이라 지칭하는 고교생 조
카가 한 수 가르쳐준 덕분이다.

· 기사 3   청소년 사이에선 엄지족을 빗대 '엄지공주', '엄지왕자'란 신조어가 유행하고 있다.
엄지공주는 엄지손가락 놀림이 무척 빠른 여학생을 말하고, 엄지손가락이 번개같이
움직이는 남학생에게는 엄지왕자란 타이틀이 주어진다.
청소년 가운데 일부는 이 명예를 거머쥐기 위해 용맹정진하기도 한다. 이미 인터넷
게임에 익숙한 그들에게 실력을 양성할 기반은 조성돼 있다.

· 기사 4   여중 1년생 김○○는 며칠 전 다시는 생각하기도 싫은 쓰라린 경험을 했다. 하굣길에
신호등을 건너 대로로 들어선 뒤 편한 마음으로 휴○○화 문자메시지를 보내며 걷다
가 그만 가로등에 부딪치고 말았다. 머리가 깨지는듯한 아픔과 동시에 "쿵" 소리가
귓전을 울렸지만 행인이 볼까봐 두려워 내색도 하지 못한 채 부랴부랴 집으로 발걸
음을 재촉했다. 나중에 보니 이마 한 귀퉁이가 벌겋게 부어올랐고 머리 통증마저 생
겼다.

창의적 체험활동 과정안

영역	통신언어	일시		지도교사	
본시주제	전자우편의 언어와 윤리	지도 대상	5학년	장소	컴퓨터실
				소요시간	40분

학습목표	♣ 전자통신 예절을 지키며 전자우편을 사용할 수 있다.

수업전략	학습집단조직	◦ 전체 - 모둠 - 전체
	중심학습활동	◦ 바른 언어를 사용하여 전자우편 작성하기 ◦ 스팸메일 처리방안 토의하기

교수 · 학습 자료	일반 자료	교사	모둠별 활동지
		학생	포스트잇
	멀티미디어 자료		프레젠테이션 자료, 전자우편 인터넷 사이트

단계	학습 과정	교수 · 학습활동	집단 구성	시간 (분)	언어순화(🛸) 자료 및 유의점(☞)
도입	동기유발	■ 학습동기 유발하기 ◦ 전자통신 예절을 지켜 작성한 전자메일의 중요성 파악하기 · 즐거움을 주는 전자메일과 기분을 망치는 전자메일을 구분하여 보고 그 이유를 발표해보게 한다.	전체	5	① 즐거움을 주는 전자메일과 기분을 망치는 전자메일 예시 자료 ☞전자메일의 내용을 살펴 학습문제와의 연관성을 생각한다.
	학습문제 파악	■ 학습문제 파악하기 ♣ 전자통신 예절(네티켓)을 지키며 전자우편을 사용할 수 있다.			🛸 바른 통신언어를 사용하여 전자메일을 주고 받아야 함을 느낄 수 있게 한다.
	학습활동 안내	■ 학습활동 안내하기 [활동 1] 스팸메일, 이렇게 대처해요 [활동 2] 우리가 만드는 전자우편 네티켓			☞학습활동 안내를 통하여 학습 내용에 대한 흥미를 유도한다.
전개	활동 1 스팸메일 대처 및 예방방안 파악	■ 스팸메일, 이렇게 대처해요 ◦ 스팸메일에 대한 대처방안을 모둠별로 토의하기 · 스팸메일 예시자료를 제시하여 그에 대한 대처방안을 모둠별로 토의하여 다양한 의견을 제시하게 한다. · 스팸메일 차단 및 예방방법 알아보기 · 수신 거부기능을 통해 스팸메일 차단방법을 알아보기 · 스팸메일 신고방법 알아보기 · 스팸메일 예방방법 생각해보기	모둠	20	② 스팸메일 예시 ③ 포스트잇 ☞실제경험을 토대로 대처방안을 생각해보게 한다. ☞각자의 의견은 포스트잇에 적어 공유하게 한다. ④ 전자우편 사이트 ☞시범실습을 통하여 스팸메일 차단 및 신고방법을 익히게 한다.
	활동 2 전자우편 예절실천	■ 우리가 만드는 전자우편 네티켓 ◦ 전자우편 사용 시 지켜야 할 예절 만들기 · 스팸메일 예방방안 등을 바탕으로 전자우편 사용 시 지켜야 할 예절(네티켓) 만들어보기		10	⑤ 모둠 활동지 ☞모둠 활동지에 활동 내용을 작성하게 한다.

마무리	학습정리	■ 공부한 내용 정리하기	전체	5	6 전자통신 예절과 관련된 ○, ×퀴즈
	형성평가	■ 형성평가 하기 ◦ 전자통신 예절과 스팸메일과 관련된 ○, ×퀴즈 풀기 ・○, ×퀴즈를 통하여 배운 내용을 정리하며, 실천의지를 다진다.			
	과제제시	■ 과제제시 하기 ◦ 전자통신 예절을 지키며 선생님에게 전자메일 작성하고 보내기			🛸 바른 통신언어를 사용해야 함을 상기시킨다.

〈본시 평가 계획〉					
평가 영역	평가 내용	평가 척도	평가 기준	평가 시기	평가 방법
인지적 · 심동적	여러 사례를 통하여 전자우편 예절을 알고, 실천하고자 하는가?	상	여러 사례를 통하여 전자우편 예절을 알고, 적극적으로 실천하고자 한다.	활동 2 · 정리	관찰법
		중	여러 사례를 통하여 전자우편 예절을 알지만, 실천하려는 의지가 다소 부족하다.		
		하	전자우편 예절에 대해 쉽게 이해하지 못한다.		

영역	통신언어	주제	전자우편의 언어와 윤리	일시	20○○. .
학습목표	전자통신 예절을 지키며 전자우편을 사용할 수 있다.	학년반	5학년 반	이름	

전자 우편의 네티켓을 만들어 봅시다.

창의적 체험활동 과정안

영역	통신언어	일시		지도교사	
본시 주제	대화방의 언어생활	지도 대상	5~6학년	장소	
				소요시간	40분

학습목표	♣ 대화방에서의 올바른 의사소통 방법을 알 수 있다.		
수업전략	학습집단조직	◦ 전체-모둠-전체	
	중심학습활동	◦ 대화방에서의 언어모습 확인하기 ◦ 자신의 언어생활 반성하기	
교수·학습 자료	일반 자료	교사	학습지, 모둠판
		학생	포스트잇
	멀티미디어 자료	대화방 사진 자료, 학습정리 프레젠테이션 자료	

단계	학습 과정	교수·학습활동	집단 구성	시간 (분)	언어순화(🍜) 자료 및 유의점(☞)
도입	동기유발	■ 학습동기 유발하기 ◦ 외계어가 사용된 대화방의 모습 제시하기 · 자신의 경험과 연관 지어 생활모습을 발표하게 한다.	전체	5	① 대화방 자료 ☞자신의 경험을 되짚어 보며, 학습문제와의 연 관성을 생각한다.
	학습문제 파악	■ 학습문제 확인하기 ♣ 대화방에서의 올바른 의사소통 방법을 알아보자.			
	학습활동 안내	■ 학습활동 안내하기 [활동 1] 대화방에서의 언어모습 확인하기 [활동 2] 자신의 언어생활 반성하기 [활동 3] 가상의 대화방에서 대화 나누기			☞학습활동을 명확하게 인지시킨다.
전개	활동 1 발달된 산업비교	■ 대화방에서의 언어모습 확인하기 ◦ 학습지(십자말풀이) 완성하기 · 학습지를 통해 잘못된 언어생활 모습을 확인하고 올 바른 말로 고쳐보게 한다. · 고치기 전과 고친 후의 차이점을 살펴보고 발표하게 한다.	전체	8	② 학습지 🍜 바른 통신언어를 사 용하여 대화를 주고 받아야 함을 느끼게 한다.
	활동 2 문화 시설비교	■ 자신의 언어생활 반성하기 ◦ 외계어를 주로 사용하는 미래의 사회 모습 상상해보기 · 외계어를 계속 사용할 경우 미래의 우리 언어생활은 어떤 모습으로 변하게 될지 상상하게 한다. ◦ 자신의 대화방 언어생활 반성하기 · 인터넷을 통해 친구와 대화를 할 때 자신의 모습을 반성하게 한다. · 잘못된 점을 깨닫고, 해결방법에 대해 모둠별로 토의 하게 한다.	모둠	10	☞자신의 인터넷 언어생 활 모습을 솔직하게 되 짚어 볼 수 있도록 분 위기를 조성한다.

마 무 리	활동 3 역할놀이	■ 가상의 대화방에서 대화 나누기 ◦ 가상의 대화방을 만들어 모둠원들과 대화 나누기 •모둠별로 대화방에서 대화를 나누는 것처럼 포스트 잇을 붙이게 한다. •자신이 했던 말을 되짚어보면서 고쳐야 할 점을 찾아 본다.	모둠	10	③ 모둠판, 포스트잇 ☗ 학생들의 실천의지를 다지는 시간이 되도록 한다.
	평가	■ 학습 내용 평가하기 ◦ ○, × 퀴즈로 학습 내용 평가하기 •대화방에서의 올바른 의사소통 방법에 관한 내용을 ○, ×로 표시하게 한다.	전체	7	④ 프레젠테이션 자료 ☞퀴즈에 의욕적으로 참여하도록 유도한다.
	학습내용 정리	■ 학습 내용 정리하기 ◦ 인터넷 대화방에서의 바른 언어생활을 약속하며 반 친구들 앞에서 공표하기			

〈본시 평가 계획〉					
평가 영역	평가 내용	평가 척도	평가 기준	평가 시기	평가 방법
인지적 · 심동적	인터넷 대화방에서의 올바른 의사소통 방법에 대해 알고 실천 하고자 하는가?	상	대화방에서의 올바른 의사소통 방법에 대해 알고 실천 하고자 한다.	활동 123 · 정리	관찰법
		중	대화방에서의 올바른 의사소통 방법에 대해 알지만 실천하려는 의지가 다소 부족하다.		
		하	대화방에서의 올바른 의사소통 방법에 대해 지식과 실천의지가 부족하다.		

학습지

영역	통신언어 – 의사소통	주제	대화방에서의 올바른 언어생활	일시	
학습목표	대화방에서의 올바른 의사소통 방법을 알 수 있다.	학년반		이름	

◎ 아래의 설명에서 밑줄 친 말을 올바른 단어로 고쳐 써봅시다.

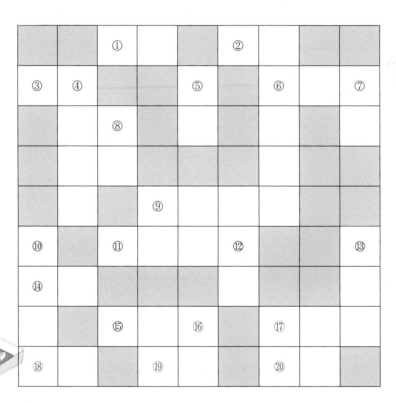

〈가로 열쇠〉	〈세로 열쇠〉
① 와! 넘 예쁘다. ② 울 오빠 멋있지? ③ 베스트 아바타, 짱이야, 캡이야. ⑥ 구래서 마음이 아파. ⑨ 방가방가, 방가와용. ⑪ 여기 있슴돠. ⑭ 오늘 셤 봤어. ⑮ 이거 어케 해요? ⑰ 공부 욜씨미 해! ⑱ 이탈리아의 수도. ○○의 휴일 ⑲ 담T, 담탱이는 은어예요. ⑳ 히트 상품.	④ 초딩은 초등학생, 중딩은 중학생, 고딩은? ⑤ 하이루, 안뇽! 안냐세여? ⑦ 섬 살아요. ⑧ 칭구야, 놀자! ⑩ 2001년에 인기 있었던 엽기 토끼 이름 ⑫ 담에 봐. ⑬ 당근 가야지. ⑯ 우리 깸방 가자.

창의적 체험활동 과정안

영역		통신언어	일시			지도교사	
본시주제		인터넷 게시판에서의 올바른 언어 사용	지도 대상	5학년		장소	컴퓨터실
						소요시간	40분
학습목표		♣ 인터넷 게시판에서 지켜야 할 예절을 알고 올바른 언어를 사용할 수 있다.					
수업전략	학습집단조직	◦ 전체 - 모둠 - 전체					
	중심학습활동	◦ 인터넷 게시판을 보고, 인터넷 게시판의 문제점 찾기 ◦ 게시판의 표현을 적절하게 바꾸어보기					
교수·학습 자료	일반 자료	교사	공익광고 예시 자료				
		학생	모둠별 활동지				
	멀티미디어 자료		프레젠테이션 자료, 게시판의 글 자료				

단계	학습 과정	교수·학습활동	집단 구성	시간 (분)	언어순화(🛸) 자료 및 유의점(☞)
도입	동기 유발	■ 학습동기 유발하기 ◦ 게시판 언어폭력 내용을 다룬 공익광고 보고 이야기 나누기 · 왜 이런 광고를 하게 되었는지 생각해보고 인터넷게 시판에서 지켜야 할 예절을 발표해본다.	전체	5	1 인터넷 예절 공익광고 예시 자료 ☞공익광고의 내용을 살 피어 학습문제와의 연 관성을 생각한다. 🛸 바른 통신언어를 사 용하여 게시판 글을 써야 함을 느낄 수 있게 한다. ☞학습활동 안내를 통하 여 학습 내용에 대한 흥미를 유도한다.
	학습문제 파악	■ 학습문제 파악하기 ♣ 인터넷 게시판에서 지켜야 할 예절을 알고 올바른 언어를 사용하여 보자.			
	학습활동 안내	■ 학습활동 안내하기 [활동 1] 인터넷 게시판의 장단점 알기 [활동 2] 게시판 표현 적절하게 바꾸기 [활동 3] 인터넷 게시판 네티켓 만들기			
전개	인터넷 게시판의 장단점 파악	■ 인터넷 게시판의 장단점 알기 ◦ 인터넷 게시판의 장단점 알고 토의하기 · 인터넷 게시판의 예시자료를 제시하여 게시판의 순기 능과 역기능에 대하여 알아보고 게시판에서의 바른 언어 사용의 중요성에 대해 토의해본다.	전체	10	2 학교 홈페이지 알림판, 광고성 도배글 등 순기 능, 역기능 자료 제시 ☞실제경험을 토대로 대 처방안을 생각해보게 한다.
	게시판 표현 적절하게 고치기	■ 게시판 표현 적절하게 바꾸기 ◦ 게시판 글의 문제점을 파악하고 바르게 바꾸어보기 · 비속어와 은어를 사용하거나 비방하는 종류의 글이 있는 게시판 글을 모둠별로 제시하여 적절하게 바꾸 어보도록 한다.	모둠	10	3 바르지 않은 게시판 자료 ☞게시판은 공공의 공간 이므로 글을 읽을 사람, 목적을 고려하여 글을 쓰도록 지도한다.

마무리	인터넷 게시판 예절실천	■ 인터넷 게시판 네티켓 만들기 ◦ 인터넷 게시판에서 지켜야 할 예절 발표하고 실천 다짐 하기 ・게시판 사용 시 지켜야 할 예절(네티켓)을 생각해보고 실천을 다짐한다.	모둠 및 전체	10	④ 모둠 활동지 ☞모둠 활동지에 활동 내용을 작성 하게 한다.
	학습정리 형성평가	■ 공부한 내용 정리하기 ■ 형성평가 하기 ◦ 게시판의 바른 언어 사용과 관련된 ○, ×퀴즈 풀기 ・○, ×퀴즈를 통하여 배운 내용을 정리하며, 실천의지를 다진다.	전체	5	⑤ 게시판의 바른 언어 사용과 관련된 ○, X 퀴즈
	과제제시	■ 과제 제시하기 ◦ 네티켓 지켜 학급 홈페이지에 게시글 올리기			🛸 바른 통신 언어를 사용해야 함을 상기시킨다.

〈본시 평가 계획〉					
평가 영역	평가 내용	평가 척도	평가 기준	평가 시기	평가 방법
인지적 ・ 심동적	게시판에서의 바른 언어 사용의 중요성을 알고, 실천하고자 하는가?	상	게시판에서의 바른 언어 사용의 중요성을 알고, 적극적으로 실천하고자 한다.	활동 1 ・ 정리	관찰법
		중	게시판에서의 바른 언어 사용의 중요성을 알지만, 실천하려는 의지가 다소 부족하다.		
		하	게시판에서의 바른 언어 사용의 중요성을 잘 알지 못하고 실천하려는 의지가 부족하다.		

학습지

영역	통신언어	주제	인터넷 게시판의 언어와 윤리	일시	20○○. .
학습목표	인터넷 게시판에서 지켜야 할 예절을 알고 올바른 언어를 사용할 수 있다.	학년반	5학년 반	이름	

🛸 인터넷 게시판에서 지켜야 할 네티켓을 만들어 봅시다.

인터넷 게시판에서 지켜야 할 네티켓

♧ _____

♧ _____

♧ _____

♧ _____

♧ _____

♧ _____

♧ _____

♧ _____

창의적 체험활동 과정안

영역	통신언어		일시		지도교사	
본시주제	인터넷 사이트의 언어		지도 대상	5~6학년	장소	5 - 교실
					소요시간	40분

학습목표	♣ 인터넷 통신언어를 순화하고 반사회적 사이트에서의 네티켓을 알 수 있다.

수업전략	학습집단 조직	◦ 전체 - 짝 - 모둠 - 전체
	중심학습 활동	◦ 반사회적 사이트의 글 순화하여 고치기 ◦ 친구에게 마음을 전하는 편지 쓰기 ◦ 반사회적 사이트에서의 네티켓 찾기

교수·학습 자료	일반 자료	교사	신문 기사 자료
		학생	학습지, 주사위, 놀이판
	멀티미디어 자료		프레젠테이션 자료

단계	학습 과정	교수·학습활동	집단 구성	시간 (분)	언어순화(⬥) 자료 및 유의점(☞)
도입	동기유발	■ 학습동기 유발하기 ◦ 반사회적 사이트 관련 신문 기사 보기 · 반사회적 사이트에 접속해서 기분이 나빴던 경험을 발표하게 한다.	전체	3	① 반사회적 사이트 관련 신문 자료 ☞한두 학생이 알고 있는 반사회 사이트를 여러 학생이 알게 되는 역기 능이 발생하지 않도록 한다.
	학습문제 파악	■ 학습문제 확인하기 ♣ 반사회적 사이트의 글을 순화하여 고치고 네 티켓을 알아보자.		1	
	학습활동 안내	■ 학습활동 안내하기 [활동 1] 반사회적 사이트의 글 순화하기 [활동 2] 친구에게 편지 쓰기 [활동 3] 반사회적 사이트 네티켓 찾기		2	☞학습활동을 명확하게 인지시킨다.
전개	학습활동	■ 반사회적 사이트의 글 순화하기 ◦ 반사회적 사이트의 글을 순화하여 바꾸기 · 반사회적 사이트의 유해한 표현을 순화하여 바꾼다. · 순화하고 고친 말을 발표하여 비교한다. · 순화하기 전과 후의 글을 비교하며 느낌을 말해본다.	짝	7	② 학습지 ⬥ 고운 말로 순화하면 서 바른 말의 소중 함을 느끼도록 한다.
		■ 친구에게 편지 쓰기 ◦ 친구에게 마음을 전하는 편지 쓰기 · 반사회적 사이트에 올라온 친구의 글을 읽어본다. · 모둠원이 릴레이로 편지를 써서 친구의 마음을 설득한다.	모둠	12	③ 반사회적 사이트에 게시된 글, 편지지 ☞모둠원이 릴레이로 편 지를 씀으로써 언어순 화에 대한 상호 약속 이 이루어지도록 한다.

마무리	학습정리	■ 반사회적 사이트 네티켓 찾기 ◦반사회적 사이트에서의 올바른 태도 알기 ・모둠별로 주사위를 던져서 반사회적인 내용이 있는 칸에 가면 올바른 네티켓을 말하도록 한다. ・활동 후 반사회적 사이트의 유해성을 알고 올바른 네티켓을 익히도록 한다.	모둠	12	④ 언어순화 주사위 놀이판, 주사위, 말 ☞반사회적 사이트에 접했을 때의 올바른 태도에 대해 서로 의견을 나누도록 한다.
		■ 학습한 내용 마음에 새기기 ◦유익한 사이트와 유해한 사이트 구분하기 ◦유해한 반사회적 사이트를 보면 신고하는 마음 다지기	전체	3	☞학생들의 실천 의지를 다지는 시간이 되도록 한다.

〈본시 평가 계획〉					
평가 영역	평가 내용	평가 척도	평가 기준	평가 시기	평가 방법
인지적 ・ 심동적	반사회적 사이트를 접했을 때의 올바른 네티켓을 알고 인터넷 언어순화를 실천하고자 하는가?	상	반사회적 사이트를 접했을 때의 네티켓을 알고 언어순화를 실천하려고 노력한다.	활동 123 ・ 정리	관찰법, 질문지법
		중	반사회적 사이트를 접했을 때의 네티켓을 알고 있으나 언어순화를 실천하려는 노력이 부족하다.		
		하	반사회적 사이트를 접했을 때의 네티켓을 알지 못하고 언어순화를 실천하려는 노력이 부족하다.		

자살 사이트 탐닉 초등생 자살

평소 인터넷 자살사이트를 자주 드나들던 초등학생이 아파트 15층에서 떨어져 스스로 목숨을 끊어 충격을 주고 있다. 6일 오후 9시 20분께 전남 목포시 상동 B아파트 뒤편 화단에 H초등학교 6학년 정 모(13. 목포시 상동) 군이 떨어져 숨져 있는 것을 이날 이 아파트에 사는 강 모(14) 군이 발견, 경찰에 신고했다. 숨진 정 군은 이날 이 아파트에 사는 친구 손 모(13) 군을 만나러 왔다가 만나지 못하고 15층에서 투신한 것으로 밝혀졌다. 경찰 조사 결과 정 군은 이날 오전 학교에서 친구 손 군에게 '유서를 써놓고 죽겠다'는 말을 했으며 실제로 학교 서랍에서 정 군이 쓴 것으로 보이는 유서가 발견됐다. 정 군은 유서에 "죽고 싶다고 느낀 적이 수없이 많았다. 사후세계도 궁금해지고 죽음이 기대된다. 이젠 삶도 질리고 지쳤다. 이젠 원망스러운 이 세상과 영원히 안녕이다"라고 적었다. 친구들에 따르면 정 군은 평소 PC방을 즐겨 드나들면서 인터넷 자살 사이트에 자주 접속을 해온 것으로 밝혀졌다. 정 군은 아버지가 교육공무원이며 평소 성격이 다소 내성적이었던 것으로 알려졌다.

(경향신문 2001년 2월 8일)

학습지 - 1

영역	통신언어	주제	인터넷 언어순화 하기	일시	20○○. .
학습목표	인터넷 통신언어를 순화하고 반사회적인 사이트에서의 네티켓을 알 수 있다.	학년반		이름	

🛸 반사회적 사이트의 글을 순화하여 바꾸어봅시다.

학습지 - 2

영역	통신언어	주제	인터넷 언어순화 하기	일시	20○○. .
학습목표	인터넷 통신언어를 순화하고 반사회적인 사이트에서의 네티켓을 알 수 있다.	학년반		이름	

🛸 반사회적 사이트에 글을 쓴 친구에게 설득하는 편지를 써보세요.

> "살아 있단 거……/느끼기 위해 나는 또 칼을 들어./삶이 무모해질 땐/세상에 내가 묻혀갈 때……/나를 꺼내기 위한 비상구랄까. ……/나는 살아 있다……,/아직…… 살아 있다./그런 거잖아. /지금은 귀란 게…… 눈이란 게…… 심장이란 게 있다고 못 느끼고/하루를 살지만/눈이나 귀나 심장이 아프면/그것들이 느껴져. ……/자학이 아니야. ……/아플수록……/내가 아플수록……/내가 살아 있음을 느낀다. ……/그게……/내 동기야."

사랑하는 친구에게

친구야~,
너의 이야기를 보았어. 너에게
내 생각을 말해주고 싶어. 한번
들어보렴.

아름다운 세상을 바라보며
너의 소중한 친구가

학습지 - 3

영역	통신언어	주제	인터넷 언어순화 하기	일시	20○○. .
학습목표	인터넷 통신언어를 순화하고 반사회적인 사이트에서의 네티켓을 알 수 있다.	학년반		이름	

🛸 반사회적 사이트에서의 네티켓을 생각해보세요.

\<게임규칙\>

모둠별 주사위 놀이입니다. 모둠별로 번갈아가면서 주사위를 던집니다. 나온 숫자만큼 앞으로 나가면 됩니다. 만일 폭력, 해킹 등과 같이 반사회적인 내용이 있는 칸에 가게 되면, 그 내용과 관련된 네티켓을 3개 이상 말하도록 합니다. 네티켓을 말하지 못하면 한 번 쉬게 됩니다. 먼저 집에 도착하는 모둠이 승리하게 됩니다.

	③ 자살 사이트		② 폭력		① 출발 🛸
④	⑤ 해킹		⑥ ②로 가시오		⑦
⑪	⑩		⑨ 스팸메일		⑧ 불법다운로드
네티켓 2개 말하기	⑫ ⑤로 가시오		⑬		⑭ 대화방으로 삼행시 짓기
도착 🏠	⑰		⑯ 바이러스		⑮ ⑧로 가시오

제3부

언어순화 프로그램 적용

Ⅰ. 창의·인성 언어순화 교육환경 조성

1. 프로그램 운영을 위한 물적 인프라 구성

가. "교내 안전망 프로젝트 사업" 실시

1) 운영 목적

학교 내외에 외부인에 의한 각종 범죄와 폭력에 노출되어 있는 사회현실에 안전하고 행복한 학교생활을 할 수 있도록 하기 위하여 CCTV, 경비실, 주차 차단 장치, 전자 출입문의 통합관리를 통한 교내 안전망 프로젝트 사업을 실시하였다.

2) 운영 방법

　가) 정문에 경비실을 설치하여 교내를 출입하는 모든 외부인에 대한 감시 활동을 강화하였다.

　나) 모든 출입문에 전자 출입 시스템을 설치하여 출입문을 이용하는 외부인에 대한 모니터링을 강화하였다.

　다) 정문에 주차 차단 장치를 설치하여 꿈나무 지킴이로 하여금 신원 확인이 된 외부인만 교내를 출입할 수 있도록 하였다.

　라) CCTV를 학교 실내외 22곳에 설치하고 주 1회 모니터링을 통해 학교폭력 예방과 학교 안전에 노력하였다.

　마) CCTV 설치 문구와 안전 홍보 포스터를 제작하여 부착하였다.

3) 운영 결과

정문에 경비실을 만들고 교내 모든 CCTV를 모니터링할 수 있는 시스템을 구축하였다. 교내를 출입하는 모든 차량에 대해 경비실을 경유, 신원확인이 된 경우 주차 차단기를 출입할 수 있도록 하여 교내 안전을 강화하였다. 또한 CCTV를 22대 설치하여 교내의 안전 취약 지역을 중심으로 모니터링을 강화하고 CCTV 설치 문구와 홍보 포스터를 제작하여 본교 정문, 후문을 포함한 여러 구역에 부착하여 안전 학교임을 홍보하였다.

안전강화 시스템

  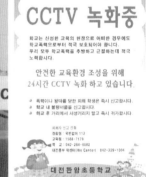

경비실, 주차 차단기   전자출입문   CCTV안전 홍보 포스터

나. 등·하교 '안심알리미 서비스' 제공

1) 운영 목적

등·하교 '안심알리미 서비스'를 제공함으로써 학생들의 학부모에게 등·하굣길의 안전성 정보를 제공하여 학교폭력(성폭력)에 대한 예방 환경을 조성하였다.

2) 운영 방법

가) 가정통신문으로 희망을 조사하여 유상 단말기를 지급하였다.
나) KT 안심서비스의 SMS 문자서비스를 이용하여 생활지도와 인성지도에 관련한 문자 홍보를 주기적으로 실시하였다.

3) 운영 결과

가) 9월 현재 81명의 학생이 안심알리미 서비스를 신청하여 사용하고 있다.
나) 정문과 후문에 안심알리미 서비스 이용을 위한 중계기를 설치하였다.
다) SMS 문자서비스를 활용하여 학교 행사를 홍보하였으며, 생활 지도 및 인성 지도를 실시하였다.

안심알리미 서비스

| 안심서비스 실외 중계기 | 안심서비스 실내 중계기 | SMS 문자서비스 |

다. 신바람 나는 어울림 마당

1) 운영 목적

학급별 게시판, 학년별 게시판에 '신바람 나는 어울림 마당' 코너를 마련하여 정책 연구학교 운영 홍보와 학생들에게 언어폭력과 학교폭력에 관련된 정보를 제공하고 칭찬하는 분위기를 조성하였으며 친구 사랑과 인성에 관련된 좋은 명언을 층별 계단과 복도에 게시하여 학생들이 신바람 나는 학교생활을 할 수 있도록 환경을 구성하였다.

2) 운영 방법

가) 각 학급 게시판의 1/4 정도를 학교폭력 예방 행사 안내, 칭찬 코너, 학생의 기분을 표현하는 코너 등으로 구성하였다.

나) 학년에 맞게 언어순화와 학교폭력 예방과 관련된 포스터, 표어, 편지 쓰기 등의 작품들과 친구 사랑, 인성 지도와 관련된 작품을 게시하였다.

3) 운영 결과

가) 다양한 방법의 칭찬 문화 확산을 위해 칭찬 코너를 만들고 서로 칭찬하여 '칭찬은 고래도 춤추게 한다'라는 정신을 실천함으로써 친구에 대한 사랑을 실천하였다.

나) '오늘의 기분 날씨' 코너를 통해 학생 상담, 수업설계에 활용하였다.

다) 층계와 복도에 바른 말 사용과 친구 사랑 관련 명언과 인성교육에 관련된 명언을 부착하여 생활 지도함으로써 언어순화를 통한 친구 사랑 정신을 내면화하는 데 활용하였다.

신바람 나는 어울림 마당

'신바람 나는 어울림 마당' 타이틀 넣기	
학교 폭력 행사 안내 코너	칭찬 코너
오늘의 기분 날씨	

구성	신바람 나는 어울림 게시판	친구 사랑 학년 게시판

신바람 나는 어울림 마당(복도, 계단)

설치 전	설치 후	설치 전	설치 후

라. 널바위 꿈길 조성

1) 운영 목적
널바위 꿈길 야생화 단지를 조성하여 야생화를 관찰하며 탐구심과 자연 사랑, 친구 사랑을 키우고자 하였다.

2) 운영 방법
야생화 및 예쁜 꽃, 나무 등을 계획적으로 식재하고, 교내 백일장을 실시하여 꿈과 희망에 관한 시, 좋은 글, 그림 등을 전시하였다.

3) 운영 결과
가) 야생화 단지를 새롭게 정비하고 야생화와 예쁜 꽃을 식재하였다.
나) 도면에 따라 입구 두 곳을 새롭게 만들고 꽃밭 내부의 구조물을 정리하였다.
다) 전교생을 대상으로 자신의 꿈에 관해서 교내 백일장을 열고 우수작을 선정하여 전시하였다.

널바위 꿈길

전체 도안   입구 도안   아름다운 마당 널바위 꿈길

마. 친구 사랑 꽃 가꾸기 프로젝트

1) 운영 목적

전교생이 1인 1친구 사랑 화분을 가꾸며, 학교는 연중 꽃이 피는 아름다운 학교를 만듦으로써 어린이들이 생명의 소중함을 통해 친구 사랑을 실천하고 아름다운 환경 속에서 맑고 고운 심성을 키우고자 하였다.

2) 운영 방법

가) 1인 1화분을 준비하고 푯말을 친구 사랑에 대한 글, 시, 그림 등을 이용하여 만들고 교실에 두고 가꾸면서 고운 말 사용과 친구 사랑의 마음을 실천하도록 하였다.

나) 교내 화단과 화분에 꽃을 계절에 따라 계획적으로 재배하여 연중 꽃이 피는 아름다운 학교를 만들었다.

3) 운영 결과

연중 꽃이 피는 아름다운 학교 환경을 조성하기 위해 계절에 따른 다양한 꽃을 전교생이 함께 심고 길렀으며 교실에서는 1인 1화분에 친구 사랑을 담아 정성껏 가꾸면서 친구에 대한 소중함을 느끼도록 하였으며, 생명의 소중함을 일깨우고 인성교육의 기회로 삼았다. 또한 쾌적하고 아름다운 학교 환경 구성으로 학교 사랑, 친구 사랑하는 마음을 길렀다.

친구 사랑 꽃 가꾸기 프로젝트

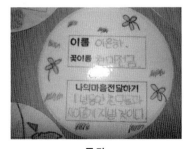  

푯말   1인 1친구 사랑 화분   꽃 가꾸기 프로젝트

바. 칭찬우편함 설치

1) 운영 목적

칭찬 문화 확산을 위해 칭찬우편함을 만들고, 모범이 되는 사례들을 서로 나눠 사랑이 넘치는 학교를 만들고 학생들의 올바른 인성 함양을 위해서 운영하였다.

2) 운영 방법

가) 설치 장소: 각 학년 복도(6개)
나) 칭찬하고 싶은 친구에게 칭찬엽서를 기록하여 칭찬우편함에 넣었다.
다) 월요일 칭찬 조회 시 좋은 사례를 방송부원을 통해 발표하였다.

3) 운영 결과

학생들 사이에 장점이나 호감이 가는 점을 발굴, 칭찬함으로써 건전한 학교 문화를 조성하고 학교폭력 예방에 기여하였다. 칭찬문화 확산을 위해 칭찬의 달인을 각 학년에서 1명씩 선발하여 학교장 시상을 하였다. 칭찬엽서를 수합하여 칭찬엽서로 '친구야 사랑해'와 '언어순화' 문구를 크게 제작하여 급식실에 전시하여 칭찬에 대한 의미를 새롭게 조명해보았다.

칭찬우편함

 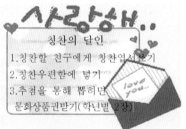 

| 칭찬우편함 | 칭찬의 달인 포스터 | 칭찬엽서 |

2. 프로그램 운영을 위한 인적 인프라 구성

가. 꿈나무 지킴이 운영

1) 운영 목적

교내·외 생활지도 강화를 위해 학교 내의 취약지역과 학교 주변의 유해환경에 대한 정기적인 순시 지도를 함으로써 학생들의 안전사고를 미연에 방지하고 학생들 간의 폭력행사 및 비행을 예방할 수 있는 기반을 조성하여 안전하고 즐거운 학교생활을 영위할 수 있도록 운영하였다.

2) 운영 방법
가) 매일 등·하교 시간, 휴식 시간, 점심시간 및 방과 후에 운영하였다.

나) 등·하굣길, 교내 복도, 방과 후 교내·외 취약지역에 주로 활동하였다.

다) 순찰 및 개인 상담과 전 학년대상 집단 교육을 하였다.

3) 운영 결과
가) 선발에서 학생 상담을 고려한 적합한 두 분의 꿈나무 지킴이를 선발하였다.

나) 순찰 활동 후에 순찰지에 내용을 기록하고 매일 결재를 득하였다.

다) 학교폭력에 대한 개인 상담과 집단 지도를 전 학년을 대상으로 실시하였다. 꿈나무 지킴이
에 대한 적극적인 홍보가 되었으며 학교폭력으로부터 교내외에서 안심하고 학교에 다닐 수
있는 환경을 조성할 수 있었다.

꿈나무 지킴이 활동

| 꿈나무 지킴이 순찰활동 | 순찰지 | 전교생 집단 교육 |

나. 어머니스쿨폴리스, 녹색어머니회 운영

1) 운영 목적
최근 아동 대상 성범죄 및 유괴사건 등이 발생하여 아이들의 안전이 크게 위협받고 있어 어머
니스쿨폴리스를 발족하여 학교 앞, 통학로 주변 등 학교 주변을 순찰·지도함으로써 아이들의 통
학로에서 아동 대상 범죄로부터 안전성을 확보하고 학교 주변에서 자주 발생하는 학교폭력과 유
해환경에 대한 민간 자율 감시자 역할을 수행하였다.

2) 운영 방법
가) 녹색어머니회원을 대상으로 어머니스쿨폴리스를 조직하였다.

나) 활동시간: 주 3회(매주 월, 화, 목) 오후 12:30~13:30(1시간)

다) 등·하교 시간에 학교 주변을 순찰 및 지도하였다.

3) 운영 결과

어머니스쿨폴리스 회원을 조직하여 현재는 주 3회 활동하고 있으며 활동 일지를 작성하고 또한 녹색어머니회와 연계한 안전지도를 통해 학교폭력 제로 안전학교를 만들고 있다.

어머니스쿨폴리스 활동

녹색어머니회 활동

어머니스쿨폴리스

어머니스쿨폴리스 순찰 활동

다. 명예경찰 운영

1) 운영 목적

건강한 학교 문화 정착을 위해 학생들이 교통안전사고 및 바르고 고운 말 사용을 통한 학교폭력 예방 근절을 위한 자치적인 활동을 함으로써 행복하고 안전한 학교생활이 되도록 하였다.

2) 운영 방법

가) 6학년 각 반 2명씩(기존대원은 추가 가능)으로 하였다.
나) 학교생활에 모범이 되는 학생으로 희망자 중 학급담임의 추천으로 선발하였다.
다) 단원들의 추천을 받아 단장 1명을 선출하고, 2명을 한 조로 편성하여 운영하였다.
라) 월요일에서 금요일까지 배정하여 매월 4시간 이상 활동하였다.
마) 교내 복도 및 운동장, 학교 앞 횡단보도와 정문과 후문 등에서 활동하였다.

3) 운영 결과

쉬는 시간, 점심시간 교내·외의 질서 지도 및 학교폭력 예방을 위한 순찰활동을 하였으며, 캠페인 활동을 하였다. 학교 지킴이 일지를 매일 기록하고 담당 선생님과 협조를 통해 반에서 생활지도가 되도록 하였다. 교문 앞에서 어머니스쿨폴리스와 함께 교통질서와 바르고 고운 말 사용으로 학교폭력 없는 학교 만들기 거리 캠페인을 실시하였다.

명예 경찰 활동

학교지킴이(명예경찰소년단)활동일지

2010년도   대전판암초등학교

장소	날짜 (요일)	시간	활동 내용 (좋음◎.보통○.부족△)		세부내용 및 특이사항
			청결	질서	
	9/6 (월)	점심	○	△	6학년애들이 욕을 서면서 조금씩 띠들었고 글이 계속 흘어졌다.
	9/7 (화)	점심	◎	○	깨끗하고 질서도 매 잘 지킨 편이었다.
	9/8 (수)	점심	○	○	보통이다.
	9/9				

| 명예경찰 발단식 | 학교폭력 예방 캠페인 | 친구 사랑 순찰지 |

라. 아름다운 아침 방송반 운영

1) 운영 목적

가) 칭찬조회를 통해서 교내에 칭찬문화를 확산하여 어린이들의 인성지도에 활용하고 학교 소식과 각종 행사를 촬영하여 방송으로 보여줌으로써 애교심을 키우도록 하였다.

나) 학생들의 바른 언어 사용으로 바람직한 인성 함양과 학교폭력의 예방을 목표로 하여 매주 화요일 방송교육을 실시하였다.

2) 운영 방법

가) 5~6학년을 대상으로 책임감 있고 본인이 희망하는 어린이들로 방송반을 조직하여 운영하였다.

나) 첫째, 셋째 주는 칭찬 조회로 진행하고 둘째 주, 넷째 주는 아름다운 방송 조회로 진행하였다.

다) 매주 화요일 아침자습시간에는 주제가 있는 동영상을 시청하는 감성 교육 프로그램을 운영하였다.

라) 시청 후에 학습지 결과물은 포트폴리오에 정리하였다.

3) 운영 결과

감성교육 프로그램을 통해서 학생들의 자존감을 높이고 원만한 교우 관계를 개선하고 긍정적인 사고의 힘을 키울 수 있었다.

프로그램 세부 내용

1	20○○.3.22.	가족애	20억 년의 사랑	5	TV동화
2	20○○.3.29.	우정	아이들의 비밀	5	TV동화
3	20○○.4.5.	자존감	꽃보다 아름다운 내 친구 희아	5	TV동화
4	20○○.4.12.	용서	용서하는 법	6	KBS스페셜
5	20○○.4.19.	용기	할머니의 김치찌개	5	TV동화
6	20○○.4.26.	비전제시	사랑합니다. 감독님	5	TV동화

아름다운 아침 ○○ 방송반

아름다운 아침 방송반 활동

아름다운 아침 방송 시청

방송활동지

3. 전 교사 대응역량 강화를 위한 연수

가. 학교폭력 책임 교사의 전문역량 강화

1) 운영 목적

학교폭력 책임 교사가 학교폭력에 대한 전문적인 지식과 대처방안에 대한 효과적인 방법을 알고 책임 교사로서 학교폭력 발생 시 신속하고 적절한 조치를 취하기 위해 노력하였다.

2) 운영 방법

가) 120시간 이상의 다양한 연수를 통해서 전문적인 지식을 쌓았다.

나) 전문적인 지식을 동료 교직원과 공유하여 모든 학교폭력에 대해 공동 대처를 하였다.

3) 운영 결과

학기 중 120시간 이상의 원격연수 이수를 했으며, 학교폭력 예방에 관한 자료를 제작하여 연수 자료로 활용하였다.

학교폭력 책임 교사 연수 이수현황

순	이름	연수명	기관	시간	비고
1	○○○	학생 유형별 상담과정	20○○.4.29.~20○○.5.30.	60	150
		학생 생활지도 과정	20○○.7.28.~20○○.8.29.	60	
		가슴 찡한 심성놀이	20○○.7.25.~20○○.8.16.	30	
2	○○○	학생 인성교육 이해	20○○.5.1.~20○○.5.23.	30	90
		사례중심 초등 생활지도	20○○.6.16.~20○○.6.30.	45	
		365일 우리 반 인성교육	20○○.9.5.~20○○.9.26.	30	

나. 전 교사의 대응역량 강화 프로그램 운영

1) 운영 목적

교사는 학생의 양심이며, 학생의 거울이다. 생활지도에 있어 교사부터 인권의식이 함양이 되어야 하고 언어폭력을 하지 말아야 한다. 언어순화 교육을 통한 학교폭력 없는 행복 학교 만들기 분위기 구축과 함께 교사들의 학생 생활지도에 좀 더 적극적인 자세와 관심으로 모두가 참여하는 연구학교 수행의 효율성을 기하고자 하였다.

2) 운영 방법

가) 전 교직원의 자율연수, 직무연수 이수를 생활지도와 관련하여 60시간 이상을 이수하였다.

나) 단체연수, 워크숍, 인터넷을 통한 원격연수와 다양한 형태의 외부 강사 연수를 실시하였다.

다) 이수 연수의 자료를 공유함으로써 연구학교 운영 효율성을 극대화하였다.

3) 운영 결과

60시간 이상의 자율연수와 직무연수 이수에 전 교사가 참여하여 실시하였으며 연수 결과를 간단한 연수 자료로 만들어서 전 교사가 공유하여 학교 실정에 맞게 적용을 하였다. 학생지도에 필요한 연수를 설문조사를 통해 알아보고 외부 강사를 초청하여 생활지도와 인성지도 관련 연수를 실시하였다.

반	성명	연수명	연수일자	시간	합계
교장	김○○	대인관계에서 교사를 당황하게 하는 아이들	20○○.7.25.~20○○.8.16.	30	60
		학습생활에서 교사를 당황하게 하는 아이들	20○○.9.05.~20○○.9.26.	30	
교감	류○○	선생님을 위한 인권+	20○○.05.18.~20○○.05.31.	15	45
		성상담 전문가 과정	20○○.9.05.~20○○.9.30.	30	
1-1	김○○	아이들의 성장을 돕는 학부모 상담 길잡이	20○○.9.01.~20○○.9.21.	30	30
1-3	임○○	사례중심 초등 생활지도	20○○.9.01.~20○○.9.15.	30	60
		상담기법 실습	20○○.9.16.~20○○.9.30.	30	
1-4	이○○	부모 상담과 성공적인 자녀 코칭	20○○.7.11.~20○○.7.31.	30	60
		아이들의 성장을 돕는 학부모 상담의 길잡이	20○○.8.01.~20○○.8.21.	30	
2-1	김○○	즐거운 미술활동 행복한 교실	20○○.8.08.~20○○.8.29.	30	60
		365일 우리 반 인성교육	20○○.9.05.~20○○.9.26.	30	
2-2	구○○	대인관계에서 교사를 당황하게 하는 아이들	20○○.7.25.~20○○.8.16.	30	60
		365일 인성교육	20○○.9.05.~20○○.9.26.	30	
2-3	이○○	365일 우리 반 인성교육	20○○.9.05.~20○○.9.26.	30	30

외부 강사 초청 강연회 및 연수

학교폭력 사례중심 예방   학교폭력 예방 및 대처   미술 치료

다. 전 교사 언어순화 통한 학교폭력 예방 릴레이 연수

1) 운영 목적

언어순화 통한 학교폭력 예방에 관련된 주제로 전 교사의 릴레이 연수를 실시하여 정보를 공유하고 사안에 대해 공동 대응을 함으로써 효율적인 연구학교 운영을 기하고자 하였다.

2) 운영 방법

가) 1교사 1연수 체제로 주 1회 자체 연수를 실시하였다.

나) 연구학교 운영을 위하여 학교폭력 예방 관련의 연수 주제를 선정하였다.

다) 개인 연수, 전달 연수, 집단 연수 영역으로 연수하였다.

라) 연수자는 연수물을 일정 양식에 맞게 준비하며 담당자와 모든 교사에게 배부하여 사전 연구하였다.

마) 타 시·도에서 실시하는 연구학교나 시범학교 공개 발표에 수업 참관을 적극 장려하여 수업의 질을 개선하도록 하였다.

3) 운영 결과

언어순화 통한 학교폭력 예방 릴레이 연수 현황

월	주	연수 주제	발표자
4	6	◦학교폭력 상황에서의 교사의 태도	엄○○
		◦학교폭력 예방법	이○○
	7	◦애착과 정서발달	최○○
	8	◦언어순화를 위한 지도 프로그램	송○○
	9	◦ADHD 학생의 지도방안	손○○
5	10	◦위기 청소년 발견의 중요성	송○○
	11	◦아동 성폭력 발생 시 대처방안	이○○
	12	◦아동 청소년 범죄의 특징	김○○
		◦아동 청소년 범죄의 지도방안	라○○
	13	◦순우리말 바로 쓰기	김○○
	14	◦말과 생활	최○○

학교폭력 예방 릴레이 연수

Ⅱ. 창의 · 인성 언어순화 프로그램 구안 · 적용

1. 교과와 연계한 언어순화 프로그램 구안 · 적용

가. 교과와 연계한 언어순화 프로그램 컨설팅

1) 운영 목적

교과에서 학년별로 생활지도와 학교폭력 예방에 관한 지도요소를 추출하여 교수 · 학습 과정안을 만들며 좋은 수업 공개를 위해 수업 컨설팅 자원을 활용하였다.

2) 운영 방법

가) 모든 교과에서 언어순화 및 학교폭력 예방 교육을 관련성 있게 지도하였다.

나) 연구주제에 맞게 통일된 교수 · 학습 과정안을 마련하여 시행하였다.

3) 운영 결과

교과와 연계한 언어순화 프로그램 추진 일정

월	내용	비고	월	내용	비고
3	교육과정 연계 방안 협의	분과협의	6	관련 수업 공개 및 협의회	담임
3	연계 교과 선정 및 교육과정 내용 분석	학년교사	7	관련 수업 공개 및 협의회	담임
3	분석 자료 정리 및 교수 · 학습 과정안 양식 협의	분과협의	9	교실수업지원단 수업 컨설팅	교육청
3	교수 · 학습 과정안 초안 작성 및 수정	분과협의	9	관련 수업 공개 및 협의회	담임
4	교수 · 학습 과정안 작성 완료	담임교사	10	관련 수업 공개 및 협의회	담임
5	교실수업지원단 수업 컨설팅	교육청	11	자료 정리 및 일반화	보고회
5	관련 수업 공개 및 협의회	현장방문	12	자료 정리 및 일반화	분과협의

친구 사랑 공개수업   수업 컨설팅   수업협의회

나. 교과 내용 분석

1) 운영 목적
생활지도의 내용을 교과를 이용하여 지도함으로써 수준을 학년성에 맞추고 교과에서 관련성 있게 지도하여 반복을 통한 습관화로 내면화를 기하고자 하였다.

2) 운영 방법
가) 학년별로 지도요소 추출을 위한 위원회를 구성하고 관련 주제 지도요소를 추출하였다.
나) 모든 교과에서 생활지도와 친구관계 지도요소로 구성하였다.
다) 지도영역은 일상생활 속에서 바른 언어 사용을 위한 생활언어와 인터넷과 핸드폰을 대표로 하는 사이버 공간에서의 바른 언어 사용을 위한 통신언어를 선정하여 교과 지도요소를 분석하였다.

3) 운영 결과

지도요소 분석(3학년 예시)

교과	월	주	관련 단원	관련 제재	관련 내용	지도 영역
국어	3	2	1. 감동의 물결	우리가 사는 세계에서 있을 수 있는 일	우리가 사는 세계와 이야기의 세계 비교하기	생활언어
	4	2	3. 여러 가지 생각	사실에 대한 의견을 글로 쓰기	기사를 읽고 사실에 대한 내 의견 글로 쓰기	통신언어
	4	4	4. 마음을 전해요	전화로 나누는 대화의 특징	바르게 전화로 대화하기	통신언어
	5	3	6. 좋은 생각이 있어요	사실과 의견이 드러나게 글쓰기	문제점에 대하여 사실과 의견으로 나누어 글쓰기	통신언어
	10	1	5. 주고받는 마음	전화로 대화할 때 지켜야 할 예절	전화로 대화할 때 지켜야 할 예절 알아보기	통신언어

다. 언어순화 프로그램 위한 교수학습 과정안

1) 운영 목적

○○초등학교 교수·학습 과정안 체제를 완성하고 연구학교 운영에 맞게 과정안을 작성하여 수업 피드백에 활용하고자 하였다.

2) 운영 방법

가) 수업 공개에는 교수·학습 과정안을 작성하고 활용하였다.

나) 교수·학습 과정안에 연구학교 주제와 관련 있는 지도요소(⚜)를 포함하도록 하였다.

3) 운영 결과

교수·학습 과정안 예시

교과	국어(듣말쓰)		일시	20○○.4.○.(○)	지도교사	○○○
단원	4. 이리 보고 저리 보고		교시	○교시	장소	6-○교실
차시	1/6		교과서	67~69	소요시간	40분
학습목표	♣ 인사말의 특성을 알 수 있다.				지도영역	
수업전략	최적학습모형		◦ 지식탐구학습모형			
	학습집단조직		◦ 전체 - 모둠 - 전체			
	중심학습활동		◦ 인사말의 특성 파악 ◦ 공식, 비공식 인사말들의 분류			
교수·학습 자료	일반 자료	교사	ICT 자료			
		학생	학습지			
	멀티미디어 자료		플래시 자료, 프레젠테이션 자료			

단계	학습 과정	교수·학습활동	집단 구성	시간 (분)	언어순화(⚜) 자료 및 유의점(☞)
	학습문제 파악	▣ 학습문제 확인하기 ┌─────────────────┐ │ ♣ 인사말의 특성을 알아봅시다. │ └─────────────────┘			
	학습활동 안내	▣ 학습활동 안내하기 [활동 1] 인사말의 특성 알기 [활동 2] 상황과 사회적 관계에 주의하며 인사말 하기 ▣ 글을 읽고 인사말의 특성 알기 ◦ '인사말의 특성'을 다시 읽고 물음에 답하여봅시다. · 인사말의 뜻은 무엇입니까? · 인사말을 나누면 어떤 점이 좋습니까? · 다른 사람과의 관계를 형성하고 유지하고 발전시키는 데에 도움을 줍니다.			☞ 학습활동을 명확하게 인지시킨다. ⚜ 언어순화

2. 창체(창의적 체험활동)시간 언어순화 프로그램 구안·적용

가. 창의·인성 중심 언어순화 프로그램

1) 운영 목적

학년성에 맞는 창의·인성 언어순화 프로그램을 구안·적용하여 무의식적으로 언어폭력을 행하고 있는 학생들에 대한 심리 상태를 분석하고 평가하여, 이것을 기본으로 한 폭력적 언어들을 순화하는 훈련 프로그램을 통해 언어적 공격성을 감소시키는 것은 물론, 더 나아가 친구 간에 배려하는 마음을 심어주고, 바른 말 고운 말을 통한 건강한 의사소통을 할 수 있도록 하여 친구 사랑 행복학교를 만들고자 하였다.

2) 운영 방법

가) 창체(재량·특활)시간에서 12차시를 창의·인성 언어순화 프로그램 적용을 위해 편성하였다.
나) 각 학년 수준에 맞추어 난이도와 주제를 달리하여 구성하였다.
다) 다양한 시청각 자료와 실물자료들을 활용하고 활동 중심 프로그램이 되도록 하였다.

3) 운영 결과

6학년 창의·인성 언어순화 프로그램 예시

구분	회기	영역 내용	주제 및 목표	세부 활동
생활 언어	1	언어폭력의 개념	언어폭력의 개념을 알고, 언어폭력을 막기 위한 필요성 찾을 수 있다.	◦ 모둠 소개하기와 약속하기 ◦ 언어폭력의 개념과 언어폭력 예방의 필요성 알기
	2	언어폭력 예방의 필요성	자신의 의식·무의식중에 사용하는 습관성 언어폭력 알기	◦ 모둠 소개하기와 약속하기 ◦ 언어폭력의 개념과 언어폭력 예방의 필요성 알기
	3	언어폭력의 문제점	언어폭력이 빚어낸 사회문제 알기	◦ 언어폭력이 일으킨 사건·사고 조사하여 정리하기 ◦ 언어폭력의 문제점 인식하고 해결 방안 찾기
	4	언어폭력 해결방안	욕설을 당하는 상황에서 바르게 대처하기	◦ 언어폭력이 일으킨 사건·사고 조사하여 정리하기

가) 학년별로 창의·인성 언어순화 프로그램 과정안과 학습지를 개발하였고 상담지도 수업을 12회기 실시하였다.
나) 올바른 친구관계 개선을 위한 '○○어린이'를 발간하여 활용하였다.

언어순화 프로그램

| 프로그램 운영 1 | 프로그램 운영 2 | 프로그램 운영 3 |

나. 언어순화 중심 학교폭력 예방 프로그램 운영

1) 운영 목적
　재량·특별활동 시간을 활용하여 성폭력 예방 및 학교폭력 예방교육을 실시하고 교내·외　교사 및 외부 강사를 활용한 언어순화 중심 학교폭력 예방 프로그램을 운영하여 습관화를 통해 내면화하였다.

2) 운영 방법
　가) 성폭력 예방 프로그램을 학년성에 맞게 구안하여 교수·학습 과정안과 학습지를 만들어 적용하였다.
　나) 경찰서, 지역사회 기관 등과 협력하여 외부 강사를 초청하여 언어순화와 맞춤식 학교폭력 예방교육을 진행하였다.
　다) 학년성에 맞게 주제를 정해서 진행하고 전교생을 대상으로 하는 교육은 방송교육을 이용하였다.

3) 운영 결과
　가) 동부경찰서와 협력하여 학교폭력 예방 교육을 2회 실시하였다. 4~6학년 대상으로는 성폭력 예방 및 학교폭력 예방 교육을 2회 실시하였다. 예방 교육과 함께 학습지를 통한 사후 지도를 하였으며 학교폭력을 하지 않겠다는 다짐 대회를 하였다. 1~3학년을 대상으로는 어린이 안전지킴이집 운영에 대한 안전 교육 및 현장체험활동을 실시하여 위기 상황 발생 시에 어떻게 대처해야 하는지에 대한 예방 교육을 실시하였다.
　나) 5~6학년 대상으로 성교육과 성폭력 예방 교육 프로그램 7회기를 교수·학습 과정안과 학습지를 만들어 실시하였고 1~4학년 대상으로 2회기 예방 교육 프로그램을 진행하였다.

학교폭력(성폭력) 예방, 안전지킴이집 체험

| 범죄예방교실 | 학교폭력예방 방송교육 | 안전지킴이집 체험 |

다) 흡연 및 음주 예방 교육을 외부 강사를 초청하여 전교생을 대상으로 방송 교육을 실시하였으며 5학년을 대상으로 체험 중심의 흡연 예방 교육을 실시하였다.

흡연 및 음주 예방 교육

| 방송 교육 | 방송 교육 중 교실 | 흡연 예방 프로그램 |

라) 납치 및 성폭력 예방 교육을 전교생을 대상으로 방송교육을 실시하였으며 가정통신문을 이용하여 가정과 연계 지도하였다. 사회적으로 불안한 요즘 자녀의 안전한 등하교를 위해 가정통신문을 통한 학교, 가정, 지역사회의 협력을 강화하였다.

마) 굿네이버스와의 협력으로 전문 강사를 초청하여 아동의 4대 권리, 성 학대 및 유괴 예방 교육을 5학년과 6학년을 대상으로 실시하였다. 각 반에 한 명의 강사를 초청하여 강의가 이루어졌으며 사례 중심의 역할극을 통한 아동 권리와 서로에게 당당한 올바른 친구관계에 대한 교육을 실시하였다.

굿네이버스 협력 수업

아동권리교육 프로그램 - 6학년   사례 중심 아동 권리 교육(역할극) - 5학년

3. Wee Class 중심 상담 프로그램 적용

가. 상담 네트워크 구성

1) 운영 목적

날로 다양해지는 학교폭력을 사전에 효과적으로 대응하기 위해 체계적이고 단계적인 상담 네트워크를 구성하고 담임교사, 전문 상담교사와 교육 상담센터를 연계한 One-Stop 서비스로 학생 개인을 보다 심층적으로 이해하며 사안 발생 시 신속하게 대응하기 위해서 구성하였다.

2) 운영 방법

가) 담임교사의 학생들 정보수집 활동을 통한 학생 이해와 개인 상담과 다양한 방법의 학부모 상담을 통해 사안 발생 후의 대처가 아닌 사안 발생 전의 적극적인 1차 상담을 실시하였다.

나) 성폭력 상담교사, 학교폭력 책임교사의 2차 상담을 실시하였다.

다) Wee Class의 전문 상담교사를 확보하여 사안 발생에서 추수지도까지의 연속적인 상담활동이 이루어지도록 하였다.

3) 운영 결과

가) 단계적인 상담 네트워크 구성을 통한 모든 구성원의 참여로 상담력을 극대화 하였다. 위기 학생에 대한 멘토링을 실시함으로써 학교생활에 잘 적응할 수 있도록 도움을 주었다.

상담 네트워크

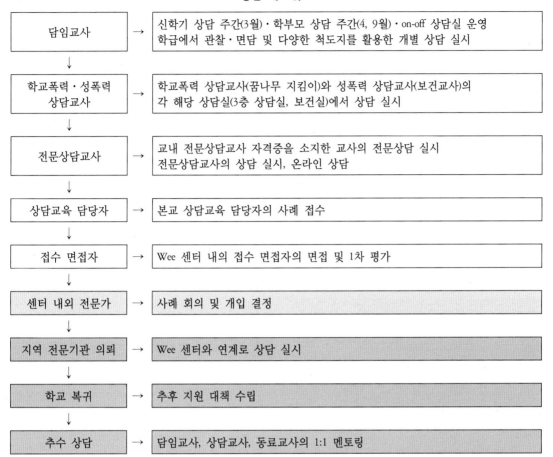

담임교사	→	신학기 상담 주간(3월)·학부모 상담 주간(4, 9월)·on-off 상담실 운영 학급에서 관찰·면담 및 다양한 척도지를 활용한 개별 상담 실시
학교폭력·성폭력 상담교사	→	학교폭력 상담교사(꿈나무 지킴이)와 성폭력 상담교사(보건교사)의 각 해당 상담실(3층 상담실, 보건실)에서 상담 실시
전문상담교사	→	교내 전문상담교사 자격증을 소지한 교사의 전문상담 실시 전문상담교사의 상담 실시, 온라인 상담
상담교육 담당자	→	본교 상담교육 담당자의 사례 접수
접수 면접자	→	Wee 센터 내의 접수 면접자의 면접 및 1차 평가
센터 내외 전문가	→	사례 회의 및 개입 결정
지역 전문기관 의뢰	→	Wee 센터와 연계로 상담 실시
학교 복귀	→	추후 지원 대책 수립
추수 상담	→	담임교사, 상담교사, 동료교사의 1:1 멘토링

나) 전 교사의 학생 개인 상담을 수시로 실시하여 상담록을 만들었으며 학부모 상담주간을 매 학기 1회를 실시하여 학부모 상담록을 기록하여 학생 이해 자료로 활용하였다. 상담록은 학년 승급 시에 새로운 담임이 학생들에 대해서 더욱 잘 이해하는 데 도움을 주어 인성교육과 학업지도에 유용하게 활용하고자 하였다.

학생·학부모 상담

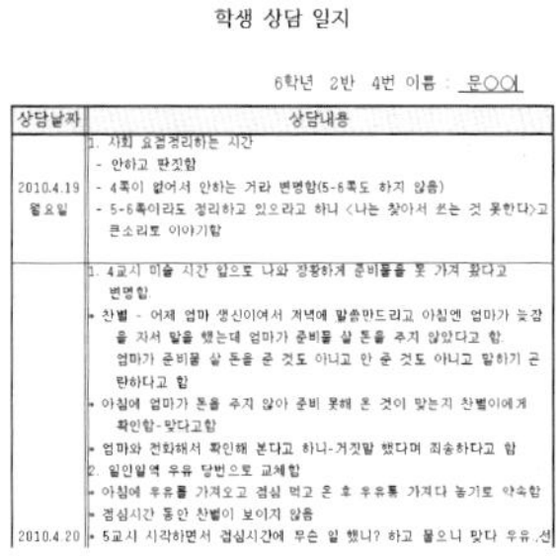

학생 상담 일지

6학년 2반 4번 이름 : 문○○

상담날짜	상담내용
2010.4.19 월요일	1. 사회 요점정리하는 시간 - 안하고 딴짓함 - 4쪽이 없어서 안하는 거라 변명함(5-6쪽도 하지 않음) - 5-6쪽이라도 정리하고 있으라고 하니 <나는 찾아서 쓰는 것 못한다>고 큰소리로 이야기함
2010.4.20	1. 4교시 미술 시간 앞으로 나와 장황하게 준비물을 못 가져 왔다고 변명함. • 찬별 - 어제 엄마 생신이여서 저녁에 말씀만드리고 아침엔 엄마가 늦잠을 자서 말을 했는데 엄마가 준비물 살 돈을 주지 않았다고 함. 엄마가 준비물 살 돈을 준 것도 아니고 안 준 것도 아니고 말하기 곤란하다고 함 • 아침에 엄마가 돈을 주지 않아 준비 못해 온 것이 맞는지 찬별이에게 확인함-맞다고함 • 엄마와 전화해서 확인해 본다고 하니-거짓말 했다며 죄송하다고 함 2. 일인일역 우유 당번으로 교체함 • 아침에 우유를 가져오고 점심 먹고 온 후 우유통 가져다 놓기로 약속함 • 점심시간 동안 찬별이 보이지 않음 • 5교시 시작하면서 점심시간에 무슨 일 했니? 하고 물으니 맞다 우유..선

학생 상담 사례

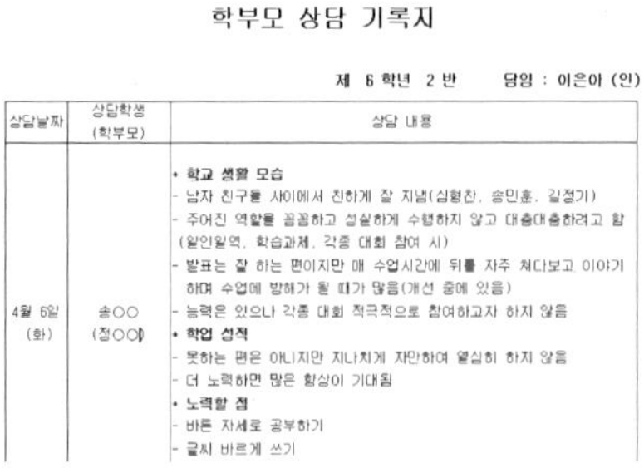

학부모 상담 기록지

제 6 학년 2 반 담임 : 이은아 (인)

상담날짜	상담학생 (학부모)	상담 내용
4월 6일 (화)	송○○ (정○○)	• 학교 생활 모습 - 남자 친구들 사이에서 친하게 잘 지냄(심형찬, 송민훈, 김정기) - 주어진 역할을 꼼꼼하고 성실하게 수행하지 않고 대충대충하려고 함(일인일역, 학습과제, 각종 대회 참여 시) - 발표는 잘 하는 편이지만 매 수업시간에 뒤를 자주 쳐다보고 이야기하며 수업에 방해가 될 때가 많음(개선 중에 있음) - 능력은 있으나 각종 대회 적극적으로 참여하고자 하지 않음 • 학업 성적 - 못하는 편은 아니지만 지나치게 자만하여 열심히 하지 않음 - 더 노력하면 많은 향상이 기대됨 • 노력할 점 - 바른 자세로 공부하기 - 글씨 바르게 쓰기

학부모 상담 사례

학부모 상담 주간

다) 전문상담교사의 언어순화 교육과 학교폭력 예방을 위한 개인 상담 및 집단 상담 프로그램을 실시하였다.

전문상담교사 상담수업

분노조절 프로그램 내용

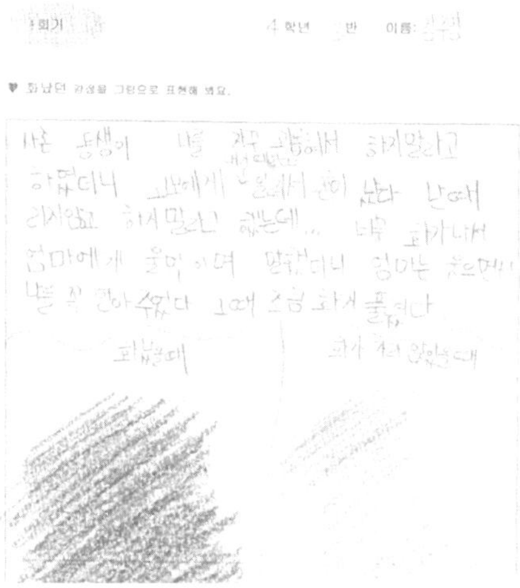

분노조절 프로그램 학습지

라) 꿈나무 지킴이는 학교폭력 상담실을 운영하고, 보건선생님으로 하여 성고충 상담실을 운영하고 있으며, Wee Class를 구축하여 전문상담교사를 확보하여 운영하였다. 꿈나무 지킴이의 개별 상담과 집단 교육은 학교폭력을 사전에 발견하고 담임과의 협조로 학생들이 가해자이면서 또한 피해자가 되지 않도록 했으며, 피해자의 경우 Wee Class와의 협조로 적극적인 예방 활동을 전개하였다. 꿈나무 지킴이 개인 상담 기록부를 기록하여 상담 자료로 활용하였고, 집단 교육의 경우 미리 교육 내용을 선정하여 학생들에게 바른 말 사용과 효에 대한 집중적인 교육이 이루어지도록 전교생을 대상으로 실시하였다.

교내 상담실 운영

학교폭력 상담실   성고충 상담실   Wee Class

나. On-line 상담실 운영

1) 운영 목적
학교 홈페이지에 상담실 배너를 구성하여 언제, 어디서나 전문상담교사에 의한 양질의 상담 서비스가 이루어지도록 하였다.

2) 운영 방법
가) 전문상담교사를 학교 홈페이지의 상담실을 운영하는 책임 교사로 임명하고 다양한 정보를 학생들에게 제공하였다.

나) 익명성이 보장이 되도록 하고 문제 해결 방법에 대한 정보는 게시판과 e-mail 이용 등 다양하게 활용하였다.

다) 학교 홈페이지에 전체 학생들을 대상으로 On-line 상담실을 운영하고 학급 홈페이지에는 학급을 대상으로 '친구 사랑 알림장'과 '고민 있어요' 게시판을 통해 지속적인 상담이 이루어지도록 하였다.

3) 운영 결과
가) 학교 홈페이지의 메인 화면에 온라인 상담실 배너를 구성했으며 Wee Class와 학교폭력 예방에 관련된 유용한 자료를 제공하였다. 익명으로 상담이 이루어지고 상담 요청 시에 신속하게 답변이 되도록 전문 상담교사가 실시간 게시판 관리를 하였다.

On-line 상담실

<table>
<tr><td style="text-align:center">홈페이지 메인화면</td><td style="text-align:center">Wee Class, 학교폭력 상담실</td></tr>
</table>

나) 모든 학급에서 '친구 사랑 알림장'을 통해서 정보 제공과 좋은 글이나 동영상 등을 제공하고 '감동이 있는 글 댓글 달기 운동'을 실시하여 인성교육을 강화하였으며 '고민 있어요' 게시판을 통해서 담임교사와 상담이 이루어지도록 하였다.

<table>
<tr><td style="text-align:center">친구 사랑 알림장</td><td style="text-align:center">고민 있어요</td></tr>
</table>

다. Wee Class 운영

1) 운영 목적

또래 상담 프로그램을 학생들에게 적용하여 또래 상담자를 육성하고, 이를 활용하여 학급 내 부적응 학생을 상담하거나 교사와 보완 지도를 통해 학교생활 부적응 예방 및 건전한 학교 문화를 만들고자 하였다. 또한 사이버 상담을 운영하므로 시·공간을 초월하여 학생들의 고민을 들어 주며 대화의 통로역할을 할 수 있도록 하였다. 상담실의 원활한 이용을 위한 홍보 이벤트를 통해 적극적인 상담실 활용을 도왔다. 4, 5, 6학년 중심의 언어폭력 예방 프로그램 집단 교육과 다양한 집단 상담 활동을 운영하므로 직·간접적으로 학생들의 안정적 정서를 도모하였다. 학생들과의 위기 상담 시 필요에 따라 학부모 상담, 가족 상담도 연장하여 운영하였다.

2) 상담실 운영 방법

가) 또래 상담 활동

(1) 또래 상담자 프로그램에 참여하고 있는 학생은 학급에서 상담자의 역할을 하였다. 따라서 그 학급에서 일어나는 다양한 친구들의 고민과 문제 해결을 위해 노력하였다.

(2) 상담일지를 기록하고 담임교사, 상담교사의 보완 지도를 받았다.

(3) 또래 상담자 역할을 강화하기 위하여 또래 상담 전문 강사를 초청하여 연수 프로그램을 실시하였다.

또래 상담 운영 및 또래 상담 세부 일정

또래 상담 집단 프로그램		임명장 수여		또래 상담 실시		또래 상담협의회		또래 상담자 역할강화 연수
또래 집단 상담 10회기 진행 과정 중 자기 분석과 상담자의 기본자세, 또래 상담 기법 익히기	⇨	○○초등교 또래 상담자로 임명	⇨	·학급에서 또래 상담 실시하기 ·부적응 학생과 대화하기 ·상담교사의 도움이 필요한 학생 발굴하여 중재하기	⇨	·학급일지, 상담일지, 상담우수 사례 발표하기 ·동료 및 상담교사의 슈퍼비전	⇨	·또래 상담자 역할강화 연수 ·모범 또래 상담자 시상

월	일정	프로그램 주제
4월	3주	첫째 마당 ·방향 제시와 자기소개를 위한 프로그램(나는 누구인가?)
4월	3주	둘째 마당 ·또래 상담에 대한 참여 동기 유발을 위한 프로그램(나에게 친구의 의미는?)
4월	3주	셋째 마당 ·친구 탐색을 위한 프로그램(친구 속의 내 모습은?)
4월	4주	넷째 마당 ·친구 간의 믿음을 쌓기 위한 프로그램(친구와 왜 멀어졌을까?)
4월	4주	여섯째 마당 ·관심 기울이기의 중요성을 경험하기 위한 프로그램(친구와 가까워지기 Ⅱ)
4월	5주	일곱째 마당 ·내 마음을 효과적으로 전하기 위한 프로그램(내 마음 전하기)

나) 또래 상담 운영 결과

(1) 4~6학년 각 반 1명씩 또래 상담자 교육을 실시하였고 또래 상담자로 임명하였다.

(2) 또래 상담 활동 육성 프로그램을 구안·적용 하였다.

(3) 또래 상담일지를 기록하고 담임교사, 상담교사와의 보완지도를 통해서 부적응 학생을 지도하였으며, 사전에 부적응 징후를 파악함으로써 예방 활동을 할 수 있었다.

(4) 또래 상담 전문 강사를 초청하여 또래 상담자 역할의 역량을 강화하였다.

또래 상담활동

또래 상담교육 활동   또래 상담자 임명장   또래 상담활동 역량 강화 프로그램 연수

우리 반 감정일기   원무지개, 어기역차 전략   또래 상담 장면

다) 사이버 상담, 집단 교육

학기 초 4, 5, 6학년 각 반을 대상으로 언어폭력 예방을 위한 집단 교육을 실시하였다. 신체적인 폭력 이상으로 마음에 상처를 줄 수 있는 언어폭력에 대해 알아보고 학생들이 너무도 쉽게 사용하고 있는 '욕'의 현주소를 알아보고 욕의 원뜻이 가지고 있는 해악을 살펴보고 학생들 각자가 언어폭력을 쓰지 않겠다는 서약을 하는 시간이 되었다. 언어폭력의 원인이 배려심의 부족에서 시작되기 때문에 '배려'라는 동영상과 말이 주는 긍정적 힘과 부정적 힘을 알아보기 위하여 '말도 상처가 돼요' 동영상을 시청하였다.

Wee Cass 사이버 상담, 집단교육 운영

위클래스 사이버 상담

언어폭력 예방 집단교육

언어폭력 예방활동 서약서

라) 다양한 상담실 이벤트(홍보 이벤트, 순우리말 겨루기, 동요개사대회, '사랑과 우정을 나눠요'데이)

학생들의 원활한 상담실 이용을 돕기 위해 전교생을 대상으로 상담실 홍보 이벤트를 실시하였다. Wee Class 이용 예절, Wee Class에서 할 수 있는 일, 상담실 이용 방법 등에 관해 퀴즈에 바르게 응답한 자 중 추첨에 의해 상품을 지급하였다. 이벤트 효과로는 저학년부터 고학년에 이르기까지 학생들의 원활한 상담실 이용이 가능해진 것이라고 할 수 있다. 언어순화 실천 이벤트로 3학년 학생들 대상으로 순우리말 뜻 알아보기, 자주 쓰는 우리말 표현 알아보기, 우리말 속담 알아보기를 기초로 '도전 골든벨'을 실시하였다. 5, 6학년들 대상으로는 바른 말 고운 말 실천운동으로 '사과 같은 내 얼굴' 동요 개사대회를 열었으며, 아름답고 예쁜 말로 다양한 가사들이 재창조되었다. 1, 2학년 학생들 대상으로는 '사.우.나.데이(사랑과 우정을 나눠요)' 행사를 실시하였다. 친구들은 그동안 미안했고 서먹한 친구들에게 아름다운 색소금을 만들어 선물하는 기회를 갖게 되었다.

상담실 홍보 이벤트

상담실 홍보 이벤트

도전 골든벨
순우리말 겨루기

동요개사대회

사.우.나.데이
(사랑과 우정을 나눠요)

마) 다양한 집단 프로그램 운영

부모님들의 권유와 각 반 담임선생님의 추천을 받은 학생들을 중심으로 산만한 아동을 위한 주의집중력 향상을 위한 집단 상담, 자존감 향상을 위한 집단 미술치료 프로그램, 주의집중력 향상과 과잉행동 해소를 위한 집단 미술치료 프로그램 등을 운영하므로 원만한 친구관계와 학교생활의 적응을 도울 수 있었다.

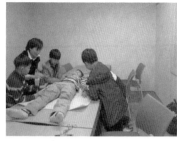

| 산만한 아동 집단 상담 | 자존감 향상 미술치료 프로그램 | 주의집중력 향상 미술치료 프로그램 |

바) 가족 상담 및 학부모 상담

'행복한 우리 가정'이라는 상담 목표를 가지고 두 가정을 초청하여 가족 상담을 운영하였다. 부모님은 자녀를 알아가는 계기가 되고 자녀 또한 부모님의 마음을 이해하는 계기가 될 수 있었다.

| 가족 상담1 | 가족 상담2 | 학부모 상담 |

라. 언어순화 맞춤형 척도검사

1) 운영 목적

초등학생의 발달, 심리적 특성과 학교폭력에 대한 태도를 분석하여 학교폭력에 영향을 미치는 개인 특성과 환경 특성을 파악하여 담임교사 및 학교 차원의 생활지도의 기초 자료로 활용하였다.

2) 운영 방법

가) 각 척도를 월별 계획에 의해 실시한 후 개인별 점수를 생활지도에 활용하였다.

나) 학급 아동의 자존감, 사회적 기술의 부족, 부적절한 분노 표현, 따돌림, 학교폭력의 허용성, 학교폭력의 행위 가능성, 언어적 공격성을 파악하였다.

척도검사 실시 계획

척도 내용	대상	시기	담당/협조	비고
자아존중감	1~6학년	5월, 7월, 10월	담임교사/보건	
언어적 폭력	1~6학년	5월, 7월, 10월	담임교사/보건	
사회적 능력	3~6학년	5월, 7월, 10월	담임교사/보건	
학교폭력에 대한 허용도	3~6학년	6월, 9월, 11월	담임교사/보건	
학교폭력 행위 가능성	3~6학년	6월, 9월, 11월	담임교사/보건	

척도검사 예시(언어적 공격성)

번호	언어생활	예	아니요
1	나는 가끔 내가 싫어하는 사람 흉을 본다.	1	0
2	나는 친구들의 행동이 옳지 않다고 생각될 때는 그 점을 친구에게 이야기해준다.	1	0
3	가끔 사람들과 다른 의견을 표현한다.	1	0
4	사람들이 나의 생각에 찬성하지 않을 때는 말싸움을 할 수밖에 없다.	1	0
5	나는 누군가에게 화가 났을 때는 침묵으로 그를 대하는 편이다.	1	0
6	나는 사람들이 나의 의견을 존중하도록 요구한다.	1	0

3) 운영 결과

월별로 척도검사를 실시하였고 결과로 아동 상담에 활용하여 사전에 부적응 아동 파악과 학교폭력 예방에 이용하였다. 또한 척도검사의 검사문항 내용만으로도 어린이들에게 왕따 문제, 부적응 문제 등을 간접교육 하는 데 이용하였다.

아동특성 결과표

번호	성명	자아존중감			집단 따돌림			사회적 능력			학교폭력 허용도			폭력행위가능성		
		5월	7월	10월	5월	7월	10월	5월	7월	10월	6월	9월	11월	6월	9월	11월
1	권○○	25	28		17	20		89	81		28			19		
2	김○○	36	40		12	12		83	84		30			21		
3	김○○	16	31		22	25		81	78		28			24		
5	박○○	25	23		22	31		89	87		20			13		
평균점수		29	31	####	14.9	16.2	####	97.4	97.6	####	24.4	####	####	18	####	####

Ⅲ. 교육공동체가 함께하는 행복한 만들기 프로젝트

1. 지역사회 전문가를 활용한 SS(Smile School) 프로그램 적용

가. 교육복지투자우선지역 지원 사업운영

1) 운영 목적

　○○초등학교는 위치가 도시와 농촌의 성격이 함께 있으며 주변에 빈민층이 형성되어 있어 저소득층의 어린이가 전체 학생에 많은 부분을 차지하고 있는 교육복지투자우선 대상 학교이다. 지역사회 전문가를 활용하여 저소득층 학생의 학습결손을 예방하며 학생의 다양한 문제를 파악하였다. 또한 학교를 중심으로 한 지역네트워크 공동체를 통해 저소득층 학생의 욕구를 충족시켰다.

2) 운영 방법

　가) 교육복지대상학생을 파악하여 운영하였다.
　나) 지역사회 전문가를 활용한 프로그램을 운영하였다.
　다) 지역사회공동체를 활용한 사업을 운영하였다.

3) 운영 결과

20○○ SS(Simle School) Program 운영

영역	세부 영역	사업명	세부 내용	대상 및 추진 일정	담당부서	결과
학습	학습	오름길 학습지도	기초학습부진아를 대상으로 기초학습능력 향상을 위해 5개 반 운영	교육복지 대상 20○○.3.~2012.2.	연구부	
		Jump Dream	6학년의 교과학습능력 향상을 위해 담임교사들의 지도로 방과 후 운영	6학년 대상 20○○.3.~2012.2.	연구부	
		인텐시브 스터디과정	보통 이상 학력 6학년·영어·리더십 교육과정 ·교육지원청 공동사업, ○○대학교평생교육원 연계	교육복지 대상 20○○.7.18.~8.5.	윤리부	
		Multi-science World	보통 이상 학력 5학년 ·창의과학체험 교육과정 ·교육지원청 공동사업, 건양대학교 평생교육대학 연계	교육복지 대상 20○○.7.25.~8.5.	윤리부	
		도서관활성화	책과 떠나는 음악 여행, 마법의 책 축제 등 독서의 생활화를 위해 다양한 독서프로그램 진행	전교생 20○○.3.~2012.2.	연구부	
문화·체험	테마 문화체험	테마체험단	테마(생태, 진로, 문화 등)로 진행되는 문화체험활동 운영	전교 대상 20○○.4.~2012.2.	교무부	
심리·정서	심리·정서 발달 프로그램	교육복지실 활성화	학습 준비물 상시 대여 소원우체통, 교육복지의 날 운영	전교 대상 20○○.4.~2012.2.	윤리부	
		학교적응력향상 프로그램	저학년을 대상으로 원만한 또래관계를 형성하면서 학교에 잘 적응할 수 있도록 돕는 프로그램 운영	1~2학년 대상 20○○.5.	윤리부	
		위기 학생 사례관리	심리·정서적 어려움을 겪고 있는 학생의 문제 해결을 위해 개별, 집단 상담 실시	위기 학생 대상 20○○.7.~20○○.8.	윤리부	
		나의 꿈 찾기 (진로탐색 프로그램)	진학 및 진로에 대한 고민을 해결하기 위한 프로그램	전교 대상 20○○.9.	연구부	
		거북이 달리다	ADHD 학생의 사회성 향상 및 학교 적응력 향상을 위한 프로그램 운영	위기 학생 대상 20○○.7.~20○○.8.	윤리부	
	가족기능 강화 프로그램	Happy Family Project	가족의 기능을 강화함으로써 가족의 문제를 해결하거나 치유를 돕는 프로그램 운영 및 학부모 연수	교육복지 대상 20○○.7.~20.○○.8.	윤리부	
복지	학교 생활지원	현장체험 지원	경제적 어려움 부담 경감을 위해 체험비 지원	전교 대상 20○○.4.~20○○.10.	윤리부	
		수련활동 지원				
		수학여행 지원				
		학습 준비물 지원	정상적인 학습참여 도움 제공	전교 대상 20○○.4.		

복지	지역 네트워크	신나는 우리 마을 만들기	지역 내 유관기관 연계협력을 통한 지역교육공동체 구현	지역학교 및 유관기관 20○○.4.~2012.2.	윤리부	
		꿈꾸는 꾼 만들기	토요휴업일 프로그램 ・영어, 과학, 창의적 인문과학 ・삼성지원, 교육지원청, 건양대학교 협력사업	해당학생 대상 20○○.4.9.~6.25.	윤리부	
		모해멘토링	5~6학년 멘토링 ・굿네이버스 아동보호전문기관	해당학생 대상 20○○.5.14.~12.10.	윤리부	
		키자니아 아동 직업체험 프로그램	동구사회복지관연합사업 ・○○사회복지관 연계	교육복지 대상 6.29.	윤리부	
		복지만두레 러브투게더	욕구별 및 재능지원 장학금 지원	전교 대상 7가정 20○○.4.~2012.4.	윤리부	
지원	전문성 향상 연수	소그룹 연수	교직원 폼아트 진행	교직원 대상 20○○.6.3.~7.11.	윤리부	

나. 학습영역

1) 운영 목적

저소득층 학생의 기초학습능력을 향상시킴으로써 학교 적응력을 향상시켰으며, 학습능력을 향상시키고자 운영하였다.

2) 운영 방법

가) 오름길 교실은 퇴직 교원들의 강의로 방과 후에 기초학력이 부진하거나 교과학습이 부진한 학생을 대상으로 국어, 영어, 수학 교과목 학습지도를 실시하였다.

나) Jump Dream을 통해 본교 교사의 수업으로 6학년 저소득 학생의 학습능력을 증진시켰다. 또한, 2학기에는 5학년 학생들의 성적 향상에 도움을 주고자 한다.

다) 도서관활성화사업으로 책을 통한 학습능력 향상을 유도하였다.

3) 운영 결과

가) 오름길 학습지도를 통해 기초학습 부진아의 감소 및 교과학습 부진아의 감소를 통해 학교 적응력을 높일 수 있었다.

나) 다양한 독서프로그램 0교시 책 읽어주기, 친구 사랑 인성 독서 골든벨, 세계 책의 날 행사 등과 같은 활동을 통해 즐거운 독서 문화를 형성하였다. 책 나라 여행기를 통해 지속적인 독서 습관을 형성하였다.

오름길 교실

점프 드림

오름길 및 점프드림 활동사진

친구 사랑 인성 독서 골든벨

0교시 엄마가 들려주는 동화

세계 책과 저작권의 날 행사

도서관활성화사업 활동사진

책 나라 여행기 독서대통령

여름방학 북아트 독서캠프

창의력 향상 독서 프로그램

다. 문화체험영역

1) 운영 목적

교육과정에 맞는 테마를 정하여 교육복지 대상 학생에게 다양한 문화체험의 기회를 제공함으로써 학교 적응력을 향상시켰다.

2) 운영 방법

가) 테마 체험단을 운영하였다. 저학년과 고학년으로 나누어 운영하며 매 회기 테마 및 주제를 가지고 교육복지 대상 학생에게 연 4회 실시하였다.

나) 테마체험교실로 석부작 공예 및 취미와 특기를 키워줄 수 있는 POP와 냅킨아트를 여름방학 동안 진행하였다.

3) 운영 결과

가) 샙띠마을 만족도 분석결과

자두 꽃 축제에 참여해서 본인의 글쓰기, 그리기 능력을 발휘하는 데 도움이 되었는지의 질문에 '아주 많이 그렇다'와 '그렇다'가 6명(30%)으로 가장 높게 나타났으며 '아주 그렇다', '조금 그렇다'가 4명(20%)으로 전반적으로 긍정적으로 나타났다. 자두 꽃 축제 체험활동은 재미있었는지의 질문에 아주 많이 그렇다가 13명(65%)으로 가장 높았으며, 아주 그렇다 2명(20%), 그렇다 3명(15%)으로 나타났다.

나) 천안 상록리조트 만족도 분석결과

학업스트레스를 해소하는 데 도움이 되었는지의 질문에 '아주 그렇다' 28명(56%)으로 가장 높게 나타났으며, '그렇다' 11명(22%), '조금 그렇다' 6명(12%), '아주 그렇다' 5명(10%)으로 66% 이상의 아동이 학업스트레스를 해소하는 데 도움이 되었다고 하였다. 새로운 문화체험을 하는 데 도움이 되었는지의 질문에 '아주 많이 그렇다' 26명(52%)으로 가장 높게 나타났으며, '그렇다' 11명(22%), '아주 그렇다' 6명(12%), '조금 그렇다' 5명(10%), '아니다' 2명(4%)으로 나타났다. 친구들과 친해지는 데 도움이 되었는지의 질문에 28명(56%)이 '아주 많이 그렇다'고 답하였으며, '그렇다' 10명(20%), '아주 그렇다' 7명(14%), '조금 그렇다' 4명(8%), '아니다' 1명(2%)의 순으로 나타났다.

다) 자두 꽃 페스티벌, Summer Festival

문화체험영역 활동사진 1

 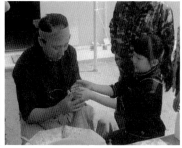 

| 자두 꽃 페스티벌 - 샙띠마을 | 자두 꽃 페스티벌 - 샙띠마을 | 천안상록리조트 |

라) 테마체험교실 - 석부작, POP, 냅킨아트

문화체험영역 활동사진 2

석부작 원예교실

예쁜 글씨(POP) 교실

냅킨아트

라. 심리 · 정서 영역

1) 운영 목적

심리 · 정서적 어려움을 겪고 있는 학생들의 문제 해결에 도움을 주기 위해 사회복지사가 개입하여 통합서비스를 수행하였다.

2) 운영 방법

가) 교육복지실 활성화

교육복지 학생들의 소원성취 프로그램으로 소원우체통과, 학습 준비물 대여, YOU IN I 교육복지의 날 행사(알쏭달쏭 교육복지 퀴즈, 학부모 교육복지 4행시 짓기, 꿈 별 하늘 달기)를 진행하였다.

나) 위기 학생 사례관리

교육복지 학생 중 10명의 학생을 선정하여 보다 집중적인 관심을 가지고 사례관리를 진행하고 있다. 3학년 10명의 학교 부적응 학생 자존감 향상 집단 미술치료 프로그램을 전문 강사를 초청하여 총 10회기 진행하였다.

다) 나의 꿈 찾기

○○ 사회복지관과 협약하여 '드림UP멘토링 시즌 5'를 진행하였다. 매월 공동 활동과 개별 활동으로 총 4명의 학생들이 멘티로 참여하고 있다.

라) 신학기 친친교실

1학년 학생들의 학교 적응력 향상을 위해 집단 레크리에이션과 협동 미술 작품활동 프로그램을 진행하였다.

마) Happy Family Project

교육복지 총 45가정이 참여하여, 김천 샙띠마을 자두 따기 농촌체험을 진행하였다.
하반기에 가족 집단 상담 프로그램을 진행할 예정이다.

3) 운영 결과

가) 교육복지실 활성화

교육복지의 날 행사 'YOU IN I'는 6월 11일 교육복지의 날 행사를 통해 교육복지를 통해 교육복지 대상 학생의 낙인감을 제거하고 긍정적인 인식을 갖게 하기 위한 사업으로 학생, 교사, 학부모가 긍정적인 인식을 갖게 되었다. 소원우체통을 통해 학생들의 마음을 이해하고 소원을 성취해주는 기회가 되었다.

나) 위기 학생 사례관리

총 10케이스를 선정하여 사례관리를 진행하고 있으며 사례관리자인 사회복지사를 중심으로 다양한 지역사회자원을 연결하여 진행하고 있으며 총 3회의 사례회의를 통해 실시하였다.

다) 나의 꿈 찾기: "드림업 멘토링 시즌5"

○○사회복지관과 협약을 통해 드림업 멘토링 시즌5에 4학년 4명의 학생이 참여하여 토요휴업일에 ○○외국어고등학교 멘토 친구들과 심리 정서 및 진로와 긍정적 모델링을 설정하는 데 도움을 주고 있다.

라) 학교 적응력 향상 프로그램 "친(한)친(구) 교실"

1학기 초 1학년 4개 반 학생들이 참여하였으며 전문 레크리에이션 강사와 미술 강사를 통해 학교 적응력 향상과 친구들과의 관계성을 증진시켰다. 또한 프로그램에 만족도 점수가 10점 만점에서 평균 9.7점이 나왔다.

마) Happy Family Project

가족 나들이를 통해 가족 간의 친밀감과 추억을 만들어줄 수 있는 기회가 되었다. 만족도 조사 결과 참여한 95%의 가족이 가족과 소중한 추억을 만들었다고 나타났으며, 즐거운 시간을 보냈다고 답하였다.

심리 정서영역 활동사진

교육복지의 날

위기 학생 사례관리
: 자존감 향상 집단 프로그램

나의 꿈 찾기-드림업 멘토링

친친교실 - 레크리에이션

친친교실 - 미술치료

Happy Family Project

마. 복지 및 지원영역

1) 운영 목적

지역 내 학교 및 유관기관과의 연계 협력을 통해 자원을 공유하고 공동의 과제를 수행하여 지역교육공동체를 구현하였다.

2) 운영 방법

가) 신나는 우리 마을 만들기: 동네방네 행복한 축제 - 동구지역에 위치한 지역사회기관 및 학교가 참여하여 다양한 체험활동을 실시하였다.

나) 지역네트워크 사업: 우리 가족 행복 찾기, 가족 기차 여행의 가족 프로그램으로 가족들에게 소중한 추억 및 가족애를 형성할 수 있는 기회를 제공하였다.

그 밖에 굿네이버스 모해멘토링을 통해 ○○대학교 사회복지학과 멘토 학생들과 5~6학년 교육복지 10명의 학생이 정기적 교류를 통해 자아탐색 및 대인관계능력을 향상하고자 했다.

다) 아주 특별한 토요일: 저소득층 학생의 영어능력 향상을 위해 건양대학교 평생교육원과 연계하여 운영되며 매월 토요휴업일에 실시하였다.

라) 교직원 전문성 향상 연수 - 교직원 소그룹 연수로 총 13명의 교사가 "폼아트"를 배움으로써 기술을 익혀 학급 환경미화에 도움이 될 수 있도록 하였다.

3) 운영 결과

가) 신나는 우리 마을 만들기: 동네방네 행복한 축제를 통해 지역사회의 공동체가 유기적으로 연계하여 우리 마을에 긍정적인 영향을 주고 있다는 것을 보여주는 행사였으며 YOU IN I 는 6월 11일 교육복지의 날 행사를 통해 교육복지를 통해 교육복지 대상 학생의 낙인감을 제거하고 긍정적인 인식을 갖게 하기 위한 사업으로 학생, 교사, 학부모가 긍정적인 인식을 갖게 되었다.

나) 지역네트워크사업: 다양한 지역사회의 연계를 통해 가족애 향상과 학생들의 대인관계 및 자존감 향상에 도움이 되었다. 또한 어린이재단의 7명 학생에게 장학금 지원을 통해 경제적 부담 경감으로 학원비 지원 및 재능개발에 도움이 되었다.

다) 아주 특별한 토요일: 건양대학교 평생교육원과 동부교육청이 협약한 사업으로 교육복지 대상 학생의 영어능력을 향상시키기 위한 프로그램으로 6명의 학생이 참여 중이며 학생의 90%가 적극적으로 참여하였다.

라) 교직원 전문성 향상 연수: 4회의 폼아트 수업이 진행되었으며, 본 프로그램으로 수업에 활용하는 데 도움이 되었는지의 질문에 참여한 교사 100% 긍정적으로 답하였다.

복지 및 지원영역의 활동사진

동네방네 행복한 축제

교직원 전문성 향상 연수

○○시 건강가정지원센터
: 우리 가족 행복 찾기

건양대학교 '꿈꾸는 꾼 만들기'

행복 충전 가족 기차 여행

굿네이버스 - 모해멘토링

2. 다양한 문화 체험활동을 통한 행복 학교 만들기

가. 규칙과 질서 존중 시스템 구축

1) 운영 목적
학생 인권과 교사의 교권이 상호 존중되는 학생 중심 생활지도 실현을 위해 상·벌점 카드 활용을 통한 그린마일리지 시스템을 구성하고, 통계, 조회 기능 지원을 통해 인성지도의 효율성을 극대화하고 규칙과 약속이 존중되는 학교 문화를 정착시켰다.

2) 운영 방법
가) 교육 공동체가 참여하여 학교 교칙을 수정·보완하여 모두가 만족하는 규칙을 제정하였다.
나) 칭찬 점수와 벌점 점수가 함께 운영되는 디지털 시스템을 도입하고, 벌점을 극복할 수 있는 다양한 기회를 부여하였다.
다) 모범 학생, 모범 학급에 대한 시상을 통해 동기부여를 강화하였다.

3) 운영 결과
가) 디지털 상·벌점 시스템인 그린마일리지를 구축하여 자료의 체계적인 정리 및 활용이 가능도록 하였다.
나) 상점 카드와 벌점 카드를 만들어 전교생에게 나눠주었으며 교실에 그린마일리지표를 부착하여 홍보하였다.

상·벌점 카드

상점카드	상점 번호 및 내용별 점수	벌점카드	벌점 번호 및 내용별 점수
지도 월일 ( )월 ( )일	1. 각종 교내·외 대회에서 수상하고 학교 명예를 드높임 : 1점 2. 학교 행사 추진에 적극적으로 참여함 : 1점 3. <u>수업시간</u>에 바른 태도로 참여함(1주일간: 1점 4. <u>도서실 이용결과</u>가 우수함(1주일간: 1점 5. <u>과제 및 수업 준비</u>를 잘해옴(1주일간: 1점 6. 몸이 불편하거나 아픈 친구, 부족한 친구를 잘 도와줌(1주일간): 1점 7. 애교봉사활동(2일)에 열심히 참여하고 1인1역을 책임감 있게 함 : 1점 8. 교외에서 분실물을 습득 후 신고하여 주변 어른께 칭찬 (추천)이 들어옴 : 1점 9. 복도나 계단에서 우측통행으로 걸어 다님 : 1점 10. 인사를 잘함 : 1점 11. 바르고 고운 말을 씀 : 1점 12. 복장, 이름표, 머리 등 용의가 단정함 : 1점 13. 잔반 zero활동에 열심히 참여함(5일간): 1점 14. 기타 모범적인 행동을 함 : 1점	지도 월일 ( )월 ( )일	1. 나쁜 말과 욕설을 함 : 1점 2. 선생님에게 불손한 행동을 함: 3. 실외에서 실내화, 실내에서 실외화 착용함: 1점 4. 등교, 수업시간 지각, 등교 후 교문 출입함: 1점 5. 실내에서 공놀이, 뛰기, 위험한 장난함: 1점 6. 군것질을 하거나 껌을 씹고 쓰레기를 버림: 1점 7. 침, 껌, 휴지를 함부로 뱉거나 버림: 1점 8. 수업 중 휴대폰, mp3 등 휴대기기 사용함: 1점 9. 타인의 물건을 가져가거나 훔침: 2점 10. 청소 및 당번활동에 불성실함: 1점 11. 교내외 물건을 파손하거나 더럽힘: 1점 12. 학습태도나 과제해결이 불성실함: 1점 13. 친구와 싸우고 친구를 괴롭히거나 방해함: 2점 14. 남을 때리거나 상처를 입힘: 2점 15. 학교폭력, 도벽, 흡연, 음주 등의 상담을 요하는 문제 행동을 함: 3점 16. 그 밖에 지도를 요하는 행동을 함: 1점
상점자·확인	·( )학년 ( )반 ( )번 ·성명: (서명)	벌점자·확인	·( )학년 ( )반 ( )번 ·성명: (서명)	
상점 번호·점수	·상점 번호: ( )번 ·상점 점수: ( )점 ※참고: 상점 번호/내용별 점수	벌점 번호·점수	·벌점 번호: ( )번 ·벌점 점수: ( )점 ※참고: 벌점 번호/내용별 점수	
지도교사 성명: (서명)		지도교사 성명: (서명)	

상점 카드   **벌점 카드**

그린마일리지 디지털 시스템 운영

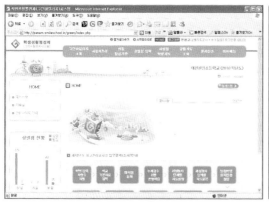 

| 그린마일리지 홈페이지 | 지도점수 누계 |

나. 배려와 존중의 학교 문화 조성

1) 운영 목적

사람은 누구나 세상에 태어나 자기의 삶은 의미 있게 살아보고자 노력하며, 다른 사람으로부터 하나의 인격체로서 대접받기를 원한다. 내가 대접받기 위해서는 먼저 그만큼 정성을 다해서 상대방을 대접해주어야 한다. 어린이들에게 다양한 체험 활동을 통해 타인에 대한 배려와 존중의 마음을 심어주어 건전한 학교 문화를 조성하였다.

2) 운영 방법

가) 언어순화 운동

학생, 학생과 교사, 교사 상호 간에 바른 말 고운 말 쓰기 언어순화 운동을 실시하여 배려와 존중의 문화를 만들었다. 학년성에 맞는 언어순화 교육 프로그램을 구안하여 생활 속에서 바른 언어와 접할 수 있는 기회를 제공하였다. 친구관계 개선을 위한 '○○ 어린이'를 발간하여 습관화를 통한 내면화를 하였다.

나) 수호천사 운동

학생들의 올바른 인성과 배려심을 키우고 왕따를 비롯한 학교폭력을 줄여 웃음이 넘치는 학교를 만들기 위해 월 1회 수호천사를 선정하여 자율적 실천을 유도하여 편지 쓰기, 도움주기 등을 하고 우수 사례를 시상하였다.

다) 칭찬은 고래도 춤추게 한다

학생들에게 배려심에 대한 인성지도의 한 방법으로 칭찬에 인색하지 않은 학교 문화를 만들기 위해서 '칭찬우편함제' 실시와 홈페이지를 통한 '칭찬합시다' 게시판을 만들어 칭찬을 받은 사람과 칭찬을 한 좋은 미담 사례를 아름다운 아침 칭찬 조회를 통해 소개하였다.

라) 빈 그릇 운동

음식을 함부로 버리는 것은 단순한 경제적 손실, 자연환경 훼손의 차원을 넘어 인간 정서의 파괴를 의미한다. 학생들은 빈 그릇 서약과 실천으로 음식의 소중함을 깨달을 수 있으며, 자신을 자연과 사회와 연관된 존재로 느끼고, 나아가 음식에 담긴 수많은 정성에 대한 감사한 마음을 기를 수 있었다. 먹을 만큼만 적당히 덜어서 남김없이 다 먹게 되면 마음이 평화로워지고 건강해진다. 또 이를 어려운 이웃과 나눠 쓸 수 있으니 행복해지고, 욕구의 절제와 나눔이라는 실천덕목을 기르게 되었다.

마) 굿네이버스 운동

굿네이버스 운동에 전교생이 참여하여 사랑의 동전 모으기와 아름다운 편지 쓰기 운동을 통해 타인에 대한 나눔의 정신을 실천하고 체험하여 배려의 마음을 키웠다.

바) ○○ 스승 장학회

본교 교직원과 본교를 떠나신 선생님들이 중심이 되어 스승 장학회를 만들어 매달 장학금을 모아 어려운 가정환경에서 최선을 다해 공부하는 어린이들에게 매 학기 장학금을 전달하고 격려하는 행사를 개최하였다.

3) 운영 결과

가) 언어순화 운동

학년별 언어순화 교육 프로그램을 지속적으로 시행하여 어린이들의 바르고 고운 우리말 사용에 대한 중요성을 인식시켰다. 또한 '인사를 잘하는 ○○어린이' 명찰을 제작하여 패용하도록 하였으며 구호로 학생은 '효도하겠습니다'라고 하고 교사는 답례로 '사랑합니다'로 하여 웃어른에 대한 효행의 공경심을 지도하였다.

학년별 언어순화 교육프로그램

학년	주제	내용	기간
1학년	한글 바르게 사용하기	'글씨를 바르게 써봅시다' 학습지	교과시간, 아침활동
2학년	우리말 바르게 쓰기	국어교과와 연계한 띄어쓰기 지도 및 맞춤법 지도	교과시간, 아침활동
3학년	재미있게 우리말 공부해요	월별 목표 세워 우리말 지도	교과시간, 아침활동
4학년	우리말 사랑	다양한 활동을 통한 우리말 사랑 나눔	교과시간, 여가시간, 특별활동시간
5학년	바른 말 고운 말 사용하기	외래어 간판 바꾸기, 홈페이지 탐방하기, 마을 이름의 고유어 조사	교과시간, 여가시간, 특별활동시간
6학년	친구에게 힘이 되는 하루 한마디	하루에 한마디씩 친구에게 힘이 되는 말해주기	아침활동시간, 여가시간

나) 수호천사 운동

수호천사 운동을 통해 학급에서 소외되는 어린이들에게 세심한 배려를 할 수 있었으며 원만한 친구관계 형성에 도움이 되었다.

수호천사 활동

사랑의 편지함을 비치하여 자신의 수호 천사에게 비밀편지를 주고받을 수 있게 함

무작위로 이름을 뽑고 선행을 실천함: 최소 1달에 1회 이상 사랑의 편지함 이용

다) 칭찬릴레이 운동

칭찬의 문화를 확산하기 위하여 홈페이지를 통한 '칭찬합시다' 게시판을 만들었으며 미담 사례를 생활지도에 활용하였다. 또한 각 학년의 복도에 '칭찬우편함'을 설치했으며 각 교실에 칭찬엽서를 비치하여 이용하도록 했다.

칭찬릴레이 운동

칭찬우편함

홈페이지 칭찬합시다

학기말에 미담 사례는 '칭찬조회'를 통해 읽어주고 시상을 하여 어린이들이 참여하여 만들어가는 칭찬문화 운동이 되었다.

라) 빈 그릇 운동

학교 급식실을 통한 빈 그릇 운동을 전 학급에 실시하였으며, 교사 대상으로 운영의 필요성과 방법에 대한 연수를 진행했다. 각 교실에 급식표를 부착하여 급식 후에 스티커를 붙여 월말에 우수 학급을 시상했다. 또한 개인별로 급식카드를 배포하여 스스로 체크를 하도록 했으며 올바른 급식 문화 정착을 위해 각 반에 급식도우미를 2명씩 선정하여 급식 시간 활동하도록 하였다.

빈 그릇 운동

급식 도우미 활동

반 급식표

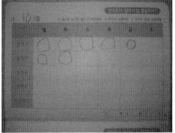

개인 급식표

마) 굿네이버스 운동

굿네이버스와 기관협력을 하였으며 사랑의 저금통을 분양하여 학기말에 동전 모으기를 하여 어려움이 있는 곳에 나눔의 정신을 실천하고 체험하였다. 또한 아름다운 편지 쓰기를 통해서 세계화 시대 지구촌에 정말로 어려움과 아픔을 겪고 있는 사람들에 대한 따뜻한 배려의 마음 갖기를 실천하였다.

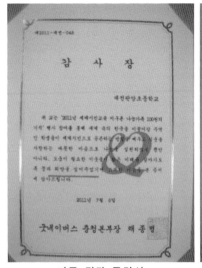

기금 전달 증명서   아름다운 편지 쓰기

바) ○○ 스승 장학회

학기말에 어려운 환경에서도 최선을 다해 열심히 공부하는 어린이들을 선정하여 장학금을 수여하고 격려하였다. 장학금은 교사들의 후원금으로 조성하였으며 현재 본교에 근무하는 교사와 본교를 떠난 교사들로 장학회를 구성하였다.

○○ 스승 장학회

장학금 전달   장학금 후원 신문기사

다. 친구 사랑 운동

1) 운영 목적
  교육과정 안에서 다양한 친구 사랑 운동을 실시함으로써 시범학교 운영으로 인한 교육과정의 파행적 운영을 최소화하고 실천과 체험활동 중심의 문화 활동을 통하여 어린이들의 흥미를 유발함으로써 바른 말 사용과 친구 사랑에 대한 동기를 부여하며 친구의 소중함을 깨달아 실천할 수 있도록 하였다.

2) 운영 방법

가) 친구 사랑 주간 운영
  학교폭력 예방·근절 활동의 내실화로 학생의 인권존중 및 자율적인 학교 풍토를 조성하여 사랑이 넘치는 평화로운 학교 문화를 정착시키고자 1학기, 2학기 시작과 함께 운영하였다. 친구 사랑 주간에 학교폭력자진신고 기간을 운영하며, 학교폭력 추방의 날 기념에 학교 앞 가두 캠페인을 실시하였다.

나) 친구 사랑 현장 체험학습
  친구 사랑이라는 테마로 학년성에 맞는 학년별 현장체험학습 프로그램을 구안하여 학교라는 교육현장을 벗어나 야외 현장체험학습을 통하여 소중한 친구의 의미를 찾도록 하였다.

친구 사랑 현장체험학습 프로그램 예시(3학년)

시간	일정	프로그램 내용
09:30~11:00	과학관 견학	친구와 손잡고 과학관 견학
11:00~11:30	학급별 활동	이 사람을 찾아라, 손잡고 고리 전달, 꼬리잡기, 손가락 여행 등
13:00~14:00	점심식사	김밥 뷔페: 함께 모여 김밥 나눠 먹기

다) 친구 사랑 봄 체육대회
  친구 사랑에 대한 테마로 체육대회 행사와 프로그램을 구안하여 적용함으로써 경기에 참여하는 동안 친구의 소중함과 의미를 깨닫게 하고 습관화를 통한 내면화를 하였다.

친구 사랑 봄 체육대회 프로그램 예시

순	경기종목	대상	구분	장소	지도교사
2	가족과 함께 맛있게 냠냠!	유치원	단체	내	○○○선생님
4	친구와 함께하는 운수대통 줄넘기	4학년	단체	내	○○○선생님
6	신나게 펑펑펑!	1학년	단체	내	○○○선생님
8	친구야, 사랑해!	2학년	단체	내	○○○선생님
10	넷이 함께 칙칙폭폭!	3학년	단체	내	○○○선생님
12	파도를 넘어서	6학년	단체	내	○○○선생님

라) 친구 사랑 수련활동

4~6학년을 대상으로 3박 4일간의 일정으로 학교라는 교육 현장을 벗어나 자연 속에서 호연지기를 배우며 친구 사랑을 체험할 수 있는 프로그램을 개발하여 운영함으로써 체험 중심 심성 훈련 활동이 되게 하였다.

마) 친구의 날 운영

요즘 어린이들이 기념일을 만들고 함께 축하하고 기억하는 것을 좋아하는 것에 착안하여 친구의 날을 운영하였다. 7월 9일을 친구의 날로 운영하여 친구 사랑을 실천하고 학년별로 친구의 소중한 의미를 깨달을 수 있는 다양한 프로그램을 구안·적용하였다.

바) 사과데이 운영

전교생을 대상으로 서로의 잘못을 용서하고, 화해를 하는 시간을 함께하여 학교 전체가 화해와 용서하는 분위기로 가득하고 더불어 학교폭력이 예방되는 기회가 될 수 있었다. '나 때문에 마음 아팠을 친구'에게 그 징표로 사과를 나누어 먹으며 좋은 친구관계로 발전시켰다.

3) 운영 결과

가) 친구 사랑 주간 운영

친구 사랑 주간을 맞이하여 플래카드를 제작하였고 학예 행사를 시행했으며 길거리 가두행진을 통한 캠페인을 실시하였다. 3월 15일에서 20일까지를 친구 사랑 주간으로 정하고 매 학기 시작과 함께 2개월간 학교폭력 자진신고 기간으로 정하여 운영하였다.

친구 사랑 주간 1학기 프로그램

날짜	시간	행사 내용
전 기간		친구 사랑 주간 홍보 플래카드 게시
3.15.	아침조회시간	학교장 훈화(폭력 없는 즐거운 학교생활)
3.15.	1교시	학교폭력 예방 교육(전 학년, 영상 자료 활용 퀴즈 풀기)
3.17.	1교시	선서하기(우리의 다짐 낭독) 운동장 행사
3.17.	2교시	가두행진(5~6학년)
3.18.	2~3교시	학예행사(표어 만들기, 포스터 그리기, 사과 편지 쓰기) 학년별 금 1, 은 2, 동 3 시상

친구 사랑 주간 학예행사

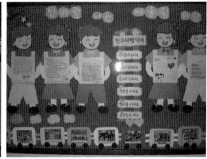

| 친구 사랑 광고 만들기 | 친구 사랑 학예활동 | 친구 사랑 사과 편지 쓰기 |

나) 친구 사랑 현장체험학습

자연 속에서 친구와 함께하는 즐거운 놀이를 통해 친구와 친해지고 친구를 배려하는 마음을 가질 수 있는 다양한 프로그램을 만들어 친구 사랑을 실천하였다. 현장체험활동 후에 학습지로 추수 지도를 하여 내면화에 힘썼다.

친구 사랑 현장체험학습

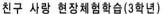

| 친구 사랑 현장체험학습(3학년) | 친구 사랑 현장체험학습(2학년) |

다) 친구 사랑 체육대회

어린이들이 평소에 학습한 체육의 성과를 발휘하는 과정에서 서로 친구를 배려하며 사랑하는 마음을 갖도록 하였다. 아울러 지역사회의 주민, 학부모, 어린이, 교사 등 모두가 혼연일체가 되어 체육을 통하여 서로 협력하고 융화를 꾀함으로써 지역사회 학교를 실현하였다. 학년별로 친구 사랑 테마로 현수막을 어린이들에게 공모하여 만들어 학년의 응집력을 강화하였다. 또한 만국기를 직접 '신바람 나는 어울림 마당'과 '친구 사랑'에 맞추어 친구에게 격려가 되고 힘이 되는 글과 친구 얼굴 그리기를 통해 소중한 나의 친구를 생각해보도록 하였다.

행사의 마지막은 친구 사랑에 대한 짧은 메시지를 메모지에 기록하여 풍선에 부착하여 하늘에 '친구야 사랑해' 구호와 함께 하늘을 향해 날림으로써 영원한 우정을 약속하는 시간을 가졌다.

친구 사랑 봄 체육대회

친구 사랑 현수막	친구야 사랑해(만국기)	바른 말 친구 사랑

라) 친구 사랑 수련활동

교육과정 중 단체 활동의 일환으로 매년 운영되는 수련활동에 친구 사랑이라는 테마를 중심으로 사전에 프로그램 구성에서 운영까지 함께하는 기쁨을 깨닫게 함으로써 공동체 의식을 함양하도록 하였다. 4~6학년 어린이들이 충북 충주시에 있는 수련기관에서 2박 3일간의 일정으로 실시하였다. 특히 친구와 함께 해야만 성공할 수 있는 미션들로 사전 프로그램을 구성했으며, 모든 프로그램의 점수에서도 모둠 간의 우애와 협력을 가장 중요하게 반영하였다. 친구와의 관계 개선을 위한 연극 공연을 관람했으며, 담임선생님들께서 모든 프로그램의 운영에 적극 개입하여 친구로부터 소외되는 어린이가 있는지 모니터링을 하였다.

친구 사랑 수련활동

프로그램	미션 수행	활동보고서

마) '친구의 날' 운영

7월 9일을 ○○초등학교 '친구의 날'로 정하고, 교장선생님의 참다운 친구의 의미에 대한 아침 훈화와 함께 학년별 각 반에서는 다양한 놀이를 통해 친구와 우정을 만들었으며 친구 사랑 관련 감성 영화를 감상하였다. 감성 영화를 시청 후 학년별 친구와의 우정을 만드는 다양한 체험 프로그램을 만들어 각 교실에서 활동하였다. 친구의 날을 기념하여 우정상을 반별로 2명씩 선정하여 수여하였고 칭찬의 글을 엽서에 담아 친구에게 전하는 '네 마음을 보여줘' 행사를 실시하였다.

친구의 날

시간	활동 내용	준비물	담당	대상	비고
8:40~8:50	교장선생님 훈화 말씀	-	방송부	1~6학년	
1~2교시 (90분)	영화 감상 후 느낀 점을 그림 또는 글로 표현하기	A4용지	담임	1~5학년	
3교시 (45분)	친구 이름으로 삼행시 짓기	활동지	담임	1~6학년	
4교시 (45분)	1학년: 우린 같은 배를 탔어! (게임 활동) 2학년: 친구와 함께 산 넘고 물 건너 3학년: 친구 얼굴 그리기 4학년: 몸과 마음이 하나 되어 (게임 활동) 5학년: 친구 사랑 한마음 노래 부르기 6학년: 친구와 함께 떠나는 세계 여행	학년별 준비	담임	1~6학년	

친구의 날 행사 프로그램

친구 사랑 사과 계란 깨기(1~5학년)　　　　　　친구와 함께 탑을
쌓아요(4학년)

바) '사과데이' 운영

각 반에 사과나무를 만들 수 있는 재료를 구입하여 제공하고 반별 가장 예쁘고 의미가 있는 사
과나무를 만들도록 한 후 심사를 하여 시상하였다. 전교생에게 사과를 나누어주고 함께 먹으면서
지금까지 마음속에 있는 친구와의 불편한 점들을 말끔히 씻어 더 좋은 친구관계를 만들 수 있었다.

사과데이

사과데이 사과나무　　　　　　　　　　　사과 나누어 먹기

3. 교육공동체가 함께하는 행복 학교 만들기

가. 가정과 연계한 프로그램

1) 운영 목적

학교폭력의 심각성은 범죄수준에 이르렀지만 그 심각성을 깨닫지 못해서 적절하게 대처하지 못
하는 경우가 많이 발생한다. 학교폭력이 발생하기 전 자녀에게 나타나는 징후 및 발생 전후의 대

처 방법, 학교에서 진행하고 있는 정책 등을 연수 및 홍보함으로써 가정과 학교가 함께 학생들 교육에 책임을 지고자 하였다. 언어교육은 특히 가정에서 학부모의 언어생활이 학생들의 언어 사용에 중대한 영향을 주므로 다양한 학부모 연수방법을 활용하여 부모와 학생의 바른 의사소통에 대한 연수를 실시하였다.

2) 운영 방법

가) 모든 학부모가 한자리에 모인다는 것은 현 결과로 불가능한 일이다. 따라서 학교와 가정이 어린이를 통해 학습지형 가정통신문을 활용하여 학부모 교육을 하였다.

나) 학부모와 지역주민의 요구를 수렴하여 강좌 내용을 선택하고 학교의 인적·물적 자원을 개방하여 평생교육의 활성화로 학교 문화 공동체를 형성하였다.

3) 운영 결과

가) 가정통신문 이용한 학부모 연수 프로그램 운영

1학기 총 5회분의 가정통신문을 활용하여 언어순화를 통한 폭력의 예방, 학교폭력의 유형 및 대처방법 등의 학부모 연수를 실시하였으며 매달 학교폭력 예방 회보를 만들어 학교 관련 행사 정보를 알림으로써 가정과 함께 대응해나가는 체계를 구성하였다. 가정통신문에는 교육 자료의 내용에 대한 질문을 함께 실어 학생과 함께 풀어보고 학교로 다시 가져와서 확인하는 과정을 가졌다. 마지막 가정통신문에서는 언어순화 교육에 대한 내용으로 퀴즈 이벤트를 만들어 많은 학생과 부모님들이 함께 참여하여 만드는 가정통신문 교육이 되도록 하였다.

가정통신문 이용한 학부모 연수

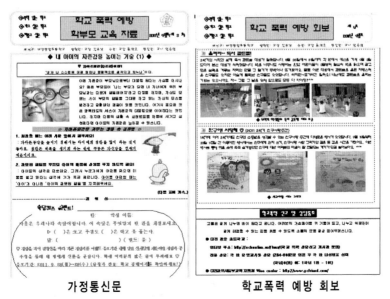

| 가정통신문 | 학교폭력 예방 회보 |

나) 외부 강사 학부모 연수 프로그램 운영

굿네이버스, ○○대 국어문화원, 지역사회 교육협의회, 평생교육 강사를 확보하여 사전에 수요조사를 통해 다양한 주제의 학부모 교육을 실시하였다. 학부모 총회에 ○○대 국어문화원의 교수님을 초청하여 국어 사랑과 올바른 관계 형성을 위한 언어순화 교육을 실시하였으며, 굿네이버스의 강사님을 초청하여서 아동권리 교육을 통해 학생들의 인권을 보호하여 서로 존중하는 문화 속에서 자녀와의 바른 의사소통을 위한 연수를 하였다.

○○ 자녀 사랑 평생교육 운영

언어순화 교육

자녀 이해하기

언어순화를 통한 아동권리교육

동부교육지원청과 ○○동구청 운영 자녀 사랑 강좌 참여

강좌명	교육기간	실시횟수	교육요일 (시간)	강사명	교육인원	사용교실
자녀는 부모에 따라 바뀐다			9.30.(금)	정창권		
자기주도학습 가정실천 솔루션	9.30.(금) ~ 10.28.(금)	5회	10.7.(금)	정철희	약 30명	중앙시장 이벤트홀
성공하는 자녀 만들기			10.14.(금)	차명호		
스스로 공부하는 동기부여 학습법			10.21.(금)	민성원		
자녀의 행복한 미래를 위한 진로 선택			10.28.(금)	조진표		

다) 희망 동그라미 만들기

교육복지 주관하에 희망 동그라미 만들기 학부모 체육대회를 실시하여 교육복지 사업에 대해 홍보하고 학교와 학부모가 함께하는 다양한 프로그램을 통하여 소통의 장으로 만들었다.

희망 동그라미 만들기

희망 동그라미 만들기 현수막   희망 동그라미 프로그램 운영

나. 지역사회와 연계한 프로그램

1) 운영 목적

사회 변화에 따른 가정의 교육기능 약화와 청소년들의 가치관 혼동으로 학교 내의 폭력이 심각한 사회문제로 대두, 범사회적·범정부적 차원의 예방지도 대책이 절실히 요구되는 현실에서 본교에 파급될지도 모르는 폭력을 사전에 예방하고자 지역사회가 함께 책임을 지는 자세를 가졌다.

2) 운영 방법

가) 학교폭력대책자치위원회 구성

본교 학교 폭력의 사안 발생 시 그에 대한 대책에 관한 사항을 의논하며 피해학생을 보호하고 가해학생의 선도 및 피해학생과 가해학생 간의 분쟁 조정을 통하여 학생의 인권을 보호하고 명랑한 학교를 조성하기 위해 학교폭력대책자치위원회를 구성하였다.

나) 어린이 안전지킴이집 운영

학교 주변 어린이 안전지킴이집과 비상연락망을 구성하여 어머니스쿨폴리스, 꿈나무 지킴이와 연계한 순찰활동을 강화한다. 1~2학년 어린이들의 현장체험학습활동을 통해서 홍보활동을 강화하였다.

다) 도레미의 날 운영

지역사회단체, 경찰, 동사무소, 학교, 학부모, 학생, 교사가 함께 '도레미의 날' 행사를 통해 어린이 안전과 학교폭력 예방 캠페인을 실시하였다.

라) 청소년 상담센터와 함께하는 언어폭력 예방 교육

○○ 청소년 상담센터와의 협력 프로그램으로 언어폭력 예방 교육을 전 학년에 걸쳐서 4회기 집단 상담 수업을 실시하였다. 언어폭력 예방을 통한 학교폭력 예방을 위한 사례 중심의 교육을 실시하였으며 전 학년을 대상으로 방송을 통한 인터넷 중독 예방 교육을 실시하였다.

마) ○○대 국어문화원과 함께하는 우리말 사랑 실천

○○대 국어문화원과 MOU를 체결하여 다양한 우리말 사랑 운동과 언어순화 활동을 추진하였다. 특히 문화체육관광부, ○○광역시가 후원하고 ○○대학교 국어문화원이 추진하는 20○○ ○○ 광역시 국어책임관 활동 자원 사업의 하나로 국어생활 통합 서비스 체계 구축 사업에 동참하여 국어교육과, 공공언어 순화, 국어 문화 환경 개선 및 국어 사용 우수기관 인증제를 통해 국어 사용에 대한 문제의식 고취, 올바른 국어 사용의 동기부여, 국어 사랑의 정신을 높일 수 있는 계기를 마련하였다.

3) 운영 결과

가) 학교폭력대책자치위원회 구성

학교폭력대책자치위원회에 경찰, 의사, 학부모, 교사가 참여도록 하여 위촉장을 수여하여 위원으로 임명하여 소명감을 갖도록 했으며 한 달에 한 번 정기적인 회의를 통해 정보를 교환하고 폭력 발생 사전에 적극적인 대처를 하였다.

학교폭력대책자치위원회 조직표

폭력대책자치위원											
			위원장		교감 류○○						

대책 위원	학부모 대표	교무 부장	연구 부장	윤리 부장	담당 교사	1학년 교사	3학년 교사	4학년 교사	5학년 교사	경찰	변호사	의사
	운영 위원장 김○○	조○○	전○○	이○○	박○○	임○○	백○○	이○○	이○○	한○○	김○○	정○○

나) 어린이안전지킴이집 운영

최근에 어린이 성폭력이 빈번하게 발생하여 오후는 어머니스쿨폴리스의 순찰활동, 오전은 꿈나무 지킴이의 순찰○활동을 강화하여 통학로의 안전성을 확보하였으며, 어린이들이 학교폭력이나 납치, 성폭력 등의 위험한 상황에서의 1~3학년 어린이들을 대상으로 어린이안전지킴이집의 역할 등을 체험학습을 통해서 교육했다. 또한 동영상을 제작하여 홈페이지를 통해 연중 전교생을 대상으로 교육을 진행하였다.

어린이안전지킴이집

어머니스쿨폴리스 순찰　　　　　1~3학년 체험활동　　　　　홈페이지 동영상

다) 도레미의 날 운영

매월 1회 학교, 학생, 학부모 단체, 지역사회 단체, 경찰이 참여하는 도레미의 날을 운영하여 학교 앞 정문에서 교통안전지도를 통해 어린이 안전캠페인을 진행했으며 학교폭력 예방 활동과 친구 사랑에 대한 주제로 현수막과 피켓을 만들어 거리 캠페인을 실시하고 동영상을 만들어 전교 어린이 교육을 실시하였다.

도레미의 날

학교 앞 안전지도　　　　학교폭력 예방 거리 캠페인　　　　홈페이지 동영상

라) 청소년 상담센터와 함께하는 언어폭력 예방 교육

○○청소년 상담센터의 상담인력을 활용한 집단 언어순화 교육을 학년별 수준에 맞추어 실시하였다. 각 학년의 연령별 맞춤식 언어순화 교육과 학교폭력 예방 교육을 통해서 학생들은 친구 사이에 올바른 언어생활의 중요성을 알게 되었으며 사례 중심의 학교폭력 예방 프로그램을 통해서 학교폭력에 대한 경각심을 깨우칠 수 있었다.

언어폭력 예방 교육

구분		내용	대상	강사
5월21일 (土)	1교시	학교폭력이란?	6학년(분반)	민영훈
	2교시		5학년(분반)	민영훈
	3교시		4학년	민영훈
	4교시		2학년	민영훈
6월4일 (土)	1교시	언어순화에 대하여	6학년(분반)	민영훈
	2교시		5학년(분반)	민영훈
	3교시		4학년	민영훈
	4교시		2학년	민영훈
6월18일 (土)	1교시	폭력없는 학교생활	6학년(분반)	민영훈
	2교시		5학년(분반)	민영훈
	3교시		4학년	민영훈
	4교시		2학년	민영훈

저학년 집단 상담 모습   고학년 집단 상담 모습   집단 프로그램

마) ○○대 국어문화원와 함께하는 우리말 사랑 실천

올바른 국어생활과 청소년의 바른 언어문화 지도를 위한 교사연수를 통해서 우리 어린이들에게 언어순화 교육에 앞서 사회에서 모범을 보여야 하는 성인으로서 바른 언어생활을 해야 함을 깨닫는 계기가 되었다. 또한 우리가 잘못 알고 사용하는 우리말에 대한 소중함을 알게 되었다. 학생들을 대상으로 청소년의 바른 언어생활에 대한 전 학년 집단 교육을 통해서 그릇된 언어 사용이 친구에게 폭력을 행사할 수 있으며 언어적 폭력이 신체적 폭력이 된다는 경각심을 깨우치고 모두가 일상생활에서 바른 언어생활을 해야겠다는 다짐을 하게 되었다. 맞춤식 처방 서비스를 통해 국어 사용 우수기관으로 지정되어 ○○시와 ○○대가 국어문화원으로부터 인증을 받게 되었다.

언어폭력 예방 교육

○○대 국어문화원과의 MOU체결   교사 연수   언어순화 학교 지정 현판식

바) 학교 중심의 지역사회 네트워크 구성

학교, 가정, 지역사회 단체와 협력하여 입체적인 네트워크를 구성해 긴밀한 협조체제를 구축하였다. 아동 성폭력 예방 캠페인을 비롯하여 24시간 학교 주변 순찰활동을 통한 감시체계를 만들었으며 학생 대상의 예방 교육 활동에 대한 지원을 받았다. 학교폭력의 실태에 대한 교사연수를 진행하였으며 학교폭력 처리 절차에 대한 적극적이고 신속한 처리를 위해 심리·안정 지원과 법률적인 자문기관을 확보하여 구성하였다.

학교 중심의 지역사회 네트워크

가정
- 어머니스쿨 폴리스
- 녹색어머니회
- 엄마품 멘토링
- 1교시 책읽어 주기
- 동그라미 만들기

지역사회
- 동부경찰서 여성계
- 동구청 평생교육센터
- 판암동 파출소
- 학교안전지킴이
- 아동안전지킴이
- 판암동 방범대
- 모범운전자회

학교
- **Wee class 상담사**
- **명예경찰**
- **또래상담**
- **꿈나무 지킴이**
- **학교폭력 자치위원회**

협력단체
- Wee Center
- KT 등하교안심알리미
- 그린마일리지
- 김천 샙띠마을

지원단체
- 국가인권위
- 한남대 국어문화원
- 대전 청소년 상담센터
- 충남대 상담센터
- 굿 네이버스
- 판암동 가정의외과

참고문헌

거창중학교(2007). "학생자치활동 활성화를 통한 학교폭력 예방." 교육인적자원부 지정.

경남상담(생활)지도연구회(2005). "학교폭력 예방 집단 상담 프로그램 구안." 경상남도교육청.

구자숙(1999). "북한 언어의 폭력성: 그 원인 및 심리적 영향."『심리적학회지』8(1), 35-39.

김나현(2000).「초등학교 고학년의 언어폭력 예방을 위한 의사소통 훈련 프로그램 개발」. 한국교원
　　대학교 석사학위논문.

김범수(2009).「학교폭력의 실태와 예방대책에 관한 연구」. ○○대학교 박사학위논문.

김한용(1992).「국어순화를 위한 국민성 활성화 방안」. 건국대학교 석사학위논문.

김준호 외(2000).『청소년비행론』. 청록출판사.

김석기(1994).「청소년비행의 원인과 예방 대책에 관한 연구」. 단국대학교 석사학위논문.

노효송(2008).「언어폭력 예방 프로그램이 초등학생의 학교생활에 미치는 영향」. 성균관대 석사학위논문.

○○광역시교육청(2005).『꿈과 희망을 주는 ○○교육 생활지도 가이드북』. 한일인쇄공사.

대구 비산초등학교(2007). "학교사회복지사 활용을 통한 초등학생의 행복로딩 학교 사회 복지프로
　　그램 구안·적용." 교육인적자원부 정책연구학교 지정.

박민정(2006).「초등학교 저학년 학생의 폭력적 언어와 유행어 사용실태 분석」. 창원대학교 석사학위논문.

박경현(2001). "언어폭력 예방을 위한 국어 교육의 방향."『경대논문집』21호, 317-354.

박영자(2003).「언어 사용 실태 분석을 통한 국어 순화 방안 – 초등하교 고학년을 중심으로」. 충북대학
　　교 석사학위논문.

변귀연(2002).「집단 괴롭힘 피해학생 역량강화를 위한 집단 프로그램 개발과 효과」. 서울대학교 박사학위논문.

서진(2009).「초등학교 저학년의 역할놀이를 통한 갈등해결 중심 학교폭력 예방 프로그램 개발」. 한국
　　교원대학교 석사학위논문.

이순례(2007).「언어 사용 실태 분석을 통한 국어 순화 지도방안 – 초등학교 1학년을 중심으로」. 충북대학교
　　석사학위논문.

이화선(2010). "창의·인성교육 총론" 2010 창의·인성교육 2학기 적용을 위한 연수자료. 대구광역시교육청.

조향(2003).「청소년 언어 사용의 문제점과 개선 방안」. 경원대학교 석사학위논문.

천세옥(2003).「통신언어 사용 실태 분석을 통한 국어 순화 방안」. 충북대학교 석사학위논문.

청소년보호위원회(2003). "폭력 없는 아름다운 학교 만들기." 국무총리 청소년 보호위원회.

한국교육개발원(1996).『학교폭력 유발 및 증가 요인과 대책』. 한국교육개발원.

학교폭력대책국민협의회(2004). "학교폭력대책국민운동 추진을 위한 단체 전문가 Workshop." 국무총리
　　청소년보호위원회.

[KBS 스페셜 '10대 욕에 중독되다(2009.3.8.)]. http://search.daum.net

[충북서원초등학교 홈페이지]. http://www.cjsw.es.kr 20○○년 3월 10일 접속.

[청소년 언어순화 정부시책]. http://www.newsis.com 20○○년 3월 14일 접속.

신재한

경북대학교 교육학 박사(교육방법 및 교육공학 전공)
숙명여대·성신여대·세종대·대구대·대구교육대학교 등 외래교수
한국교육개발원 연구위원
교육과학기술부 연구사

전현규

대전교육연수원 영어캠프 운영교사(2008~2009)
대전교육연수원 리더십 캠프 운영교사(2008~2009, 초중생 학생회장 대상)
대전교육연수원 드림업 캠프 운영교사(2008~2009, 중학교 부적응 학생 대상)
전국 생활지도 연구학교 발표 주관 교사(2010~2011)
현) 대전판암초등학교 교사

창의·인성교육을 위한

언어순화 프로그램

초 판 인 쇄 ┃ 2013년 4월 26일
초 판 발 행 ┃ 2013년 4월 26일

지 은 이 ┃ 신재한·전현규
펴 낸 이 ┃ 채종준
펴 낸 곳 ┃ 한국학술정보㈜
주　　소 ┃ 경기도 파주시 문발동 파주출판문화정보산업단지 513-5
전　　화 ┃ 031) 908-3181(대표)
팩　　스 ┃ 031) 908-3189
홈 페 이 지 ┃ http://ebook.kstudy.com
E - m a i l ┃ 출판사업부 publish@kstudy.com
등　　록 ┃ 제일산-115호(2000. 6. 19)

ISBN　　978-89-268-4263-8 93370 (Paper Book)
　　　　 978-89-268-4264-5 95370 (e-Book)